1901—1940 年美国陆军和德国武装部队的
军官教育及其对二战的影响

指挥文化

[德] 约尔格·穆特
(Jörg Muth) 著

张博 范玉芳 译

COMMAND CULTURE:
OFFICER EDUCATION IN THE US ARMY AND THE GERMAN ARMED FORCES,
1901–1940, AND THE CONSEQUENCES FOR WORLD WAR II

新华出版社

图书在版编目（CIP）数据

指挥文化：1901—1940年美国陆军和德国武装部队的军官教育及其对二战的影响 /（德）约尔格·穆特著；张博，范玉芳译 . -- 北京：新华出版社，2024. 9.
ISBN 978-7-5166-7562-5

I. E712.3；E516.3

中国国家版本馆 CIP 数据核字第 2024HR0619 号

Command Culture: Officer Education in the U.S. Army and the German Armed Forces, 1901—1940, and the Consequences for World War II by Jörg Muth

Copyright © 2011 by Jörg Muth

原书由北得克萨斯州大学出版社出版，中文版由作者授权
本书中文简体版权归属于新华出版社和东方巴别塔（北京）文化传媒有限公司
北京市版权局著作权合同登记号：01-2022-6233

指挥文化

作者：[德]约尔格·穆特	译者：张博　范玉芳
出版发行：新华出版社有限责任公司	
（北京市石景山区京原路 8 号　邮编：100040）	
印刷：天津鸿景印刷有限公司	
成品尺寸：145mm×210mm 1/32	印张：11.75　字数：290 千字
版次：2025 年 2 月第 1 版	印次：2025 年 2 月第 1 次印刷
书号：ISBN 978-7-5166-7562-5	定价：78.00 元

版权所有·侵权必究
如有印刷、装订问题，本公司负责调换。

微店

视频号小店

抖店

微信公众号

喜马拉雅

小红书

淘宝旗舰店　扫码添加专属客服

目 录
CONTENTS

推荐序 / 01

译者序 / 05

导　言 /001

第一章　序曲：美德军事关系与德国总参谋部的幻想 / 023

第一部分　军官的选拔和任命 / 069

第二章　绝非"袍泽兄弟"：西点美国陆军军官学院的学员 / 071

第三章　"学习如何死亡"：德国军校学员 / 145

第二部分　中级进阶教育与晋升 / 199

第四章　条令的重要性和如何管理：美国指挥与参谋学校与被忽视的步兵学校 / 201

第五章　进攻的重要性和如何领导：德国战争学院 / 257

第三部分　结　论 / 305

　　第六章　教育、文化及其影响 / 307

后　记 / 353

致　谢 / 359

德国国防军与美国陆军军衔对照表 / 365

推荐序

《指挥文化》一书，由德国军事历史学者约尔格·穆特撰写，是一部深入探讨20世纪上半叶美国陆军与德国武装部队军官教育制度及其对第二次世界大战影响的著作。

该书以严谨的历史研究为基础，详尽分析了1901年至1940年间，美德两国在初中级军官培养方面截然不同的原则和特点。两军军官都要经历"选拔—教育/培训—委任—晋升"的职业发展路径。在此过程中，特别是在军官初中级教育培训过程中，两国军队将其指挥文化（通过其军事教育机构）逐步灌输给了各自的青年军官。两国军事教育机构的教育理念、方式方法和教员的能力、态度等因素鲜明地导致（也体现）了两支军队指挥文化的差异。例如：美军强调服从、规范、等级差异，德军则重视自律、创新、以身作则/身先士卒；美军凸显学术和技术，德军则聚焦领导能力和战术技巧；美军更多使用灌输方法，要求学员遵守"学校解决方案"，而德军则侧重于理论与实践并重，强调领导力与个人素质全面提升等。这种指挥文化的差异塑造了两军军官不同的思维模式、指挥风格和领导能力，进而对两支军队在"二战"中的表现，乃至"二战"的进程与结局产生了不可忽视的影响。

诚然,任何历史研究著作所提出的观点都不可避免存在争议。按照作者的分析,德军以"任务式指挥"为表现的指挥文化培养了优秀的初中级军官,但恰恰是在作者看来"观念落后""制度僵化"的美军,却最终赢得了"二战"的胜利。面对这种"悖论",作者认为,是由于德国在战略(意识形态等)和上层指挥体制上的劣势等原因抵消了德军在指挥、战术和领导能力方面的优势。虽然作者的观点只是一家之言,但其中的原因值得深思。这也是该书虽有争议,但仍先后被美国陆军、海军陆战队以及多国军队列为军种必读书目的原因之一。

"兼听则明""择善而从"。《指挥文化》无疑是军事历史研究领域的一块宝石。该书不仅提供了丰富的历史细节,还融入了作者独到的见解与分析,使得这部作品成为从军官教育这一独特角度理解"二战"的一本不可或缺的参考书籍。它不仅为读者提供了关于军事、战争的宝贵历史知识,帮助大家更深刻地理解军队管理和战争活动的本质,也为我国的国防和军队建设,特别是军事人才培养提供了一定的参考与借鉴。

作为一名长期从事军事问题研究与国防建设实践的老兵,我深知军官教育对一个国家的国防安全及至整个民族命运的重要性。感谢本书译者张博、范玉芳两位博士。他们凭借扎实的军事理论功底和流畅的文笔,将这样一部著作呈现给了中文世界的广大读者。在此过程中,两位学者不仅准确传达了原文信息,而且尽可能地保留了原著的风格特点,使得中文版本同样具有较高的学术价值与可读性。我相信,随着这本书在国内的传播,无论是普通民众还是专业人士，都能从中获得启发，受益匪浅，也必将激发读者对我国国防和军队建设的持续关注与深入思考。

罗援

军事科学院原世界军事研究部副部长
二〇二四年十二月二日
于北京厢红旗

译者序

《指挥文化：美国陆军和德国武装部队的军官教育及其对"二战"的影响》(简称"《指挥文化》")是德国历史学者约尔格·穆特的第二部专著，这部原文用英文撰写的书稿是他在美国犹他大学的博士论文。作为一个在战后美军占领区成长起来的德国人和一名军事发烧友，穆特对美国陆军的痴迷溢于言表，但这并不妨碍他对之进行犀利的批评。

在《指挥文化》一书中，穆特考察了1901—1940年这一关键历史时期美国陆军和德国国防军选拔、教育和提拔军官的不同模式，并得出结论：与德国相比，美国的军官培养理念落后、制度僵化、水平较低，德国以"任务式指挥"为特征的指挥文化培养了军官的灵活创新意识和主动进攻精神，而美国强调服从的指挥文化则抑制了军官的创造性和主动性。由此，穆特得出了一个悖论：来自封闭专制社会的德国军官接受了自由开放的军事教育，而来自自由民主社会的美国军官接受的却是保守过时的军事教育。面对以上结论，读者自然而然会产生疑问：那在接下来的"二战"中为什么是美军打败了德军？对此，穆特也给出了自己的解释：德国军官对美国军官的优势体现在战术层次，到了战略层次，德国的指挥体系便出现了问题，并以德国总参谋部的"盛名之下，其实难副"作为例证。

《指挥文化》一书 2011 年在美国出版后引起了不小的关注，美国人，特别是军内人士，虽然不完全认可穆特的学术观点，但对于他的批评均持欢迎态度，颇有"有则改之，无则加勉"的风度。2012 年该书获评美国陆军历史基金会杰出写作奖，并先后被当时的陆军参谋长雷蒙德·奥迪尔诺（Raymond Odierno）上将选入陆军参谋长指定职业阅读书目，被海军陆战队司令詹姆斯·阿莫斯（James F. Amos）上将指定为海军陆战队校官和高级军士必读书目。

作为军事教育研究者，我们认为《指挥文化》对于 20 世纪上半叶美国和德国军队院校体系及军官培养制度的剖析见解深刻，是近些年来西方为数不多的从比较的视角对军事教育制度进行深入研究的著作，另一部类似的著作要追溯到 1999 年由以色列著名学者马丁·范克里韦尔德出版的《军官的教育：从对军事专业化的尊崇走向背离》（中文版于 2010 年出版），因此，值得国内感兴趣的人员阅读参考。

范玉芳　张博
二〇二四年十二月十八日
于长沙德雅村

导　言

没有和德国人交过手的人根本不能称得上了解战争。

——英国军队警句[1]

在第二次世界大战期间，盟军最高司令德怀特·戴维·艾森豪威尔将军（美国陆军军官学院1915届）已经决定，他不会自己记述战争中的事件，而是将这一任务留给历史学家和那些被迫为自己辩护的人。然而，战争刚一结束，许多盟军指挥官就出现在聚光灯下，并在接受采访和发表文章时批评美国的战时工作和美国军官团的领导能力，这极大地激怒了美国人。艾森豪威尔的密友、前参谋长沃尔特·比德尔·史密斯（Walter Bedell Smith）说服他写下自己的故事并在报纸上发表文章，以解释和说明艾克①在战争期间的一些决策。[2] 此后这些文章被整理成册。[3]

另一本书——由一位几乎没有指挥经历的军官所写——严厉地批评了几名美国军官在战争期间的行为和领导能力的匮乏，特别

---

① 艾森豪威尔的昵称。——译者注

批评了马克·韦恩·克拉克（Mark Wayne Clark）将军（美国陆军军官学院1917届毕业生、艾克的朋友、"二战"期间美国第5集团军司令）。⁴ 该书作者哈里·C. 布彻（Harry C. Butcher）上校曾被后来担任陆军参谋长的乔治·卡特利特·马歇尔（George Catlett Marshall）将军（弗吉尼亚军事学院1901届）指定为最高司令的"海军助理"，马歇尔敏锐地意识到，由于艾森豪威尔肩负的重大职责，他常常需要与一个在指挥链中无足轻重的人进行交流。在很多战区，布彻常被战地指挥官看作讨厌鬼，因为他四处游荡，似乎具有实际上并不具备的权威，但众所周知，他是艾森豪威尔的耳目。尽管在艾克的"建议"下，布彻从他的书中删去了一些尖锐的批评，但最终版本仍然对许多指挥官言辞苛刻。⁵

乔治·史密斯·巴顿（George Smith Patton）（美国陆军军官学院1909届）战时思想手稿的出版加剧了对（美军将领）行为和领导能力的指责。该手稿从未打算以这种形式出版，但由于巴顿1945年死于车祸，因而无法对手稿进行修改或编辑。⁶ 而他的遗孀认为自己已故丈夫的想法非常重要，结果这份手稿被公之于众。巴顿对盟军指挥官和同僚军官的批评——有时还有抱怨——被证明和布彻的批评一样尖锐，但他作为一名作战指挥官的成功以及他与许多美国和盟军指挥官的个人关系极大地放大了他的批判性评价。这些指挥官之间的争吵最终说服艾森豪威尔出版了自己的记述，这是美国方面在作战指挥和战略层面对第二次世界大战最平衡的观点之一。⁷

当1946年3月得克萨斯州国会议员迫使马克·韦恩·克拉克在委员会面前做证，要求其说明向第36步兵师（前得克萨斯州国民警卫队）下达的穿越拉比多河（Rapido River）的命令的时候，这场争论短暂地进入了一个新阶段。这次行动发生在1944年1月20日至22日,旨在减轻在意大利陷入困境的安齐奥登陆行动的压力,但结果却遭受了重大伤亡,而且战果甚微。然而,几乎无人怀疑这位艾森豪威尔的密友、战胜一方军队的现任指挥官会受到惩罚。

同年,调查国防计划的参议院特别委员会发表了关于"二战"期间国家动员工作的报告。尽管这份报告并不广为人知,但其中所提出的批评非常尖锐。它认为,美国武装部队缺乏一套能够奖励"警觉、睿智、远见"并能惩罚"粗心、愚蠢和浪费"的人员选拔体制。这种体制在武装部队高级层面尤其重要。[8]

在上述短暂的曝光之后,接着便是美国将军们对实施战争以及清偿旧债所做重大贡献的自我说明,但没有其他猛烈的风暴或更加激烈的批评,因为毕竟美国人赢得了这场战争。[9]

不久,新的争论打破了这种平静。1958年,英国陆军元帅伯纳德·劳·蒙哥马利(Bernard Law Montgomery)爵士出版了自己的回忆录。在书中他抬高自己的价值,贬低美国将领的领导能力。[10]这种争论起初主要是在记者和前将领之间进行,因为没有军事历史学家全面、批判性地研究过美国指挥官的领导能力,直到1981年著名军事历史学家拉塞尔·韦格利(Russell Weigley)出版了时至今日仍然颇具影响的经典著作《艾森豪威尔麾下诸将》(*Eisenhower's Lieutenants*)。[11]他认为,美国领导能力中的"谨慎"的特点会拖长作战时间,而更有进攻性的计划拟制则"有助于更早地实现目标"。[12]韦格利指出,美军指挥官经常抱怨其士兵缺乏进攻性,但他并未明确指出这与美国陆军缺乏进攻性领导之间的关系。军队怎样作战与其被领导的方式很有关系。这位军事历史学家发现,当一名指挥官表现勇猛或试图对敌人施加"无情的压力"时,通常不得不克服来自上级的各种阻力。[13] 更为糟糕的是,"谨慎的美国将领常常期望敌人也能同样谨慎"[14]。韦格利认为,美国将领主要依靠优越的物质资源,而"更大胆的将领则可能缩短战争"[15]。在广泛查阅了战时领导人的文章之后,这位军事历史学家最终得出了这一结论。他的观点得到了其他批评高级军官"缺乏有力指挥"的美国军官的呼应。[16]

仅仅一年以后,马丁·范克里韦尔德(Martin van Creveld)发表了他关于德国和美国陆军的经典著作,对二者的"作战能力"进行了对比。[17] 范克里韦尔德在研究中使用了新的方法。虽然最新研究证明他的一些研究结果是不正确的,但大部分还是经受住了时间的考验。作者认为,"'二战'中的美国军官团水平较低"[18]。他接着指出"正如官方历史坦率承认并且伤亡数字也能够证实的那样,通常,那些在前线实施指挥的人的领导能力都很糟糕"[19]。虽然范克里韦尔德这项研究中的很多结论将得到验证,但他关于美国军官与"其德国对手不具可比性"的论断将被证明是不正确的。[20]

1984年,约翰·埃利斯(John Ellis)就1944年盟军在意大利战役早期的情况发表了一篇文章,对英国和美国的许多指挥官明显缺乏进攻性的、有效的战时领导能力的情况提出了严厉批评。[21] 六年以后,他又对整个战争期间盟军作战行动的实施进行了分析。[22] 书的名称《蛮力》(Brute Force)暗示了书的内容。埃利斯指出,战争揭示了"盟军指挥官无法将其战术适应于实施战斗的地形"[23]。他概括地表示这是"一种战术上相对于德国人的劣势",并且"即使在解决一个明显弱小的敌人所需的只是速度和决心时",盟军指挥官,特别是美国人,仍然显得"无能为力"。[24]

20世纪80年代末,艾伦·R. 米利特(Allan R. Millett)和威廉森·默里(Williamson Murray)精心编辑了一套三卷本的关于军事效能的图书。这套书质量较高,总体上看直到目前仍然适用。但有人指出,美国军官的教育及其对美国军官团表现的影响仍未得到严肃的评估,而且也没有结合现实加以研究。

罗纳德·斯佩克特(Ronald Spector)在其文章中谈到了美国陆军在两次世界大战期间的军事效能问题,认为"进入军官团的过程——主要是通过军事院校——充满了竞争性,招募的人员总的来说是高素质的"[25]。在同一文章随后的两段中,作者指出"陆军军官素质问题在1940年变得非常尖锐,美国陆军的重新武装和扩充暴露出许多正规军官在战时或在高级指挥机构服役的能力或身体条件都存在问题"。因为大多数存在问题的军官都成功地完成了军官学院和莱文沃斯堡学校的学业,因此,这些说法显然是自相矛盾的。这种情况说明,位于西点的美国陆军军官学院和位于莱文沃斯堡的指挥与参谋学校(Command and General Staff School)的教员一向把自己的教学工作描绘得很好,但其最终成果却非常平庸。这项研究对困扰美国陆军几十年的问题带来了某些启示。

在这一系列丛书的最后一卷中,艾伦·R. 米利特对美国陆军在第二次世界大战中的军事效能进行了评估。在他看来,负责在作战中"组织、装备、训练和领导"美国士兵的军官的技能是有问题的。[26]战术条令主要在指挥与参谋学校制定和讲授,"但在很多方面被证明是有缺陷的"[27]。米利特认为,美国武装部队经常需要依靠后勤方面的优势来弥补其"由于低于平均水平的军官团所造成的"作战方面的缺陷。[28]他认为,"陆军的野战作战师依靠的是数量上的优势",而对德国人的进攻通常只有具备"4∶1的步兵数量优势"时才能取得成功。[29]

七年以后,理查德·奥弗里(Richard Overy)出版了《盟军因何取胜》(Why the Allies Won)一书(这本书至今仍具有影响)。[30]它基本遵循了埃利斯的基本观念,甚至在说明某些观点时引用了他的文字。但是,奥弗里的著作更加简洁。虽然作者明确指出,数量上的优势不是盟国取胜的唯一因素,但他认为"盟国的技术素养更加出色"[31]。令人惊讶的是,他还把备受争议的盟军作战效能列为一个重要问题。奥弗里指出,它源自盟国的经济实力。[32]而他们的领导能力和指挥能力则并不那么突出。而与之相对,在很大程度上他正确地指出,德国"最好的军事头脑在前线,而不是在后方"[33]。

查尔斯·柯克帕特里克在其言简意赅而又深具影响的团体传记中指出,他的研究所涉及的美国将领的训练和经历"总体上表现平庸"[34]。柯克帕特里克还对当时美国陆军中相当古怪的选拔和晋升程序进行了评价。[35]虽然在同年发表的另一篇文章中他的结论更加积极,但柯克帕特里克坚持认为,美国军事院校"有点缺乏想象力",培养的明显是循规蹈矩的军人。[36]

卡尔-海因茨·弗里泽尔(Karl-Heinz Frieser)在他的《闪电战传奇》(The Blitzkrieg Legend)中指出,德国人拥有出色的战术领导能力——而且往往在作战指挥层面也是如此,但最终"与第一次世界大战一样,第二次世界大战的结果并不取决于战场,而是工厂"[37]。就像米格尔·塞万提斯(Miguel Cervantes)的《堂吉诃德》,

弗里泽尔认为"德国闪电战中的坦克作战就像是与具有更加出色的工业潜力的风车搏斗一样"[38]。

虽然其他作者比弗里泽尔更加谨慎,但没有人把美国军官的领导能力和指挥能力列为战争中的决定性甚至是重要因素。相反,对他们的专业能力却存在诸多批评。

马丁·布鲁门森(Martin Blumenson)等人的专门研究的评价则更加直截了当。[39]他认为,在第一次与德国人在北非发生冲突之后,"人们震惊地发现,我们的领导人对战斗的准备如此不足,我们培养战争领导者的制度运行得如此糟糕"[40]。

显然,美国陆军缺乏系统的关于军官晋升的选拔制度,这一事实让历史学家甚至军官自己都感到困惑。[41]他们之所以被委以重任并非由于其档案记录中的出色表现,相反,只是因为任命他们的人了解其能力,或是由同样认识此人的同事或者级别更高的上级所推荐。[42]通常军官们在美国陆军军官学院而不是某些战时培训班期间就已经相互认识。由于共处四年,因此他们不仅有机会认识自己的同学,而且还能认识前后届的校友。在本书的第二章,将会描述一位即将在西点结识自己"战友"的学员。

第二次世界大战期间所有师级指挥官和高级参谋部中的G-3作战军官都参加过堪萨斯州莱文沃斯堡学校的高级军事培训。这所院校经过20世纪20年代初的多次改名后最终被称为"指挥与参谋学校"。[43]

毫无疑问,美国赢得了第二次世界大战的胜利,而且大多数关键职位是由莱文沃斯毕业学员担任的。因此,对战争进行反思的前指挥官们认为,指挥与参谋学校在为美国军官团提供赢得战争的工具方面发挥了重要作用。⁴⁴关于这所学校的几项出色的学术研究基本上维持了这一结论。⁴⁵然而,仅凭"莱文沃斯毕业学员占据指挥岗位"而且"美国赢得战争"并不能自动得出结论,即在莱文沃斯的经历赋予了这些人卓越的军事专业技能,或者假定在莱文沃斯的训练培养了对第二次世界大战胜利至关重要的军事能力。

在有关美国陆军教育体制的研究中,经常被忽视的是位于佐治亚州本宁堡(Fort Benning)的步兵学校。关于该校的一章指出,在培养某些军事能力方面,它可能比美国任何其他军事教育机构都做得更多,也更有效。

这项研究旨在考察美国陆军军官团的"指挥文化",并结合德国陆军的"指挥文化"进行了对比。这项工作似乎特别吸引人,因为自美国独立战争以来,德国陆军一直是一支令美国军官团着迷的军队。德国国防军——第二次世界大战期间的德国陆军——特别是它的军官团,曾经并且现在仍然是美国陆军和美国社会最感兴趣、最具吸引力甚至是最浪漫的关注对象。⁴⁶德国军官在第二次世界大战开始时就被认为是一个强大的对手,他们受到美国同行的尊敬,有时甚至是惧怕。

学者们认为,"文化由共同的决策规则、方法、标准操作程序和决策惯例组成,它对个人和群体的认知强加了一定程度的秩序"⁴⁷。更重要的是,就文化影响行为而言,它是通过提供有限的选项,并影响文化成员通过互动学习而实现的。⁴⁸本书将遵循上述定义,但需要强调的是,虽然本书所研究的军官由于其社会化和教育的原因而选择有限,但这些选择仍然数量惊人。

军官团的指挥原则往往可以追溯到很久以前,它们是军队"共同身份（corporate identity）"的一部分。[49] 在本书中，"指挥文化"应当被理解为军官如何认识自己在指挥活动中的作用，即他是以一个紧贴作战行动前沿的人的身份来指挥，还是从指挥所里、通过他的参谋机构的命令来指挥？这也意味着一名军官处理战斗和战争的混乱和无序状况的方式——是试图通过运用条令来搞清状况，还是利用混乱态势实施大胆的行动。因此，本书也将研究军官团的指挥文化究竟是强调个人主动性，还是强调按照规则和规定来发挥作用。此外，指挥文化是指军官对指挥的认识，以及在战争中指挥的目的和重要性。

由于指挥文化的传授采取的是同侪教授的方式——如前所述——特别是在军事院校中，因此本书将分析相关军队的教育系统。[50] 两者——同侪教授和教育系统——都被视为军队文化的承载者。[51]

军官在接受教育之前必须接受选拔和委任，因此我们将研究德国和美国年轻人的社会出身，以及他们必须通过怎样的途径才能获得委任并晋升到更高军衔。

本书所使用的实例都来自陆军正规军事业有成的职业军官。他们几乎都来自地面部队。因此，当使用"美国陆军"这一术语时，虽然在本研究中也包括了诸如陆军航空队之类的兵种，通常但不总是指地面部队。[52] 这一原则在使用"国防军"来指代1920年至1934年间魏玛共和国的德国陆军及其1935年至1945年间的继承者时同样适用。[53]

因此，我们将在很大程度上研究艾森豪威尔、巴顿、古德里安（Guderian）和冯·曼施坦因（von Manstein）类型的军官，尽管当前的大多数样本并未取得和这些将领一样的辉煌成就。本书中所涉及的军官们在第二次世界大战期间至少都已获得上校军衔，绝大多数都已成为肩扛将星的将军。[54] 他们基本是在 1901 年或之后获得委任，但主要是在 1909 年至 1925 年之间。

由于美国的职业军事教育远没有德国那样体系清晰，因此在 1902 年至 1939 年期间，主要是在 1924 年至 1938 年期间，本书所研究的大部分美国军官就读于佐治亚州本宁堡的步兵学校和堪萨斯州莱文沃斯堡的指挥与参谋学校或其前身之一。而他们的德国同行于 1912 年至 1938 年间在战争学院（*Kriegsakademie*）或类似学院就读。

在研究军队院校时，本书不会过多关注授课的学时数量、校名的调整，以及调整的时间和原因。军官的在校时间也不太重要。虽然已有许多关于是否应该在高级军事院校中设立 1 年、2 年或 3 年制课程的研究，但实际上，教学中的"如何"和"为何"比"何事"和"何时"要重要得多。每个人都会记得自己在学校或大学时代的某位教员，这些教员在讲授一些甚至被普遍认为枯燥乏味的课程时仍能激发大家的灵感，而其他教员则可能把本来极为有趣的课程给毁掉。

本书不是美国和德国高级军事院校的历史，因为那类研究早已存在。[55] 本研究是对现有著作的更新，增加了不同的角度和文化成分，并最终得出令人惊讶的结论。它指出了谁有机会进入军事院校，以及应当遵循什么程序才能更进一步。我也关注这些院校的教学理念、所采用的教学方式方法，以及教员的态度，因为重点是掌握院校灌输给学员军官的指挥文化。虽然通常是大致按时间顺序排列，但有

导 言

时我也会有所调整,以强调连续性或具有重要影响的重大事件。

本书将两国陆军的中级职业军事教育作为研究的终点,因为此时军官们已经形成了他们的指挥文化。虽然美军军官进入陆军战争学院或工业学院深造,或者更高军衔的德军军官参加兵棋推演(war games),可能会给他们的职业带来益处,但在当时,仅靠这些就改变他们的指挥文化是不可能的。

"德国军事遗产"对于美国陆军的中心地位,以及两军长达几个世纪的关系,使得德国陆军成为理想的研究对象。因此,第一章回顾了1901年之前两国军队之间的联系以及第一次世界大战的某些问题。该章还指出了美国军官在参访德国军事机构、观摩演习和战争时所产生的误解。1901年以后,在对德国陆军进行了认真研究——基本都是误解——之后,美国陆军也进行了重大改革。本书的研究范围截止于1940年,此时美国开始认真准备战争,沿用了几十年的教育模式土崩瓦解。一年以前,德国在准备入侵波兰时也经历了类似的调整。

第二章研究了位于西点的美国陆军军官学院以及该机构选拔和教育学员的方式。在下文中,美国陆军军官学院通常以"西点"或"军官学院"或其缩写 USMA 代替。我不会试图撰写一份这所堪称神秘的院校的新史,因为已经有了大量的相关著作。[56]我宁可研究这所学院在学员身上留下了什么文化印记、学员学到了什么以及他们如何学习。学院内部的选拔程序也非常重要,此外,我还会研究教员的选任及其对未来军官职业指挥文化的影响。由于一些具有重要影响力的军官毕业于其他军事院校——主要是位于列克星敦的弗吉尼亚军事学院(Virginia Military Institute)和南卡罗来纳州查尔斯顿的军事要塞学院,因此本章也将对它们进行简要介绍。尽管两者的结构与西点非常相似,但它们并非美国武装部队的官方机构。

为了说明西点军校毕业学员担任指挥职位的频率,并说明他们之间的长期联系,本书中所出现人物的毕业年级将至少在他的名字后面出现一次,例如:德怀特·戴维·艾森豪威尔,美国陆军军官学院1915届,或马克·韦恩·克拉克,美国陆军军官学院1917届。

第三章主要研究的是与美军院校对应的德国的军官学校（*Kadettenschulen*）,包括预科学校（*Voranstalten*）——男生最早可以在10岁时入学,以及柏林-里希特菲尔德的高级军官学校（*Hauptkadettenanstalt*,学员教育主要机构）——该校接收14岁左右的男学员,而西点通常接收的是17—22岁的年轻人。

军官学校在德国陆军中发挥了核心作用,因为许多声名卓著的军官——如海因茨·古德里安和埃里希·冯·曼施坦因,都曾在其中就读多年。虽然学员们相互尊重并相互认识,但他们之间并不存在西点学员间那种神秘的兄弟情谊。原因主要有几个。很多学员都通过了预科学校的逐级培训,当他们进入高级军官学校时,已经有了几百个同一年级的同学,而相比之下,西点通常只有一百到一百五十名学员。因此,德国的毕业学员们没有年级编号。

此外,对一名属于军官团的德国军官来说,他属于哪个团要比在哪一年从高级军官学校毕业更重要。本团的战友像胶水一样黏在一起,有时某个团形成的小集团甚至能够将德国陆军指挥体系中的最高级别职位掌控多年。[57]

第三章还简要讨论了德国候补少尉的复杂的委任程序,因为与美国相比,他们中的大部分人在顺利完成军官学校学习后并非自动被委任为少尉。在成为令人羡慕的德国军官团成员之前，他们必须进一步在自己所在的团和战争学校中证明自己具备成为军官的勇气。当然，1871年之前正式的"德国"还没有出现，对美国人来说，在此之前的普鲁士及其军队是一个主要关注点。但为了更强的可读性，本书中通常使用"德国"。

第四章考察了美国中级职业军事教育，特别是莱文沃斯的院校，后者以"指挥与参谋学校"而闻名。由于学校曾有几次名称变更，因此本书通篇使用"莱文沃斯学校"以避免混淆，事实上该地有多所院校。

在研究位于佐治亚州本宁堡的步兵学校时，我采用的是一种不像考察指挥与参谋学校那么复杂的研究方式，特别是对1927年到1932年这一时期。当时乔治·C.马歇尔是该校副校长，负责学校的课程和教学。这一章将用来突出美国职业军事教育体系的某些方面，并将展示如何为整个美国陆军实施职业军事教育。

关于德国方面的情况，在步兵学校后面的章节中研究了著名的战争学院。尽管根据《凡尔赛条约》，战争学院被认为是德国军国主义的源头，因而于1919年被废除，但它以不同的形式或多或少秘密存在，而且保持了相同的教学理念，直到1935年正式重新开办。因此，我提到战争学院时，经常是指它的某所替代性质的军官学校，它们在两次世界大战之间的年代里讲授的内容几乎相同。

尽管德国人很快就违反了《凡尔赛条约》中的许多条款，但没有哪项条款像"禁止总参谋部军官接受教育和设立总参谋部"那样被通过各种伪装进行了彻底"规避"[58]。由于在战争的最初三年，德国的高级指挥官大多曾是德国总参谋部的成员，因此本书也将仔细研究他们的选拔和教育过程。

第六章总结了本研究的发现，同时也进行了严格的对比，以指出这两个军官团之间其他重要的异同之处。它揭示了各自军官团的文化特点，即被各自的教育体系所重视或制约。其中一些效果影响了第二次世界大战的进程。本章还将简要回顾美国陆军教育体系给今天的军官们留下的历史文化印记，及其如何在当今的战争中得到反映。

注　释

1. 转引自 Russell Frank Weigley, *Eisenhower's Lieutenants: The Cam-paign of France and Germany, 1944–1945* (Bloomington: Indiana Univer-sity Press, 1981), xix。

2. 该信件可见于 Dwight D. Eisenhower and Walter B. Smith papers at the Dwight D. Eisenhower Library in Abilene, Kansas。

3. Walter Bedell Smith, *Eisenhower's Six Great Decisions: Europe, 1944–1945* (New York: Longmans, 1956), 532.

4. Harry C. Butcher, *My Three Years with Eisenhower: The Personal Diary of Captain Harry C. Butcher, USNR, Naval Aide to General Eisenhower, 1942 to 1945* (New York: Simon & Schuster, 1946).

5. 该书的原始未删节版本仍保存于艾森豪威尔图书馆，很不幸从未以未经编辑的形式出版：*Harry Butcher Diaries Series*, Dwight D. Eisenhower PrePresidential Papers, Box 165+166, Dwight D. Eisenhower Library, Abilene, Kansas。

6. George S. Patton and Paul D. Harkins, *War as I Knew It* (Boston: Houghton Mifflin, 1995). 本书于1947年首次出版。Ladislas Farago, *The Last Days of Patton* (New York: McGrawHill, 1981).

7. Dwight D. Eisenhower, *Crusade in Europe* (Garden City, New York: Doubleday, 1947; reprint, 1948).

8. Keith E. Eiler, *Mobilizing America: Robert P. Patterson and the War Effort, 1940–1945* (Ithaca, New York: Cornell University Press, 1997), 459–450.

9. 例如，克拉克自己的描述，就与上述描述完全相符：Mark W. Clark, *Calculated Risk* (New York: Harper & Brothers, 1950)。

10. Bernard Law Montgomery of Alamein, *The Memoirs of Field Marshal Montgomery* (Barnsley: Pen & Sword, 2005).

11. Weigley, *Eisenhower's Lieutenants*. 军事历史学家受到一部早期著作的影响，Douglas Southall Freeman, *Lee's Lieutenants: A Study in Command* (New York: Scribner, 1942)。

12. Weigley, *Eisenhower's Lieutenants*, 432.

13. 同上，589, 594。

14. 同上，433。

15. 同上，729。

16. *Letter from Paul M. Robinett to his father J. H. Robinett,*

February 26, 1943, Paul M. Robinett Papers, Box 10, Folder General Military Correspondence, January–May 1943, B10/F8, George C. Marshall Library, Lexington, Virginia.

17. Martin van Creveld, *Fighting Power: German and U.S. Army Performance, 1939–1945*, Contributions in Military History (Westport, Connecticut: Greenwood, 1982).

18. 同上，168。

19. 同上，168。

20. 同上，168。

21. John Ellis, *Cassino: The Hollow Victory* (New York: McGraw-Hill, 1984).

22. John Ellis, *Brute Force: Allied Strategy and Tactics in the Second World War* (New York: Viking, 1990).

23. 同上，331。

24. 同上，532, 534。

25. Ronald Spector, "The Military Effectiveness of the U.S. Armed Forces, 1919–1939," in *Military Effectiveness: The Interwar Period*, ed. Allan Reed Millett and Williamson Murray (Boston: Allen & Unwin, 1988), 76.

26. Allan Reed Millett, "The United States Armed Forces in the Second World War," in *Military Effectiveness: The Second World War*, ed. Allan Reed Millett and Williamson Murray (Boston: Allen & Unwin, 1988), 76.

27. 同上，77。

28. 同上，74。

29. 同上，61。

30. Richard Overy, *Why the Allies Won* (New York City: Norton, 1995). 奥弗里的书中有很多错误：德怀特·D. 艾森豪威尔不是出生于堪萨斯州的阿比林（Abiline），而是出生于得克萨斯州的丹尼森（Denison）。他在堪萨斯州的阿比林长大（第144页）。在珍珠港事件发生三周后，艾克不可能升职到五角大楼工作，因为五角大楼在1943年之前尚未完工（第261页）。奥弗里指出："轴心国军队几乎没有采取任何措施来改变其军事组织和作战实践的基本模式，或对战争方式进行改革和现代化。"（第318页）至少就国防军而言，这句话是完全错误的。从1939年到1945年，德军的各个师与军官团的结构，以及发动战争的作战方式都发生了很大变化。"像马歇尔或艾森豪威尔这样没有战斗经验的人能够赢得最高指挥权，这无论是在德国还是日本的战争活动中都是不可想象的。"（出处同上）这是将苹果与桔子进行比较。马歇尔是陆军参谋长，德军方面的可用来对比的军官，如弗朗茨·哈尔德，比马歇尔的战斗和指挥经验甚至更少。还有其他德国集团军和集团军群司令具备很少甚至没有战斗经验，例如阿尔贝特·凯塞林和弗里德里希·保卢斯，都是陆军元帅。埃利斯和奥弗里的书从方法论上来说都是有问题的，因为他们对德军的论述很大程度上依赖战后德国军官的著作。

31. 同上，318。

32. 同上，325。

33. 同上，318。

34. Charles E. Kirkpatrick, "'The Very Model of a Modern Major

General': Background of World War II American Generals in V Corps," in *The U.S. Army and World War II: Selected Papers from the Army's Commemorative Conferences*, ed. Judith L. Bellafaire (Washington, D.C.: Center of Military History, U.S. Army, 1998), 272.

35. 同上，270–274。

36. Charles E. Kirkpatrick, "Orthodox Soldiers: U.S. Army Formal School and Junior Officers between the Wars," in *Forging the Sword: Selecting, Educating, and Training Cadets and Junior Officers in the Modern World*, ed. Elliot V. Converse (Chicago: Imprint Publications, 1998), 107.

37. KarlHeinz Frieser, *The Blitzkrieg Legend: The 1940 Campaign in the West* (Annapolis, Maryland: Naval Institute Press, 2005), 351. 德文原始版本出版于 1995 年。

38. 同上，353。

39. Martin Blumenson, "America's World War II Leaders in Europe: Some Thoughts," *Parameters* 19 (1989). 布鲁门森和韦格利一样，特别适合这种评估。他在第二次世界大战中服役，是一位美国陆军历史学家，出版了《巴顿文件》，并撰写了许多关于美国陆军或军官个人的著作。

40. 同上，3。

41. Kirkpatrick, "'The Very Model of a Modern Major General'," 273; Blumenson, "America's World War II Leaders," 13; Hugh M. Exton and Frederick Bernays Wiener, "What is a General?" *Army* 8, no. 6 (1958).

42. Robert H. Berlin, *U.S. Army World War II Corps Commanders: A Composite Biography* (Fort Leavenworth, Kansas: U.S. Army Command and General Staff College, 1989), 13.

43. 最后一次更名后，现称"指挥与参谋学院"。

44. Ernest N. Harmon, Milton MacKaye, and William Ross MacKaye, *Combat Commander: Autobiography of a Soldier* (Englewood Cliffs, New Jersey: PrenticeHall, 1970), 49.

45. Timothy K. Nenninger, *The Leavenworth Schools and the Old Army: Education, Professionalism, and the Officer Corps of the United States Army, 1881–1918* (Westport, Connecticut: Greenwood, 1978); Timothy K. Nenninger, "Leavenworth and Its Critics: The U.S. Army Command and General Staff School, 1920–1940," *Journal of Military History* 58, no. 2 (1994); Philip Carlton Cockrell, "Brown Shoes and Mortar Boards: U.S. Army Officer Professional Education at the Command and General Staff School, Fort Leavenworth, Kansas, 1919–1940" (Ph.D. diss., University of South Carolina, 1991); Peter J. Schifferle, "Anticipating Armageddon: The Leavenworth Schools and U.S. Army Military Effectiveness 1919 to 1945" (Ph.D. diss., University of Kansas, 2002).

46. Michaela Hönicke Moore, "American Interpretations of National Socialism, 1933–1945," in *The Impact of Nazism: New Perspectives on the Third Reich and Its Legacy*, eds. Alan E. Steinweis and Daniel E. Rogers (Lincoln: University of Nebraska Press, 2003); Ronald Smelser and Edward J. Davies, *The Myth of the Eastern*

Front: The NaziSoviet War in American Popular Culture (New York: Cambridge University Press, 2007); Ronald Smelser, "The Myth of the Clean Wehrmacht in Cold War America," in *Lessons and Legacies VIII: From Generation to Generation*, ed. Doris L. Bergen (Evanston, Illinois: Northwestern University Press, 2008).

47. Alistair Finlan, "How Does a Military Organization Regenerate its Culture?" in *The Falklands Conflict Twenty Years On: Lessons for the Future*, eds. Stephen Badsey, Rob Havers, and Mark Grove (London: Cass, 2005), 194. Finlan cites Alistair Ian Johnston, *Cultural Realism: Strategic Culture and Grand Strategy in Chinese History*. Princeton, New Jersey: Princeton University Press, 1995.

48. 同上。

49. Friedhelm Klein, "Aspekte militärischen Führungsdenkens in Geschichte und Gegenwart," in *Führungsdenken in europäischen und nordamerikanischen Streitkräften im 19. und 20. Jahrhundert*, ed. Gerhard P. Groß (Hamburg: Mittler, 2001), 12.

50. William D. O'Neill, *Transformation and the Officer Corps: Analysis in the Historical Context of the U.S. and Japan between the World Wars* (Alexandria, Virginia: CNA, 2005), 98.

51. Wolfram Wette, *The Wehrmacht: History, Myth, Reality* (Cambridge, Massachusetts: Harvard University Press, 2006), 176–177.

52. 陆军航空队于1926年7月成为军队的组成部分。多年来，其政治和军事力量不断增强，并于1941年6月进行了重组并更名为陆军航空兵。

53. 在全书中，大多数情况下，原始德语单词在首次出现时会被设置成斜体，并在其后的括号内标出译文。

54. 有关美国陆军和德国国防军军衔的比较，请参见本书末尾的表格。

55. 例如，关于德国的研究，可参见 Hansgeorg Model, *Der deutsche Generalstabsoffizier: Seine Auswahl und Ausbildung in Reichswehr, Wehr macht und Bundeswehr* (Frankfurt a. M.: Bernard & Graefe, 1968); Steven Errol Clemente, "Mit Gott! Für König und Kaiser!" A Critical Analysis of the Making of the Prussian Officer, 1860–1914(Ph.D. diss., University of Oklahoma, 1989)。关于美国的研究，可参见 Nenninger, *The Leavenworth Schools and the Old Army*; Boyd L. Dastrup, *The U.S. Army Command and General Staff College: A Centennial History* (Manhattan, Kansas: Sunflower University Press, 1982)。

56. 仅举数例：Stephen E. Ambrose, *Duty, Honor, Country: A History of West Point* (Baltimore: Johns Hopkins Press, 1966); Theodore J. Crackel, *The Illustrated History of West Point* (New York: H. N. Abrams, 1991); Theodore J. Crackel, *West Point: A Bicentennial History* (Lawrence,: University Press of Kansas, 2002); Lance A. Betros, ed. *West Point: Two Centuries and Beyond* (Abilene, Texas: McWhiney Foundation Press, 2004)。

57. Waldemar Erfurth, *Die Geschichte des deutschen Generalstabes von 1918 bis 1945*, 2nd ed., Studien und Dokumente zur Geschichte des Zweiten Weltkrieges (Göttingen: Musterschmidt, 1957), 112–113.

58. Peter J. Schifferle, "The Prussian and American General Staffs: An Analysis of CrossCultural Imitation, Innovation and Adaption" (M.A. thesis, University of North Carolina at Chapel Hill, 1981), 30; Erfurth, *Die Geschichte des deutschen Generalstabes von 1918 bis 1945*, 127.

第一章
序曲：美德军事关系与德国总参谋部的幻想

> 与战前一样，德国陆军自战争开始以来一直忙忙碌碌，忙于新式武器的研发或旧式武器的新应用，忙于新式战术和训练方法的研发。[1]
>
> ——托马斯·本特利·莫特，20世纪初美国驻法国武官

> 我们感谢德国人建立了讲授战争艺术的体系，现在我们正在逐步将其引入我们的陆军。[2]
>
> ——《校长年度报告》，美国步兵与骑兵学校，1906年

有人曾说："当美国人渡过莱茵河并发动最后进攻时，历史上没有任何一支军队能够像美国陆军了解德国陆军那样了解它的敌人。"[3]但实际上，美国陆军可能（对自己的对手）知道很多，但理解很少。

自美国陆军建立、特别是自德国统一战争取得胜利以来，德国陆军——在此之前是普鲁士军队——一直是美国陆军灵感和教育的源泉，甚至是榜样。[4]然而，由于直到今天美国人仍对德国的战争文化存在误解，因此美国陆军从中汲取的教训过去常是，现在依然

是有缺陷或者不完整的。战争很大程度上建立在文化、传统和历史的基础之上。因此，要将一支军队的作战文化运用到另一支军队的作战文化中非常困难。如果对这种文化的理解只是误解，那就更不可能了。[5]

美国陆军与普鲁士战争方式的第一次紧密联系和体验来自弗里德里希·威廉·冯·施托伊本（Friedrich Wilhelm von Steuben）上尉——后来官至上将——他被认为是旧普鲁士陆军的二流军官，因此可以在外国从事军事顾问工作。[6]但评估显示，即使是职业军人腓特烈大帝（Frederick the Great），他对军事问题的分析也不是完美无瑕的，尤其是对军官的看法。事实证明，冯·施托伊本被证明是在殖民地担任这一职务的合适人选，但他并没有真正讲授普鲁士的战争方法，而是对其进行了大幅修改，使之成为一种全新事物。

另一个在殖民地军队服役的普鲁士人——约翰·埃瓦尔德（John Ewald）上尉——注意到，他的美国同事如何勤奋地研究军事著作，而且经常阅读翻译过的普鲁士公文，特别是腓特烈大帝发给将领们的指示，这种情况他"不下百次"在美国军官中遇到。[7]

英国"租借"的用来打击革命者的黑森士兵完全是普鲁士人的克隆，冯·施托伊本对此心知肚明，但其他殖民者却很可能不知道。总的来说，普鲁士陆军受到了整个欧洲的模仿，但黑森军队模仿得更加逼真。[8]黑森是欧洲士兵与平民比例最高的地方；它复制了普鲁士陆军的规章、手册、制服形制和训练，并且是许多"郁闷不得志"——通常能力也不足——的前普鲁士军官的家园。[9]黑森士兵并非人们经常错误认为的雇佣兵。通常，黑森陆军是由义务兵和正规士兵组成，因此并不符合历史或现代意义上对雇佣兵定义的理解。[10]

第一章 序曲：美德军事关系与德国总参谋部的幻想

在独立战争期间，美国人与早已闻名于世、具有传奇色彩的普鲁士统治者腓特烈大帝维持了良好的关系。在与一些令人敬畏的普鲁士军官有过良好的接触以后，美国军队在军事问题上向普鲁士寻求帮助也就不足为奇了。

在目前的学术文献中，没有任何迹象表明美国陆军军官学院是仿照普鲁士军官学校建立的。[11] 但20世纪之初的美国军官们指出，西点"建立在一种普鲁士基础之上"[12]。下一章，我们将讨论西点与旧普鲁士军官学校确有相似之处——如果不算歪曲事实的话。

美国军官不知疲倦地前往旧大陆，观察、记录，并试图向几乎始终处于交战状态的欧洲军队学习。除了拿破仑时代及其后期和第一次世界大战的短暂时间以外，他们的主要目的地通常是普鲁士或德国。[13] 在1812年战争和美国内战期间，105名美国军官为此目的横跨大西洋，有的甚至停留了数年。[14] 据说，由于急于接受欧洲的思想和不同军事文化的涌入，菲利普·亨利·谢里登（Philip Henry Sheridan）将军（美国陆军军官学院1853届）曾经讽刺地说："每当他们在欧洲发动战争时，我们就会采用战胜一方的军帽形制。"[15] 他的说法有一定的道理，因为1881年美国更换了原来所用的法国类型的头盔，代之以著名的德国皮克尔豪贝式尖头头盔。[16] 但不只是军帽问题。美国陆军如饥似渴地查阅了海外出版的各种手册，在1859年欧洲出版的军事著作中，"大约有一半首先是用德语出版的"[17]。

当谈到作战战术和陆军结构时，1839年的法国陆军对美国军官来说似乎仍然更有吸引力。这一年，美国军官菲利普·卡尼（Philip Kearny）中尉特意访问了法国的骑兵部门。虽然对其赞美有加，但他也指出（法军）纪律不佳、仪容不整，并且推测"如果他去检查德军的马厩，他应该会发现（德军）把建筑和马匹保持在完美状态"[18]。关于德国军队的这种陈词滥调显然早在19世纪上半叶就已经根深蒂固了。

在美国内战期间，对德国出身的军官和团队的需求量很大，而且他们普遍受到尊重。战争期间的会战战术源于拿破仑战争，但被证明不能取得决定性胜利，并造成了大量不必要的伤亡。[19]普鲁士军官在战役期间访问和观察了交战双方，对在（战争）这样的严肃活动中的业余行为印象不佳。[20]从德国总参谋部传出的信息——或者说谣言——慢慢传开，认为美国内战中的军队只不过是一群相互追逐的武装暴徒。[21]这种观点后来甚至被认为出自普鲁士军队总参谋长赫尔穆特·卡尔·伯恩哈德·冯·毛奇伯爵（Helmuth Karl Bernhard Graf von Moltke）。1872年，当美国陆军上将威廉·特库姆塞·舍曼（William Tecumseh Sherman）在欧洲之行中被记者问到是否曾向毛奇询问过这一说法时，他愤怒地打断说"我绝不会问他这样的问题，因为我不认为他会混账到那么说"[22]。

直到1896年，德国总参谋部每年发布的《世界军事力量调查》中仍不包括美国武装部队的情况。美国陆军最终被纳入其中可能更多是由于美国军官的频繁到访引起了（德国的）重视，而不是因为当时美国陆军在世界上扮演了重要角色。即使在1900年，美国陆军仍然被许多欧洲强国认为"是一个笑话"[23]。1912年驻俄国的美国武官报告称，在俄国军官团和他的欧洲武官同僚中，"普遍的看法是，我们的陆军不值一提"[24]。

这也是德国总参谋部的观点。德国高级军官对美国陆军的一再低估将在两次世界大战中带来最为严重的后果。

第一章　序曲：美德军事关系与德国总参谋部的幻想

突破性的技术创新——如著名的德莱塞针发枪——显然并未被视为一种重要的单兵武器系统，而且在很大程度上被美国观察人员忽视了。普鲁士人的过分保密可能是美国观察人员未能注意到这种步枪的原因之一。这种步枪发明于1841年，几年后被普鲁士军队采用。只有近卫团的精锐燧发枪连才能首先装备，而且每次训练后都要将其重新上交军械库。然而，来访的美国军官在过去的十五年时间里对此却一无所知。而且令人惊讶的是，这些来自柯尔特（Colt）、夏普（Sharps）和斯普林菲尔德（Springfield）等地①的观察人员对现代野战步枪兴致乏然。当德莱塞针发枪在普法战争中第二次出现以后——此时这种步枪已经发明三十年了——一位美国观察人员才最终注意到，它"能够像我们自己的后膛枪一样快速开火"[25]。然而，他终于注意到了这种步枪的精妙之处。

在美国方面，普鲁士人变得比拿破仑更加有趣，因为1866年7月，普鲁士联盟取得了柯尼希格雷茨（Königgrätz）会战的决定性胜利。在美国内战结束后仅仅一年，普鲁士人就完成了美国人努力了四年才实现的目标——调动几个军快速机动较远距离，并且在特定地点作为一个重兵集团进行组织严密的决定性会战。[26] 考虑到普鲁士人已经将近50年没有打过仗，因此这次胜利更加令人震惊。[27]

尽管两位目光短浅的美国观察人员，即名誉少将约翰·格罗斯·伯纳德（John Gross Barnard）和名誉少将霍拉肖·古弗尼尔·赖特（Horatio Gouverneur Wright）写道，与普鲁士陆军相比，"我们没有经历任何痛苦"，但像菲利普·亨利·谢里登这样更有见

---

① 这些都是美国著名的枪械公司所在地。——译者注

识的军官则有完全不同的认识。[28] 他的一项观察结论被证明是对美国陆军的预言。谢里登写道，"在细节上而不是精神上模仿普鲁士的做法"是错误的。[29] 美国陆军在引入普鲁士模式改革时即将犯下的正是这样的错误。

不仅仅是美国陆军，世界各国的大多数高级军事观察人员都错误地把这场胜利归因于普鲁士总参谋部的所谓优越的体制。但实际上，（这场战争的胜利）更应当归功于总参谋长赫尔穆特·卡尔·伯恩哈德·冯·毛奇伯爵的领导才能和天才素养，以及普鲁士军人——军官和士兵——的专业训练。经常受到称赞的德莱塞针发枪被证明在会战中发挥了一定作用，但并非决定性作用。

与后来的德国总参谋部不同，据说在毛奇的率领下，常识是至高无上的。[30] 这很可能是它最大的优势。

在此后的一次采访中，毛奇为一本书的声誉奠定了基础，这本书对军官和军事历史学家来说既是一种诅咒，也是一种恩惠。当被问及他从哪些书中获益最多以及他认为哪些书最重要时，毛奇选择了其中一本：卡尔·冯·克劳塞维茨（Carl von Clausewitz）的《战争论》（*Vom Kriege*）。[31] 克劳塞维茨曾经担任过战争学校——后来的普鲁士战争学院——的院长，而毛奇作为低级军官曾于1823—1826年在此就读。[32] 虽然克劳塞维茨的院长职位通常被人视为荣誉职位，但这一职位很快就使仍然年轻、充满活力的克劳塞维茨感到压抑，因为他无权更改学校的课程。[33] 这所学校后来更名为著名的普鲁士战争学院，这将在第三章中详细讨论。

《战争论》在1831年作者去世的几年后由其遗孀出版，之后几乎被世人遗忘。[34] 这本著作不受欢迎的一个原因是，它在德语中几

第一章 序曲：美德军事关系与德国总参谋部的幻想

乎是无法阅读的——即使以19世纪的标准来看也是如此。尽管克劳塞维茨无疑是一位充满智慧的军官、卓有成就的军事理论家，但他基本不具备作家才华。因此，早期的法国评论家认为这部作品"无法翻译"[35]。当时的德国评论家指出，《战争论》"不能阅读，只能研究"[36]。《战争论》特别难以理解的一个原因显然是，克劳塞维茨尚未对其进行修改就已去世。但毫无疑问，这位普鲁士将军的思想已经基本呈现在了书中。[37] 它们只是迫切地需要雕琢以提高其可读性。其他七卷——《战争论》最初只包括前三卷——更容易阅读，它们主要是关于各种战役、特别是拿破仑战争的。[38] 它们具有重要的价值，因为这位普鲁士军官要么是（这些战争的）参与者，要么是近距离观察者，或者认识许多曾经参战的军官。如今，克劳塞维茨精辟的战役分析不幸被他的哲学著作盖过了风头。当前各种克劳塞维茨研究所存在的一个问题是，它们很少将他在《战争论》中所用的哲理引论与他的多卷战役分析联系起来。

由于克劳塞维茨的文笔很糟，因此对其著作进行了删节和精简的英文版本反而比未删节的原版更受欢迎。[39] 这种情况也导致了在解读这位普鲁士将军的思想和哲理时存在某些误解。

被我们选作榜样的许多美国军官都读过克劳塞维茨的著作，并向他们的战友和朋友推荐过这本书。克劳塞维茨的著作也经常在指挥与参谋学校的课程中被引用。[40] 甚至有人说，"对美国军队而言，《战争论》完全可称得上是一部圣书"[41]。

在老毛奇表明了对这本书的喜爱之后，德国出现了克劳塞维茨热潮。在许多人看来，克劳塞维茨是"赢得了柯尼希格雷茨会战的校长"[42]。然而，这股热潮很快就消退了。这本书永远不会成为任何德国军事学校或学院的必读书目；因此，这种关于军事问题的广泛、独立的重要哲学观点——克劳塞维茨始终被视作普鲁士军队中的标新立异者——将不会被传授给那些帮助希特勒实施第二次世界大战的人。[43] 只有一位德国军官曾表示，克劳塞维茨的著作曾被作为 1921 年国防区考试（*Wehrkreisprüfung*）备考的推荐阅读书目。[44] 国防区考试将在下一章详细讨论。

虽然 20 世纪初《战争论》一书在德国职业军事圈中缺乏人气，但它将永远与历史上一位最成功的指挥官的多场胜利联系在一起。[45] 在德国统一战争期间，老毛奇很快就与俾斯麦发生了冲突。这位天才的战略家违背了克劳塞维茨"战争期间政治指导优先"的观点，并对这位军事理论家进行了圆满的重新诠释，从而在自己的领域里击败了俾斯麦：

> 政策利用战争实现其目的。它对战争的开始和结束具有决定性的影响，但所采用的方式是在战争过程中增加或减少战争的目的。由于这种不确定性，战略只能追求具有最大可能性的目标。通过这样的方式，战略能够对政策发挥最大的作用，有助于实现后者的目标，但其完全独立于政策而行动。[46]

俾斯麦本人从未读过《战争论》，这就是这位政治家和那位伟大战略家之间产生摩擦的原因之一。[47] 1888 年老毛奇——以 88 岁高龄——退休后，德国总参谋部再也没有达到类似的成就。相反，毛奇的继任者们试图复制这位著名战略家的个人形象和习惯，但却不

第一章 序曲：美德军事关系与德国总参谋部的幻想

具备他深厚的教育背景、领导才能、作战指挥和战略素养。

第一次世界大战开始后，当俄国，而不是法国成为竞争对手——后者是德国总参谋部的错误预测——的情势越来越明显时，德皇威廉二世要求时任总参谋长的赫尔穆特·冯·毛奇（小毛奇）针对东方邻国调整动员方向。这位伟大指挥官①的侄子回答说，这是不可能的，因为仅"文书工作就需要一年时间"[48]。德皇用冰冷的声音回应道："如果是你的叔叔，他会给我一个不同的答案。"这是德皇第一次显示出比人们认为的更有头脑。[49]

小毛奇的叔叔被称为"伟大的沉默者"，因为他对下属言简意赅，从不做无谓的闲聊。1855 年，老毛奇曾担任王储——后来的德皇威廉一世——的副官。他们习惯了一起骑马外出，几个小时不发一言。[50]但在必要的情况下，老毛奇能够在皇帝或德国国会（Reichstag）面前证明自己是一位出色的演说家。老毛奇的继任者对其内向性格的模仿过于夸张，以至于自己的参谋人员都不清楚总参谋长的意图是什么，而这不可避免地影响了第一次世界大战中的许多战役，尤其是 1916 年年初对凡尔登的灾难性的进攻。[51]

然而，理解上级意图是成功运用著名的"任务式指挥（Auftragstaktik）②"的先决条件。"任务式指挥"是德国军事文化的基石，下文将详细讨论。老毛奇是这一革命性概念最早的支持者之一。早在 1858 年，他就在德国实施的总参谋部年度兵棋推演上表

---

① 指老毛奇。——译者注
② "任务式指挥"（Mission Command）源于德语的 Auftragstaktik，是由"任务"（Auftrag）和"战术"（Taktik）构成的组合词，英语直译为"任务式战术"（Mission-type Tactics）。——译者注

示,"作为一条原则,一项命令中只应包含在实现目标过程中下级不能自行决定的内容"[52]。其余的事务应当交给现场指挥官处理。

当德国在1870—1871年的战争中击败法国以后,美国观察人员的注意力完全从外国军队的"步兵的行军装备、适合的马鞍和高效的野战工程技术"转向了普鲁士的总参谋部和军官教育。[53] 德国军事指挥机构再次显示了其优势。

美国军官对后一问题进行了调查,并出版了两本颇有影响的著作:威廉·巴布科克·黑曾(William Babcock Hazen)1872年出版的《德国与法国的院校和陆军》(*The School and the Army in Germany and France*)和埃默里·厄普顿(Emory Upton)1873年出版的《欧洲与亚洲的陆军》(*The Armies of Europe and Asia*)。[54] 虽然它们在美国陆军内外引发了一些严肃的探讨,但并未提出任何行动方案。大家一致认为,必须对美国陆军的教育和规划能力实施改革。但因为没有动力,所以没有发生任何改变。美西战争的灾难性管理以及随后的菲律宾叛乱带来了必要的动力。[55] 陆军部一位局长经常受到时任海军副部长西奥多·罗斯福(Theodore Roosevelt)的骚扰、要求他帮助组建其志愿骑兵团,这位局长大声嚷嚷:"噢,天哪!我把这个局管理得很好,结果却发生了一场战争!"[56]

一年以后,战地指挥官的情况并没有得到根本改善,一名上校以嘲讽的口吻给陆军部写信抱怨,因为陆军部的某些官僚总是要他立即提交行动报告。上校写道:"我刚刚接收了二百名从来没有见过马的士兵,一百匹从来没有见过士兵的战马,还有六个既没有见过马、也没有见过士兵的少尉。而我明天就要上战场了。"[57]

新任陆军部长伊莱休·鲁特(Elihu Root)力促改革,但在很大程度上他的能力从一开始就被高估了。西奥多·罗斯福指出，让一名律师管理陆军部"简直是愚蠢至极——愚蠢到我只能把它当作一个借口"，以至于威廉·麦金利（William McKinley）总统不希望对该办公室进行全面改革。[58]虽然罗斯福的指责的前半部分可能是正确的，但他个人严重低估了伊莱休·鲁特。这位未来的美国总统不久就改变了对鲁特的看法，后来两人成了好友。尽管如此，罗斯福还是正确地判断出麦金利总统实际上主要考虑的是对菲律宾进行适当的管理，而不是对军队的教育和计划体系进行全面改革。

尽管鲁特是一名文职人员，但他发现陆军司令纳尔逊·阿普尔顿·迈尔斯（Nelson Appleton Miles）少将和陆军部的其他高级军官都接受了他的提名，因为在其前任拉塞尔·亚历山大·阿尔杰（Russell Alexander Alger）的领导下，陆军部与两党关系都很糟糕，几乎没有任何交流。造成这种紧张状况，军队方面和文职部门都有责任。[59]因此，除了其广受赞誉的职业素养以外，伊莱休·鲁特善于倾听的特点可能也是他在军界获得支持的关键原因之一。

值得注意的是，当时规模如此之小的美国陆军是如何被庞大而臃肿的官僚体制所牵累的。当时的一项对陆军部军官的分析至少在此后50年里都是正确的，它说明了美国在菲律宾和其他地方部署和维持一支军队时所面临的困难。一位内部人士总结道："它里面的一半人什么都能干，而另一半人什么都干不了。"[60]然而，后面这一半人似乎总是级别更高。

鲁特也很快将军官团分成了两种类型，但却不是因为上述原因。其中一类是具有改革思想的军官，而另一类则仍然坚持内战时期的做法，将任何高等教育视作"缺少军人精神"。新上任的陆军部长无疑是一个非常聪明的人,但他并不是一个"创新思想家"[61]。他着眼于"简单和有效的方向",这两点都是陆军急需的。[62] 他从报告和书籍中汲取灵感,既依赖军队、也依赖文职人员提供的信息。最具影响力的是前往普鲁士执行研究和观察任务的美国军官所写的书籍和报告,特别是刚刚回国的美国军官,他们可能会得到鲁特的亲自询问。最后一位是西奥多·施万(Theodore Schwan),他出生于德国,但现在是美国陆军军官。他的著作《关于德国陆军组织的报告》(Report on the Organization of the German Army)虽然没有厄普顿的著作那样流行——因为后者享有盛誉——但却成为普鲁士/德国陆军组织和教育的详细的内部研究著作。[63] 在某位观察人员看来,在协助"副官办公室建立适当的参谋体系和军事教育体系"方面,施万的作用不可替代。[64]

所有的报告都对普鲁士军队,特别是其总参谋部给予了高度评价、钦佩甚至崇敬。[65] 这些公开发表的言论被证明是"设立总参谋部的主要障碍之一"[66]。对双方来说都很容易提出这样一种设想,即美国军队的普鲁士化或德国化是一件好事还是一种诅咒,是一种有效的模式还是一种反民主的破坏因素。[67] 例如,美国陆军少将约翰·麦卡利斯特·斯科菲尔德(John McAllister Schofield)(美国陆军军官学院1853届)承认,随着改革的进行,德国将对美国陆军产生强大影响,但他也表示:"我们的德国化可能获益有限。"[68] 鲁特必须对付的另一个——相当愚蠢但却非常顽固——的观点是,联邦军队在没有总参谋部的情况下赢得了美国内战,因此未来并不需要设立总参谋部。[69]

尽管当时的高级军官认为"鲁特并不十分清楚自己想要什么",

但陆军部长采取的行动方案证明了这种指责是不正确的。[70] 第一步也是最容易的一步是推动通过设立陆军战争学院的法案，从而软化反对力量。1900 年，鲁特成功地通过了这项法案。一年后，他提出了设立总参谋部的议案。这份提交国会的总参谋部职责清单，"几乎是逐字逐句地从保罗·布龙萨特·冯·谢伦多夫（Paul Bronsart von Schellendorf）的《（德国）总参谋部职责》（Duties of the [German] General Staff）中摘录的"。[71]

令鲁特大为震惊的是，本以为是盟友的纳尔逊·迈尔斯将军出现在参议院军事委员会面前，对陆军部长在委员会所做的说明进行了大量的批驳。鲁特迅速召集了"自己的将军们"——其中包括副官长亨利·C. 科尔宾（Henry C. Corbin）——以弥补迈尔斯造成的破坏，整整一年陆军部长都在进行广泛的游说，直到 1903 年《总参谋部法案》（General Staff Bill）最终准备完毕并投票通过。

虽然人们正确地注意到，美国总参谋部是对普鲁士总参谋部进行"模仿和调整相结合"的产物，但后者并未被美国人真正理解透彻，而且并非在所有方面都更出色。[72] 1937 年，莱文沃斯堡指挥与参谋学校的教员编写了一本名为《指挥和参谋原则》（Command and Staff Principles）的手册，书中完全错误地声称，德国总参谋部实际上只是由履行"高度专业化职责"的军官组成的"将军的参谋班子"[73]。德国参谋军官确实是在履行其参谋职责，但却并非专业化的，而是通常在总参谋部下设的绝大多数部门——如制图和铁路部门——履行各种通用职责。但与此同时，后毛奇时代的所谓"总"参谋部甚至无法为纳粹德国空军、海军和陆军所属各兵种制订一体化的行动计划。这尤其令人吃惊，因为德国空军将领和美国陆军将领一样，都是来自陆军部队。因此，有种正确的观点认为，"德国国防军从来没有真正意义上的总参谋部"[74]。

在老毛奇时期，普鲁士/德国除了气球以外没有空军，在自负的德皇威廉二世掌权并批准与英国进行舰队军备竞赛之前，其海军也微不足道。从文化上讲，普鲁士人是一支陆军部队，老毛奇运用铁路和电话等最新技术对这支军队的作战行动进行计划。事实证明，老毛奇的继任者完全没有能力做到这一点。

在某些德国体制被美国采用的前后，人们对其真正的职能和目的存在诸多困惑。[75] 约翰·麦考利·帕尔默（John McAuley Palmer）将军——"一战"期间曾任美国远征军的作战军官（G-3）——正确地指出："实际上，（在第一次世界大战之前），没有哪位将领了解（德国）总参谋部的历史渊源……"[76] 这句话也同样适用于第二次世界大战中的美国将领。

"二战"结束以后，沃尔特·克鲁格（Walter Krueger）将军在接受军事历史主任办公室的采访时表示，"与德国总参谋部相比，我们的陆军部参谋部效率非常低下"，"仅仅是一个辩论协会"。[77] 在德国，克鲁格继续错误地宣称："（德国的）参谋长仅仅是总参谋部的首长。我们的参谋长也是总统的参谋长。"[78] 实际上，德国的参谋长历史上也对德皇或德国总理承担同样的职能。作为战争计划部门的领导，克鲁格十分了解美国的体制，但很明显，尽管出生在德国，但和大多数同事一样，他对德国同行的认识非常有限。[79]

毫无疑问，现代军队必须设立一个高级计划机构，但不能变成一种二元论，认为它既能培养一批衣着整洁但被人鄙视的参谋人员和"在办公桌上产生的战术"，也能培养即使在今天最先进的美国

第一章　序曲：美德军事关系与德国总参谋部的幻想

陆军也常因"在部队待得太久"的荒谬理由而无法晋升的一线军官。[80]但很不幸，关于德国总参谋部的学术性著作常常赞美过度，缺乏批判性观点。[81]

从理论上讲，一名军官应该在部队和参谋岗位——甚至德国总参谋部——之间不断轮岗。但在实践中，这种体制经常会培养出一堆从未指挥过除了桌子以外的任何东西、但却拥有巨大权力的高级军官。他们从未或只是短暂经历过第一次世界大战，因此常常对前线的艰苦、所需的物资和战争的现实毫不关心。[82]如果这些军官没有经历成千上万士兵的死亡，那么当他们面对挑战时就会发生历史性的灾难。在德国国防军1942年8月所经历的诸多绝境中，某次陆军参谋长弗朗茨·哈尔德（Franz Halder）大将请求阿道夫·希特勒允许北方集团军群撤退，但这位独裁者回答说他认为这是不可行的，"为了军队的最大利益，我们必须坚持下去"[83]。哈尔德愤怒地回敬说，由于希特勒的顽固，"成千上万勇敢的士兵和军官正在成为毫无意义的牺牲品"[84]。这使得希特勒这位独裁者暴跳如雷。他对自己的参谋长吼道："你想要什么，哈尔德先生？你只是和第一次世界大战期间一样坐在同一张转椅上，告诉我有关军队的情况，而你自己却从来没有获得过黑色负伤徽章。"[85]这种吼叫令这位高级军官彻底闭嘴，因为这位独裁者是对的——并不是关于他们所讨论的战略，而是哈尔德的过去。希特勒在第一次世界大战中曾作为一名志愿者以一等兵军衔（*Obergefreiter*）参战并负伤。但是，希特勒在第一次世界大战中的勇敢和声望被极大地夸大了。他没有担任连队通讯员那种极其危险的任务，而是担任团的传令兵，因此被其战友看作"*Etappenschwein*"——一头待在后方的猪。[86]相比之下，哈尔德一生都在参谋岗位上工作，这在当时的德国军官团体系内并非个案。[87]

美国陆军部从未试图在社会结构的基础上研究德国军官团。他们本应发现，在高级军官中具备作战经验的军官比预期的要少得多。由于一些武官不断施加压力，G-2（情报）部门终于为德国军官建立了简历卡片。这些卡片的内容要么糟糕透顶，要么完全不准。卡片的内容充斥着未经证实的流言蜚语和道听途说。虽然了解一名德国军官是否是纳粹分子可能会有所用处，但陆军元帅威廉·凯特尔（Wilhelm Keitel）的条目中说他"被视为傀儡"，而陆军元帅西格蒙德·威廉（Siegmund Wilhelm）的卡片上写的是"由于他被迫不能活动而无聊得无法忍受"，陆军元帅瓦尔特·莫德尔（Walter Model）被描述成一个"具有猪的性格的人"，党卫军大将泽普·迪特里希（Sepp Dietrich）则被称作"没有受过教育的乡巴佬"，陆军元帅格尔德·冯·伦德施泰特（Gerd von Rundstedt）据说大部分时候都酒气熏天。[88] 所有这些数据不仅未经核实、与可能的军事能力和决策无关，而且某些内容甚至大错特错，以至于所有内容都显得荒诞不经。关于海因茨·古德里安（Heinz Guderian）的资料卡上声称，此人对工作如此狂热，以至于没有私生活，因此与其大多数同事不同，古德里安一直是单身汉。但实际上，古德里安已经结婚二十多年，两个儿子都是装甲部队的军官。

虽然美国陆军很少研究德国军官的背景，但研究特定战役显然更加普遍。普鲁士/德国陆军的声望，以及对其战役的深入研究，在某些方面对美国军官大有裨益。后者在"一战"期间与德国人作战时所处的地形正是他们在国内曾经仔细研究过的。[89] 对美国军官而言，突然"这个地区的几乎每一个村庄、城市和主要地形特征都变得非常熟悉"[90]。

在盟军缺少标准地图，而且常常根本没有地图的情况下，这种情况产生了重要影响。结果，普鲁士/德国陆军在过去战争中的声望导致了它在另一场战争中的失败。战败之后，德国陆军毫无意外地未能继续保持原有的声望。许多美国军官会轻视德国人的战斗力，但美国最聪明的军官之一却常常——尽管是徒劳地——提醒他们，1917年和1918年的德国士兵不是1914年的德国士兵。[91]由此乔治·C. 马歇尔再次证明，他通常要比同时代的人更加高瞻远瞩。

在第一次世界大战中与德军交过手的人通常会用带有贬损色彩的战争绰号"Boche"或"Hun"来称呼德国人，这两个绰号分别由法国人和英国人发明，在下次战争中仍有充分的理由使用"Hun"这个称呼。乔治·史密斯·巴顿将军（美国陆军军官学院1909届）曾在其拍摄的许多"二战"德国阵亡士兵的照片上写道"好的德国鬼子"[92]。没有参加过第一次世界大战的美国年轻军官则称德国人为"埃尼"（Heinis）、"弗里茨"（Fritzes），这就像美国士兵常用的"克劳茨"（Krauts）的说法一样普遍。"埃尼"是德国基督教名字"海因里希"的缩写，"克劳茨"则来自德国人最喜欢的Sauerkraut und Bratwurst（酸菜和香肠）的菜名。这虽然是一种巴伐利亚式菜肴，但当美国人想到德国时，他们通常指的是巴伐利亚。

在参加过第一次世界大战的美国军官官中，更受欢迎的绰号是"Boche"，它来自法语"caboche"，意思是"傻子"和"笨蛋"。

1900年7月27日，在派出东亚远征军镇压中国义和团起义时，德皇威廉二世发表了臭名昭著的"匈奴演说"，由此首先从英国人开始用起了"Hun"这个绰号。这篇演说——典型的威廉二世风格——充满了武力的炫耀和血腥的夸张，但对他来说仍然比通常的废话高出一个档次。他命令士兵们绝不留情，绝不收押俘虏，要像一千年前的埃特泽尔国王（即匈奴王阿提拉）统治下的匈奴人那样扬名立万，使自己即使在今天依然强大无比。同样，士兵们应该让"德国"这个名字在中国被永远铭记，让中国人不敢轻视德国人。[93]

就像14年后（在欧洲）和39年后在世界其他地区所表现的那样，驻守中国的德国士兵如果获得上级授予全权，他们就会表现得不那么绅士，这就是盟军在此后的战争中仍对其使用这个绰号的充分理由。

珀西·L.迈尔斯（Percy L. Miles）当时是一名驻扎在中国的美国陆军上尉，他注意到，"德国人突然袭击一些小型武装组织并将其驱散，滥杀中国士兵和平民"[94]。事后他补充道："我们预见到德国在战争中的残酷无情，如果我们记得这一点，在今后战争爆发的时候就不会那么吃惊。"[95]美国陆军的记忆再次被证明是短暂的。

那些曾在第一次世界大战前后游历德国的美国军官对德国和德国人的描写通常非常正面。其中一个最不可能的崇拜者就是德怀特·D.艾森豪威尔，他一生中多次改变对德国人的看法，从一个极端走到另一个极端。在携妻子与朋友格鲁贝尔夫妇一起在德国旅行时，艾森豪威尔在1929年9月2日星期一的旅行日记中写道，由于在德国待了一周，"我们对德国、德国人民，还有德国美丽的风景都充满了热爱……我们喜欢德国！"[96]

第一章　序曲：美德军事关系与德国总参谋部的幻想

在第一次世界大战后被派去占领德国部分领土的许多军官身上却找不到同样的感情，这与第二次世界大战后的占领情况形成了鲜明的对比，后一时期积极的声音远远超过了消极的声音。对此，有几种可能的解释。第一次世界大战后，德国只有一小块飞地被占领，因此只会获得有限的体验，而第三帝国崩溃后美国军官可以自由地在德国游历。另一个主要区别可以从德国人自身的态度中发现端倪。在第一次世界大战后他们被告知自己的军队没有被打败，他们对正在进行的凡尔赛谈判和占领状态心存不满。[97]而第二次世界大战以后，由于害怕因为战争和德国（进行的）大屠杀而受到迫害或招致不满，德国人有充分理由俯首帖耳，对占领者表现友好，而且"普通德国人"也需要表明自己与"纳粹"不同。[98]这种非正式的观点流传甚广，以至于一位美国军官讽刺地评论道"应该给每个真正的德国人配上一道闪亮的圣光"[99]。

德国陆军声誉下滑的状况并没有持续太久，至少在美国的军事院校中没有。一个原因可能是美军院校能够获得大量普鲁士和德国的战役资料；另一个原因是，人们后来承认，针对德国人的第一次世界大战实际上是一场基本上势均力敌的战争。这导致了一个奇怪的事实，即对德国所实施的战役的研究要多于对其他盟国或美国自己战役的研究。1914年8月末，德国人发动了坦能堡战役，取得了对占据绝对优势的俄罗斯人的胜利。这场战役似乎让美军的教员和学员们特别着迷。但是，从职业的角度看，这些教学和研究的成果未必有多大用处，这一点将在关于指挥与参谋学校的一章中加以说明。

能够用自己的语言技能将法语特别是德语手册翻译成英语的美

国军官获得了特别的荣誉。这种情况在所谓的"沉闷"年代更加突出——这一时期指的是第一次世界大战结束和德国军事力量崛起之前。当时的美国陆军由于预算原因被肢解得七零八落。1935年一些更加积极的军官认为,枯燥的例行公事没有任何挑战性,因此他们挑选了不同的翻译项目。这些项目意味着大量的额外工作,但回报是收获知识,以及获得出版译著有时甚至是出国旅行的机会。

沃尔特·克鲁格——1881年生于德国,1922年在美国陆军中担任中校——将一本关于德国骑兵的长篇巨著翻译成英文,同时还翻译完成了一本更加急需的团级部队的军事演习手册。[100] 由于对第一次世界大战的研究(表现突出),他被允许前往波茨坦的普鲁士陆军档案馆,那里的德国档案学家给予了他全力支持。

从法国和德国翻译过来的军事手册经常被用作美军相关文件的基础,被美国陆军略作修改甚至几乎原样照搬。[101] 虽然具备语言技能的军官将其他国家武装部队的相关军事手册、论文或书籍翻译成本国语言的情况很常见,但很难看到像美国陆军这样频繁地使用外国军事资料的情况。这种做法最大的优点自然是(可以提供)不同的观点和"外军理论",使得美军的做法更加灵活。但其一大缺点是,容易导致思想混乱和军事理论的矛盾。[102]

对美国陆军使用外国军事手册的习惯的一种可能解释是(由于)对某些军事——或学术——能力的不安全感。美国陆军的军官不能——至少人们这样认为——自主编写某些手册。但如果能够做到这一点,那么他们将受到广泛赞誉。[103] 对美国高级军官缺乏信任,特别是对更低级别军官的能力缺乏信任,这一点将在后面的章节中加以讨论。

第一章 序曲：美德军事关系与德国总参谋部的幻想

随着德国军事手册和论文的大量涌入，以及对普鲁士和德国所实施战役的不断讲授、剖析和复盘，德国军队重新在美国陆军军官团中获得了作为一支令人钦佩的作战力量的地位。

第二次世界大战结束、德国战败以后，美国军官对德国同行的评价具有某种"部落主义"的性质。虽然美国军官的普遍看法是，许多德国军官都是纳粹，并且是侵略战争或暴行的同谋。那些与他们（美国军官）共事的德国军官通常经过了认真筛选、没有任何负面经历，但其他德国军官却受到严重怀疑。一位德国军官的良好形象仅仅取决于他对英语的掌握程度。所有这些对德国军官的评价都毫无根据，而是建立在情绪化的认识基础之上。

德国和美国军官在第二次世界大战结束后不久就能轻易地建立联系的原因之一，可能是他们在两次世界大战之间的那些年月里经历过类似的问题。德国总参谋部军官弗里德里希·冯·伯蒂歇尔（Friedrich von Boetticher）已经注意到了这一点，他曾在1922年至1923年期间对美国军事设施和地方院校进行了深入考察。[104] 两支军队在训练和装备方面都面临着同样的严格限制，都经历着普遍裁军。美国方面的原因来自内部：主要是预算问题，但也有对常备军和军事化由来已久的恐惧——就像今天听起来一样可笑。德国人则是由于不得不在《凡尔赛条约》规定的外部压力和限制下进行重新编组。

两支军队军官团的规模大致相同，但美国陆军甚至比德国陆军的数量还少。后者根据《凡尔赛条约》的规定编有七个步兵师、三个骑兵师。[105] 在德国，人们普遍认为第一次世界大战后的德国没有防御能力，而且受到了不公平的对待，最终在德国最高统帅部和主要政界人士之间达成了非法破坏上述限制的共识。然而，魏玛德国国防军等不及达成协议就已经开始了行动。即使没有政治支持，魏玛德国国防军也很可能会继续违反《凡尔赛条约》，只是他们会更加小心。如果算上黑色国防军（Schwarze Reichswehr）和后来的冲锋队（Sturmabteilungen），德国地面部队的规模已经远远超过了美国陆军羸弱的地面部队。所有这些部队都被称为"黑色国防军"，同样拥有武装，但实际上并非德国国防军正规的"作战"部队，而是由德国军队的高级司令部实施一定程度的松散控制。[106] 这些部队包括自由军团（Freikorps）、短期志愿人员、边防部队和各种民兵。[107] 他们接受过训练，但很快就因《凡尔赛条约》的规定而被取消。由德国国防军第三防区司令部组建的唯一长期存在的部队是工程部队。在官方的伪装下，他们充当军事设施附近的建筑单位，但配有制服并驻扎在军营中。1923 年上述部队的人数达到了 18000 人——一个额外的、没有重型武器的满编师。[108]

仅是 1919 年在东线调动和参战的"自由军团"就达到了 20 万人左右，而当时德国国防军的官方员额也仅仅如此。[109] 这支军队的规模几乎与旧时的帝国正规军相同，当然，其统一性要差得多，指挥体系也比较弱。然而，关于"自由军团在当时可能是德国唯一一支最重要的力量"的断言只是言过其实。[110] "自由军团"的部队规模不等，从不满编的连到加强团都有；他们没有统一的指挥结构，只能依靠指挥官的领导能力和个人魅力。[111] 对他们中的某些人来说，"穿军装的暴徒"一词——指那些"在心理上无法或不愿从军队中复员"的人——或许恰如其分。[112] 他们基本上不能实施协同作战，只有少数部队拥有比轻型野战炮或迫击炮更重型的武器。

第一章　序曲：美德军事关系与德国总参谋部的幻想

第一次世界大战后美国陆军的规模大大缩减，以至于在20世纪20年代和30年代初，其总兵力"很少超过13.5万"[113]。当时，"与美国历史上任何其他时期相比，它（美国陆军）可能尚未做好作为一支作战部队实施作战的准备"[114]。当时的德国军官很可能对他们的军队也有同样的感觉。

在两支军队中，军官晋升的速度都像蜗牛一样缓慢。在美国陆军中，从中尉晋升为上尉大约需要13年时间，接着在上尉位置上可能要待上17年。[115]而在德国国防军中，晋升上尉的军官平均要在中尉军衔上服役14年。[116]在德国陆军中，能够被选中晋升少校是极其困难的，所谓"少校悬崖"是传统上难以攀登的陡峭阶梯之一。

尽管德国人几年前在将《布列斯特-立托夫斯克和约》所带来的"和平"强加给俄国时，显示出并未受到任何形式的限制，但"一战"后的德国军队仍非常期望美国能够成为自己的盟友，帮助其减轻法国、英国、俄国的制裁。但德国人的希望被无情地摧毁了，在他们看来，美国的政客们未能对《凡尔赛条约》进行有力干预，这就像是又在德国背后捅了一刀。然而，德国和美国军官团之间原本友好关系的破裂只是短暂的，很快就恢复到以前相当友好的状态。尽管《凡尔赛条约》第179条禁止德国向其他国家派遣任何武官或军事使节，但在1922年至1933年间，美国仍然欣然接待了将近30名德国军官，其中绝大多数是高级军官。[117]对两国之间总体关系的描述同样可以用于描述两国军队的关系："在30年代初，毋庸置疑，没有两个大国能够像美国和德国一样，彼此之间没有芥蒂并且合作良好。"[118]

几名德国高级军官访问了位于西点的美国陆军军官学院,但并未留下深刻印象。相反,参观福特汽车工厂成为"军官们在美国的一项重要任务"[119]。对技术的兴趣超过了其他领域。德国军官也正确地认识到美国的动员能力对美军在第一次世界大战中的表现至关重要。虽然已经获得了这样的认识和对美国工业潜力的深刻理解,他们却完全无法掌握未来敌人的工业潜力,甚至连皮毛都没摸到,这让人更觉震惊。认为在战争中意志力和创造性等非物质的、更加偏重精神的能力要比工业能力更有决定性的文化障碍在一定程度上可以被认为是造成这种情况的原因,后续章节中将继续对其加以讨论。

《凡尔赛条约》就像德国人的一根肉中刺,但对德国军方而言,它就像一根原木。对德国军官来说,破坏一项如此重要、受到密切监督的国际条约,不仅需要过人的创新精神——还需要罪犯般的精力。这两种特质都会在第二次世界大战期间成为将军和元帅的德国军官身上再次展现出来。在得到足够的实力支撑或者掩盖得当的情况下,这种"不择手段"的态度已经成为许多军官的座右铭并"削弱了他们的道德品质",即使这种态度客观上被认为是错误的。[120]

对一直生活在民主制度下的美国军官来说,这种行为是不可能的,也是不可想象的。但他们的创新精神和"跳出思维定式"的原则同样并未受到挑战。

在德国,年轻军官们根据卡车试验设计出坦克战术,并勇敢地面对上级的愤怒和战友的嘲笑。在美国,由于担心磨损、故障和昂贵的炮弹,唯一一辆过时的坦克几乎从来没有在野外行驶过,也没有进行过实弹射击。一支部队是否优秀通常是根据在上级检查时,经过清洗、擦拭以及处于"正常"状态的坦克和士兵的数量来衡量的,而油料的使用限制使得任何长距离行驶都非常困难。在德国,年轻军官们冒着职业风险推广新式战术和武器,而在美国陆军,这种行为遭到有效的压制,穿着擦得锃亮的棕色皮鞋的陆军幽灵——尤其是骑兵——占据了上风。

德国国防军培育的特立独行精神将为德国武装部队带来巨大的优势,但显然一旦某位军官得到陆军最高司令部(*Oberkommando des Heeres, OKH*)、国防军最高司令部(*Oberkommando der Wehrmacht*)的重要职位,或者获得集团军或集团军群的指挥权时,这种精神就会彻底消失。对此的一种解释是:"当雄心勃勃的军官们即将进入晋升将军的名单时,作为一种安全防范措施,他们会隐藏自己真实的思想和观点,直到抵达顶峰、能够将自己的理论付诸实践为止。但很不幸,通常的结果却是,在因为个人抱负而自我压抑多年以后,当瓶子最终被打开时,里面的东西已经消失殆尽。"[121] 本书的最后一章将给出一个不算太有说服力的解释。然而,关于这一点,重要的是要回答是什么让美国和德国的年轻人选择了军队职业,以及获得委任的第一步是什么。这将在接下来的两章中进行讨论。

当美国陆军决定对普鲁士/德国陆军进行深入研究——因其刚刚赢得了几场战争——的时候,它的军官们在很大程度上找错了地方,而且通过自己的文化眼镜看到的是扭曲后的现实。虽然每支军队都需要一个拟制计划的机构,但德国总参谋部也仅仅只是一个这样的机构。在赫尔穆特·冯·毛奇的领导下,它的运作无人能及;但在平庸的参谋长们领导下,它只不过是一个沉迷于文牍事务的官僚机构,甚至因为不断的明争暗斗或完全无能而阻碍了(自身的正常）运作。一个典型的例子是由毛奇的继任者之一阿尔弗雷德·冯·施利芬伯爵（Alfred Count von Schlieffen）拟制的"施利芬计划"。[122] 这一计划最终开启了德国"孤注一掷式"的作战计划拟制的不幸历史，最终持续到1945年德国惨败为止。虽然毛奇总是能够拿出至少每两年就修订一次的应急战争计划，但即使是他最出色的继任者也未能继续这种灵活、实用的做法。施利芬也是第一个筹划每年一次的德皇演习（Kaisermanover）的参谋长，这给这位年轻的君主留下了深刻印象。[123] 但是，在这种结果早已预先确定的阶段性演习中，领导者及其下属部队的表现无法得到准确的评价；这也破坏了年轻军官对其高级领导的信任。

作为未来对法国发动进攻的计划，"施利芬计划"的拟制完全采用了施利芬以往制订阶段性演习计划的方式。[124] 这一计划毫无灵活性可言，其过时的统计方式还将早已不存在的部队包含在内，并且完全忽视了后勤问题。没有什么比下面的事实更能说明德国总参谋部的糟糕状况：施利芬的继任者小毛奇只做了轻微改动就采纳了这个计划，而且同样没有制订备用计划。虽有一百多名受过高等教育和严格选拔的军官可供调遣，但参谋长们完全没有用好他们。

没有最糟、只有更糟，小毛奇的继任者埃里希·冯·法尔肯海因（Erich von Falkenhayn）1916年表现得更加无能，他甚至没有提出任何战略或作战计划，而是建议德国在他选择的地点——凡尔登——让法国军队把血流干。[125] 由于这座重要的要塞可能失守，大批法国士兵将被引诱到这片杀戮之地。因为法尔肯海因认为——虽然没有任何证据能够证明——德国人总能战胜法国人，因此自身伤亡将小于对手，最终必将击溃法国陆军。[126] 但整个"作战计划"的

第一章 序曲：美德军事关系与德国总参谋部的幻想

结果恰恰相反。

在两次世界大战期间，德国总参谋部不仅无法进行联合计划拟制，而且"几乎没有任何协调，无论是在财政、经济、政治还是军事因素方面"[127]。1940年——在施利芬提交其作战计划的最后一份备忘录的28年以后，在其被证明毫无用处25年以后，由弗朗茨·哈尔德大将领导的德国总参谋部提出了一份几乎完全相同、只做了稍许改动的进攻法国的计划。[128] 老毛奇死后，德国总参谋部既不是第一次，也不是最后一次"表现得完全缺乏想象力"[129]。鉴于总参谋部及其高级领导人过去和将来的表现，那种认为在上述极不专业的作战计划中包含了对希特勒侵略计划的某种抵制的观点是不可思议的。[130] 通过建立和扩充武装党卫军、建立德奥同盟、吞并捷克斯洛伐克，并让将军们协助策划对波兰的进攻，这位大独裁者对将军们表现了充分的蔑视。希特勒的计划"在德国军队内部得到了广泛赞同"[131]。因此，很难让人相信仅仅通过提出一项糟糕的计划，将军们就会觉得取得了反对（希特勒）的成功。毕竟，德国与法国实际处于战争状态，因此必须发起作战行动。

一位训练有素的总参谋部军官、时任少将的A集团军群参谋长埃里希·冯·曼施坦因少将提出了一个进攻法国的出色计划。他建议通过阿登森林和山区实施进攻，从而在战略和战术上对敌人造成出其不意的效果，但总参谋长和他身边的高级军官们用可笑的观点阻碍了这一计划的实施。最后，通过曼施坦因的两名参谋军官——贡特尔·布卢门特里特（Gunther Blumentritt）上校和亨宁·冯·特雷斯科（Henning von Tresckow）少校——施展计谋，才使那位大独裁者（希特勒）了解到这一计划的存在。特雷斯科曾与鲁道夫·施蒙特（Rudolf Schmundt）一起在第9步兵团服役，而后者现在官至上校并且担任了希特勒的副官。战争期间的类似情形表明，同团战友之间的联系对德国国防军高级军官的决策影响巨大，但目前仍没有任何关于这方面的研究。[132]

在与冯·曼施坦因讨论之后，施蒙特确信这一计划非常合理，并立即开始筹划。他想出了"一个振奋士气的好办法"：邀请那些担负进攻法国任务的新晋军长们到柏林与希特勒共进工作早餐。[133] 曼施坦因也在其中，因为他已经成为某军军长。在他的回忆录中，曼施坦因将自己和他的同僚描绘成受害者，因为他成为军长而不能留任集团军群参谋长，并将整个事件归咎于陆军参谋长弗朗茨·哈尔德，据说后者由于曼施坦因撰写的备忘录而对其心怀不满。尽管不得不承认整个计划完全在思想狭隘的哈尔德的能力范围之内，但事实上，冯·曼施坦因早该担任军长了，也没有证据表明哈尔德在幕后操纵这一切。

工作早餐结束以后，冯·曼施坦因引起了希特勒的注意，并提出了他的新计划，这一计划得到了这位独裁者的热烈支持。这个被德国人称为"黄色方案"、后来被宣传为"镰刀行动"的计划将取得巨大成功并创造军事历史。这也是自老毛奇时代以来，德国唯一取得成功的、具有决定性的战略性军事计划。这一幕给"二战"期间德国总参谋部乏善可陈的表现带来了一丝亮色。虽然"黄色方案"是由一名训练有素的德国总参谋部军官制订的，但高级领导层中大多数人——尤其是战略规划部门的成员——反对这一计划，甚至没有足够的自信对它进行讨论，而是将其掩盖起来。[134] 整场战役能够实现的原因是"由于某些历史事件的巧合"，而不是德国总参谋部的专业性或创造性。[135]

战争的后续进程表明，在德国国防军仍然处于高度紧张、装备不足、供应不良的情况下，德国总参谋部却支持对苏联发动自杀性的进攻。所谓的总参谋部专家明确表示，对苏联的战争"可以使用现有装备进行"[136]。任何认为"德国高级参谋军官大多在军事问题上与希特勒意见相左"的观点早已被证明是无稽之谈。[137]显然，老毛奇之后的德国总参谋部既不是一个强大的机构，也不是赢得战争的决定性力量，因为德国人在不断地遭受失败。

任何组织的表现都取决于其高层的领导力。结构可能会弥补很多方面的不足，但是——特别是对一个军事组织而言——良好的领导力是必不可少的。"军队大脑"很容易变成军队肿瘤。[138]（对德国）进行考察的美国军官们是如此执迷于德国总参谋部的幻想，以至于德国军官团更重要、更成功的特点反倒没能引起他们的注意。在乔治·C. 马歇尔接掌并实施必要的领导之前，根据自身需求进行了调整的美国版总参谋部正受到各种繁文缛节和内部斗争的折磨。美国人甚至没有尝试调整德国军官复杂的选拔、教育和委任程序，这很可能是因为西点和莱文沃斯的教员在过去几十年里对其进行了成功的洗白，这一点将在接下来的章节中加以讨论。

无论随后进行何种职业军事教育改革，它们在性质上都是孤立的，因为美国军事院校彼此之间没有任何交流；而在德国，一所军事院校是另一所军事院校的基础，它们的课程设置环环相扣。当时正在进行的关于调整"任务式指挥"的讨论丝毫没有引起来访的美国军官的注意，同样没有引起注意的还有那些使德国军官团成为一支高效团队的其他重要特征。

051

虽然德国军队复杂的委任体制受到了美军的关注，但它并未在美国陆军中得以实施。其中的原因以及美国和德国体制的差异将在后续章节中加以讨论。

注　释

1. Thomas Bentley Mott, *Twenty Years as Military Attaché* (New York: Oxford University Press, 1937), 29.

2. Annual Report of the Commandant, U.S. Infantry and Cavalry School, U.S. Signal School and Staff College for the School Year ending August 31, 1906 (Washington, D.C.: U.S. Government Printing Office, 1907), 67. 转引自 Cockrell, "Brown Shoes and Mortar Boards," 36。

3. Stephen E. Ambrose, foreword to *Handbook on German Military Forces*, edited by U.S. War Department (Baton Rouge: Louisiana State University Press, 1990), iii. 原书出版于 1945 年 3 月。

4. Don Higginbotham, "Military Education before West Point," in *Thomas Jefferson's Military Academy: Founding West Point*, ed. Robert M. S. McDonald (Charlottesville: University of Virginia, 2004), 24; Clemente, "Making of the Prussian Officer," 10.

5. 一种关于战争和文化的枯燥描述，可参见 John Keegan, *Die Kultur des Krieges* (Berlin: Rowohlt, 1995); John A. Lynn, *Battle: A*

History of Combat and Culture (Boulder, Colorado: Westview Press, 2003); Martin van Creveld, *The Culture of War* (New York: Presidio, 2008)。对于美国陆军文化来说，特别重要的是一篇有远见的文章：Murray Williamson, "Does Military Culture Matter?" in *America the Vulnerable: Our Military Problems and How to Fix Them*, edited by John H. Lehman and Harvey Sicherman (Philadelphia: Foreign Policy Research Institute, 1999), 134–151。

6. 关于普鲁士战争方式和普鲁士军事文化的最新研究，可参见 Sascha Möbius, *Mehr Angst vor dem Offizier als vor dem Feind? Eine mentalitätsgeschichtliche Studie zur preußischen Taktik im Siebenjährigen Krieg* (Saarbrücken: VDM, 2007); Sascha Möbius, *Mehr Angst vor dem Offizier als vor dem Feind? Eine mentalitätsgeschichtliche Studie zur preußischen Taktik im Siebenjährigen Krieg* (Saarbrücken: VDM, 2007); Jörg Muth, *Flucht aus dem militärischen Alltag: Ursachen und individuelle Ausprägung der Desertion in der Armee Friedrichs des Großen* (Freiburg i. Br.: Rombach, 2003)。

7. Higginbotham, "Military Education before West Point," 35.

8. Muth, *Flucht aus dem militärischen Alltag*, 28.

9. Rudolph Wilhelm von Kaltenborn, *Briefe eines alten Preußischen Officiers*, 2 vols., vol. 1 (Braunschweig: Biblio, 1790; reprint, 1972), ix.

10. 关于雇佣军的最新定义，可参见 United Nations Legal Document A/RES/44/34, 72nd plenary meeting, 4 December 1989, at http://www.un.org/documents/ga/res/44/ a44r034.htm。

11. Betros, ed. *West Point*, Robert M. S. McDonald, ed. *Thomas*

Jefferson's Military Academy: Founding West Point (Charlottesville: University of Virginia, 2004).

12. Mott, *Twenty Years*, 29.

13. 也可参见托马斯·S. 格罗代基（Thomas S. Grodecki）辛勤编译的 "[U.S.] Military Observers 1815–1975," (Washington, D.C.: Center of Military History, 1989)。

14. Peter D. Skirbunt, "Prologue to Reform: The 'Germanization' of the United States Army, 1865–1898" (Ph.D. diss., Ohio State University, 1983), 19.

15. Mott, Twenty Years, 117–118.

16. Jay Luvaas, "The Influence of the German Wars of Unification on the United States," in *On the Road to Total War: The American Civil War and the German Wars of Unification, 1861–1871*, eds. Stig Förster and Jörg Nagler (Washington, D.C.: German Historical Institute, 1997), 598.

17. Clemente, "Making of the Prussian Officer," 32.

18. Skirbunt, "Prologue to Reform," 26–27. 在美国军官的报道中，德国军人和部队的"整洁""整齐"和"干净"特性反复出现。卡尼于同年前往阿尔及尔，战斗到使他的东道主大为震惊。7年后，他在美墨战争中失去了一只手臂，但仍率领骑兵冲锋。他于1862年作为联邦政府少将在一次侦察任务中去世，受到朋友和敌人的高度尊敬。

19. Donald Allendorf, *Long Road to Liberty: The Odyssey of a German Regiment in the Yankee Army: The 15th Missouri Volunteer Infantry*. (Kent, Ohio: Kent State University Press, 2006). 关于不同观

点，请参见 Christian B. Keller, "AntiGerman Sentiment in the Union Army: A Study in Wartime Prejudice" (paper presented at the Annual Society for Military History Conference, Ogden, Utah, April 17–19, 2008)。我很感谢作者有时间和我分享他对这个话题的想法。

20. Russell Frank Weigley, *The American Way of War: A History of the United States Military Strategy and Policy* (London: Macmillan, 1973), 195; Skirbunt, "Prologue to Reform," 2, 41–44.

21. Luvaas, "The Influence of the German Wars of Unification," 605.

22. 同上，605。

23. Mott, *Twenty Years*, 18.

24. Edward M. Coffman, *The Regulars: The American Army, 1898–1941* (Cambridge, Massachusetts: Belknap Press, 2004), 203.

25. William Babcock Hazen, *The School and the Army in Germany and France* (New York: Harper & Brothers, 1872), 86–87.

26. Luvaas, "The Influence of the German Wars of Unification," 597–598.

27. Manfred Görtemaker, "Helmuth von Moltke und das Führungsdenken im 19. Jahrhundert," in *Führungsdenken in europäischen und nordamerikanischen Streitkräften im 19. und 20. Jahrhundert*, ed. Gerhard P. Groß (Hamburg: Mittler, 2001), 19.

28. Skirbunt, "Prologue to Reform," 57.

29. Luvaas, "The Influence of the German Wars of Unification," 605.

30. Herbert Blank, "Die Halbgötter: Geschichte, Gestalt und Ende des Generalstabes," *Nordwestdeutsche Hefte* 4 (1947): 13. "Common

sense" (*gesunder Menschenverstand*) as one of Moltke's main leadership traits shows up quite often in assessments at different times. 也可参见 Stig Förster, "The Prussian Triangle of Leadership in the Face of a People's War: A Reassessment of the Conflict between Bismarck and Moltke, 1870–1871," in *On the Road to Total War: The American Civil War and the German Wars of Unification, 1861–1871*, eds. Stig Förster and Jörg Nagler (Washington, D.C.: German Historical Institute, 1997), 125。弗尔斯特（Förster）所用的术语是"实事求是"（matter-of-factness）。

31. CarlGero von Ilsemann, "Das operative Denken des Älteren Moltke," in *Operatives Denken und Handeln in deutschen Streitkräften im 19. und 20. Jahrhundert*, ed. Günther Roth (Herford: Mittler, 1988), 42.

32. Görtemaker, "Helmuth von Moltke und das Führungsdenken im 19. Jahrhundert," 27. 克劳塞维茨是否执教并与毛奇会面仍然存在争议。克劳塞维茨1810年曾担任教员，并教授游击战、总参谋部职责、炮兵战术和工事防御。

33. Ulrich Marwedel, *Carl von Clausewitz: Persönlichkeit und Wirkungsgeschichte seines Werkes bis 1918*, Militärgeschichtliche Studien 25 (Boppard a. R.: Boldt, 1978), 53–55.

34. Carl von Clausewitz, *Vom Kriege*, reprint from the original ed. (Augsburg: Weltbild, 1990).

35. Marwedel, *Carl von Clausewitz*, 209, 232.

36. 同上, 109。

37. Jon Tetsuo Sumida, Decoding Clausewitz: *A New Approach to "On War"* (Lawrence: University Press of Kansas, 2008), xiv–xv, 1–2.

38. 克劳塞维茨只写了一篇关于他的导师和最好的朋友杰哈德·冯·沙恩霍斯特的文章——在1817年后者去世后。这篇文章受到赞誉，因为它显然发自内心。普鲁士历史学家利奥波德·兰克（Leopold Ranke）在克劳塞维茨死后发表了这篇文章。

39. 1943年，美国陆军军官学院发行了一个小型读物《约米尼、克劳塞维茨和施利芬》(*Jomini, Clausewitz and Schlieffen*)，共计96页。它在1945、1948、1951、1964和1967年重新出版。Robert A. Doughty and Theodore J. Crackel, "The History of History at West Point," in *West Point: Two Centuries and Beyond*, ed. Lance A. Betros (Abilene, Texas: McWhiney Foundation Press, 2004), 409, 431. 如今，市场上有无数《战争论》的英文缩略版或删节版，但没有一个权威的版本。

40. *Letter from Paul M. Robinett to Ben W. Goldberg, University of Missouri, October 18, 1939*, Paul M. Robinett Papers, Folder General Military Correspondence, January–December 1939, B10/F15, George C. Marshall Library, Lexington, Virginia; Richard Carl Brown, *Social Attitudes of American Generals, 1898–1940* (New York: Arno Press, 1979), 299; I. B. Holley, Jr., "Training and Educating PreWorld War I United States Army Officers," in *Forging the Sword: Selecting, Educating, and Training Cadets and Junior Officers in the Modern World*, ed. Elliot V. Converse (Chicago: Imprint Publications, 1998), 27.

41. Sumida, *Decoding Clausewitz*, xii.

42. Arden Bucholz, *Delbrück's Modern Military History* (Lincoln: University of Nebraska Press, 1997), 54.

43. Model, *Generalstabsoffizier*, 36. 也可参见利德尔·哈特（Liddell

Hart）对被俘德军将领的访谈：Basil Henry Liddell Hart, *Jetzt dürfen sie reden: Hitlers Generale berichten* (Stuttgart et al.: Stuttgarter Verlag, 1950), 358。

44. 也可参见埃里希·布兰登贝格尔（Erich Brandenberger）上将的声明，转引自 Othmar Hackl, ed. *Generalstab, Generalstabsdienst und Generalstabsausbildung in der Reichswehr und Wehrmacht 1919–1945*, Studien deutscher Generale und Gneralstabsoffiziere in der Historical Division der U.S. Army in Europa 1946–1961 (Osnabrück: Biblio, 1999), 208。

45. Marwedel, *Carl von Clausewitz*, 118–119, 129, 213.

46. Förster, "The Prussian Triangle of Leadership," 135. 毛奇违反克劳塞维茨原则的更多行为，可参见 Wilhelm Deist, "Remarks on the Preconditions to Waging War in PrussiaGermany, 1866–71," in *On the Road to Total War: The American Civil War and the German Wars of Unification, 1861–1871*, eds. Stig Förster and Jörg Nagler (Washington, D.C.: German Historical Institute, 1997), 325。

47. Marwedel, *Carl von Clausewitz*, 177.

48. John Keegan, *The First World War* (New York: Knopf, 1999), 69.

49. Barbara W. Tuchman, *The Guns of August* (New York: MacMillan, 1962), 80. 感谢我的学生曼迪·梅雷迪斯（Mandi Meredith）向我指出这句引语的位置。

50. 德尔布吕克对于毛奇的描述，转引自 Bucholz, *Delbrück's Modern Military History*, 71。

51. Alistair Horne, *The Price of Glory* (New York: Penguin, 1993), 33–40.

52. Lothar Burchardt, "Operatives Denken und Planen von Schlieffen bis zum Beginn des Ersten Weltkrieges," in *Operatives Denken und Handeln in deutschen Streitkräften im 19. und 20. Jahrhundert*, ed. Günther Roth (Herford: Mittler, 1988), 23. 有趣的是，只有两篇与"任务式指挥"有关的专论，分别是：Dirk W. Oetting, *Auftragstaktik: Geschichte und Gegenwart einer Führungskonzeption* (Frankfurt a. M.: Report, 1993) and Stephan Leistenschneider, *Auftragstaktik im preußischdeutschen Heer 1871 bis 1914* (Hamburg: Mittler, 2002)。两者都指出了"任务式指挥"的不同的发展。

53. Schifferle, "The Prussian and American General Staffs," 46.

54. Hazen, *The School and the Army in Germany and France*: Emory Upton, *The Armies of Europe and Asia* (London: Griffin & Co., 1878) (British version). 巴布科克1855年毕业于西点，厄普顿则毕业于1861年。厄普顿的著作因其在美国内战期间获得的荣誉而更有影响力。

55. James L. Abrahamson, *America Arms for a New Century: The Making of a Great Military Power* (New York: Free Press, 1981), 66–68.

56. Coffman, *The Regulars*, 5.

57. "Faith—It Moveth Mountains" (article draft), John E. Dahlquist Papers, Box 2, Folder Correspondence 1953–1956, 13, U.S. Army Military History Institute, Carlisle, Pennsylvania.

58. Theodore Roosevelt to Henry Cabot Lodge, 21 July 1899, 转引自 L. Michael Allsep, Jr., "New Forms for Dominance: How a Corporate Lawyer Created the American Military Establishment" (Ph.D. diss., University of North Carolina at Chapel Hill, 2008), 170–171。我非常

感谢我的朋友和同事迈克尔,他将自己优秀的论文初稿借给我,并指出了相关的资源。

59. Russell Frank Weigley, "The Elihu Root Reforms and the Progressive Era," in *Command and Commanders in Modern Military History: The Proceedings of the Second Military History Symposium, U.S. Air Force Academy, 2–3 May 1968*, ed. William E. Geffen (Washington, D.C.: Office of Air Force History, 1971), 15.

60. Allsep, "New Forms for Dominance," 201.

61. 同上, 264。

62. Coffman, *The Regulars*, 142.

63. Theodore Schwan, *Report on the Organization of the German Army* (Washington, D.C.: U.S. Government Printing Office, 1894).

64. Schifferle, "The Prussian and American General Staffs," 69.

65. Weigley, "The Elihu Root Reforms," 18.

66. Allsep, "New Forms for Dominance," 297–298.

67. 这种双方各执一词的情况持续了70年,又出现在有关德国重新武装的讨论,以及从哈里·杜鲁门总统和德怀特·D.艾森豪威尔总统领导下的武装力量改革到20世纪70年代早期向全自愿兵役制转变的讨论中。Andrew J. Birtle, *Rearming the Phoenix: U.S. Military Assistance to the Federal Republic of Germany, 1950–1960*, Modern American history (New York: Garland, 1991), 259, 277; Michael J. Hogan, *A Cross of Iron: Harry S. Truman and the Origins of the National Security State, 1945–1954* (Cambridge: Cambridge University Press, 1998), 34–36, 43, 64, 149.

68. Schifferle, "The Prussian and American General Staffs," 79.

69. *Interview with Major General Dennis E. Nolan, Nov. 14, 1947, OCMH (Office of the Chief of Military History) Collection*, Box 2, U.S. Army Military History Institute, Carlisle, Pennsylvania.

70. *Interview with General Peyton C. March, Oct. 13, 1947, OCMH (Office of the Chief of Military History) Collection*, Box 2, U.S. Army Military History Institute, Carlisle, Pennsylvania.

71. Weigley, "The Elihu Root Reforms," 18.

72. Schifferle, "The Prussian and American General Staffs," 128.

73. 转引自 Cockrell, "Brown Shoes and Mortar Boards," 184。

74. Manfred Messerschmidt, "German Military Effectiveness between 1919 and 1939," in *Military Effectiveness: The Interwar Period*, eds. Allan Reed Millett and Williamson Murray (Boston: Allen & Unwin, 1988), 223.

75. Weigley, "The Elihu Root Reforms," 18; Coffman, *The Regulars*, 185.

76. *Letter from John McAuley Palmer to George A. Lynch, May, 25, 1938*, George C. Marshall Papers, Box 4, Folder Vancouver Barracks Correspondence, General, May 20–23, 1938, George C. Marshall Library, Lexington, Virginia.

77. *Interview by Harold Dean Cater with General Walter Krueger regarding the German and U.S. General Staff, March 18, 1948, OCMH (Office of the Chief of Military History) Collection*, Box 2, U.S. Army Military History Institute, Carlisle, Pennsylvania.

78. 同上。

79. 在宾夕法尼亚州卡莱尔美国陆军军事历史研究所军事历史主任办公室的收藏中，美国高级军官对德国总参谋部还有许多其他不同和错误的意见。

80. "在办公桌上产生的战术"这个术语借用了马尔维纳斯群岛战争期间皇家海军陆战队42名突击队员的指挥官的说法，后来他发表了自己对这些事件的描述：Nick Vaux, *Take That Hill! Royal Marines in the Falklands War* (Washington, D.C.: Pergamon, 1986), 115. Martin Stanton, Somalia on $5 a Day: A Soldier's Story (New York: Ballantine, 2001), 295。参谋人员和前线军官的不同的世界和态度，在安东·迈勒（Anton Myer）的那部令人难忘的小说中得到了最好的描绘：*Once an Eagle* (New York: HarperTorch, 2001)。

81. Spenser Wilkinson, *The Brain of an Army* (Westminster: A. Constable, 1890; reprint, 1895); Walter Görlitz, *Der deutsche Generalstab: Geschichte und Gestalt*, 2nd ed. (Frankfurt a. M.: Frankfurter Hefte, 1953); Trevor Nevitt Dupuy, *A Genius for War: The German Army and General Staff, 1807–1945* (Englewood Cliffs, New Jersey: PrenticeHall, 1977).

82. 关于德国方面，例如陆军元帅费多尔·冯·博克，中央集团军群司令；大将弗里德里希·弗罗姆，陆军军备负责人和替补军总司令；大将弗朗茨·哈尔德，陆军总参谋长；空军元帅阿尔贝特·凯塞林，西线总司令；陆军元帅弗里德里希·保卢斯，第6军军长。此处列出的是他们的最终军衔和职位。

83. Geoffrey P. Megargee, *Inside Hitler's High Command*, Modern

War Studies (Lawrence: University Press of Kansas, 2000), 180.

84. 同上, 180。

85. 同上, 180–181。

86. 新颖并且非常具有启发意义的证据可见 Thomas Weber, *Hitler's First War: Adolf Hitler, the Men of the List Regiment, and the First World War* (London: Oxford University Press, 2010).

87. *Obergefreiter* 通常被错误地翻译成"下士"。下士是军士,而 *Obergefreiter* 不是。下士领导班或火力小组。在德国军队中这是 *Hauptgefreiter* 的工作, 比 *Obergefreiter* 高一个军衔, 但仍然不是军士。因此, 希特勒的军衔最好译作"一等兵"。虽然希特勒在第一次世界大战中的勇气是毋庸置疑的, 但他的领导能力一直排在很低的位置, 以至于他从来没有获得过军士的军衔。

88. *"Who's Who" Datacards on German Military, Civilian and Political Personalities 1925–1949*, RG 165, Records of the War Dept. General and Special Staffs, Office of the Director of Intelligence (G 2), 1906–1949, Box 3, National Archives II, College Park, Maryland. 这些卡片按等级和字母顺序排序, 其中有一万余名少校。

89. Forrest C. Pogue, *George C. Marshall: Education of a General, 1880–1939*, 3 vols. (New York: Viking Press, 1963), 1:101.

90. Nenninger, *The Leavenworth Schools and the Old Army*, 141.

91. George C. Marshall, "Profiting by War Experiences," *Infantry Journal* 18 (1921): 36–37.

92. Kevin Hymel, ed. *Patton's Photographs: War as He Saw It*, 1st ed. (Washington, D.C.: Potomac Books, 2006), 33. 后来也写上"好的

德国人"或"G.G."。在巴顿的手稿被保存在国会图书馆数十年后，许多学者对其进行了查阅，以撰写大量有关这位著名指挥官的传记，海梅尔发现了巴顿在战争中用个人相机拍摄的照片。

93. 关于演讲全文，可见 Bernd Sösemann, "Die sogenannte Hunnenrede Wilhelms II: Textkritische und interpretatorische Bemerkungen zur Ansprache des Kaisers vom 27. Juli 1900 in Bremerhaven", *Historische Zeitschrift* 222 (1976): 342–358.

94. Perry L. Miles, *Fallen Leaves: Memories of an Old Soldier* (Berkeley, California: Wuerth, 1961), 132. 一份战争期间德国人的描述证明，迈尔斯所言不虚：Georg Hillebrecht and Andreas Eckl, *"Man wird wohl später sich schämen müssen, in China gewesen zu sein." Tagebuchaufzeichnungen des Assistenzarztes Dr. Georg Hillebrecht aus dem Boxerkrieg 1900–1902* (Essen: Eckl, 2006).

95. Miles, *Fallen Leaves*, 132.

96. *The [Travel] Diary of William R. Gruber [and Dwight D. Eisenhower]*, Dwight D. Eisenhower Papers, Box 22, Dwight D. Eisenhower Library, Abilene, Kansas.

97. Joe Lawton Collins, *Lightning Joe: An Autobiography* (Baton Rouge: Louisiana State University Press, 1979), 27, 37.

98. 1945年的美国军队杂志上刊登了一些漫画和逸事，内容涉及德国乡村和城市的英语教师突然被要求上简短的英语课的情况，而在此之前，他们曾被如此鄙视。根据这些讽刺性的说法，最受欢迎的短语是"我从未成为纳粹分子"和"我在明尼苏达州有亲戚"。

99. George F. Hofmann, *Through Mobility We Conquer: The*

Mechanization of U.S. Cavalry (Lexington: University of Kentucky Press, 2006), 443.

100. *Correspondence regarding Walter Krueger's translation projects and research travels*, Walter Krueger Papers, Box 1, West Point Library Special Archives Collection, West Point, New York.

101. Cockrell, "Brown Shoes and Mortar Boards," 40.1910 年的《美国野战勤务条令》(American Field Service Regulations) 的基础来自德国。《野战手册100—105》(Field Manual 100—5) 的后来版本也是如此。也可参见 van Creveld, *Fighting Power*, 38–40。

102. Spector, "The Military Effectiveness of the U.S. Armed Forces, 1919–1939," 90.

103. Charles T. Lanham, ed. *Infantry in Battle* (Washington, D.C: Infantry Journal, 1934). 这本书是乔治·C. 马歇尔在步兵学校任副校长时出版的。它在教学上做得很好，甚至在国际上也获得了极大的赞扬。更多有关信息，请参见第四章。

104. Paul Fröhlich, "'Der vergessene Partner.' Die militärische Zusammenarbeit der Reichswehr mit der U.S. Army 1918–1933," (Master's thesis, University of Potsdam, 2008), 38.

105. Erich von Manstein, *Aus einem Soldatenleben 1887–1939* (Bonn: Athenäum, 1958), 73.

106. William Mulligan, *The Creation of the Modern German Army: General Walther Reinhardt and the Weimar Republic, 1914–1930* (New York: Berghahn, 2005), 150–151. 对魏玛共和国各种准军事组织成员数量的估计可见 James M. Diehl, *Paramilitary Politics in Weimar Germany*

(Bloomington: Indiana University Press, 1977), 293–297。但是，这一数字的数据来源非常有限。

107. Jun Nakata, *Der Grenz und Landesschutz in der Weimarer Republik 1918 bis 1933: Die geheime Aufrüstung und die deutsche Gesellschaft* (Freiburg i. Br.: Rombach, 2002), 168–169. 我非常感谢尤尔根·弗尔斯特（Jürgen Förster）向我推荐了这本著作。

108. 同上，171。

109. Diehl, *Paramilitary Politics in Weimar Germany*, 30.

110. 同上，42。

111. 由其成员所撰写的关于这支部队的生动、光辉的描述可见 Ernst von Salomon, *Die Geächteten* (Berlin: Rowohlt, 1930)。

112. Diehl, *Paramilitary Politics in Weimar Germany*, 18.

113. Spector, "The Military Effectiveness of the U.S. Armed Forces, 1919–1939," 71.

114. 同上，70。

115. 同上，77。

116. Clemente, "Making of the Prussian Officer," 290.

117. Fröhlich, "'Der vergessene Partner.' Die militärische Zusammenarbeit der Reichswehr mit der U.S. Army 1918–1933," 3.

118. Gerhard L. Weinberg, "From Confrontation to Cooperation: Germany and the United States, 1933–1945," in *America and the Germans: An Assessment of a ThreeHundredYear History*, eds. Frank Trommler and Joseph McVeigh (Philadelphia: University of Pennsylvania Press, 1985), 45.

119. Fröhlich, "'Der vergessene Partner.' Die militärische Zusammenarbeit der Reichswehr mit der U.S. Army 1918–1933," 25.

120. Harold J. Gordon, Jr., *The Reichswehr and the German Republic, 1919–1926* (Princeton, New Jersey: Princeton University Press, 1957), 191.

121. Basil Henry Liddell Hart, *Why Don't We Learn from History?* (New York: Hawthorn, 1971), 29.

122. 最新研究可见于 Hans Ehlert, Michael Epkenhans, and Gerhard P. Groß, eds., *Der Schlieffenplan: Analysen und Dokumente*, Zeitalter der Weltkriege, Bd. 2 (Paderborn: Schöningh 2006)。虽然有点过时，但仍然非常重要的是 Gerhard Ritter, *The Schlieffen Plan: Critique of a Myth* (New York: Praeger, 1958)。在 Ehlert, Epkenhans, and Groß 的著作中被完全驳倒的一个不太令人满意的重新评估是 Terence Zuber, *Inventing the Schlieffen Plan: German War Planning, 1871–1914* (Oxford: Oxford University Press, 2002)。

123. Burchardt, "Operatives Denken und Planen von Schlieffen bis zum Beginn des Ersten Weltkrieges," 60.

124. Holger Afflerbach, *Falkenhayn: Politisches Denken und Handeln im Kaiserreich* (München: Oldenbourg, 1994). 在此示例中，施利芬学校的军官们经常制订机动计划而不考虑人或马的体力。

125. Horne, *The Price of Glory*, 36.

126. Robert T. Foley, *German Strategy and the Path to Verdun: Erich von Falkenhayn and the Development of Attrition, 1870–1916* (Cambridge: Cambridge University Press, 2005). 福利（Foley）徒劳地

试图捍卫法尔肯海因的分析。非常感谢格哈德·温伯格在这里为我指出了这一点。

127. Messerschmidt, "German Military Effectiveness between 1919 and 1939," 225.

128. Johann Adolf Graf von Kielmansegg, "Bemerkungen zum Referat von Hauptmann Dr. Frieser aus der Sicht eines Zeitzeugen," in *Operatives Denken und Handeln in deutschen Streitkräften im 19. und 20. Jahrhundert*, ed. Günther Roth (Herford: Mittler, 1988), 150.

129. Frieser, *The Blitzkrieg Legend*, 61.

130. 同上，62。弗里泽尔提出了这种可能性。

131. Wette, *The Wehrmacht*, 2–3.

132. Bernhard R. Kroener, *Generaloberst Friedrich Fromm: Der starke Mann im Heimatkriegsgebiet; Eine Biographie* (Paderborn: Schöningh, 2005), 450–455.

133. Frieser, *The Blitzkrieg Legend*, 67.

134. 同上，60。

135. Jürgen E. Förster, "The Dynamics of *Volksgemeinschaft*: The Effectiveness of the German Military Establishment," in *Military Effectiveness: The Second World War*, eds. Allan Reed Millett and Williamson Murray (Boston: Allen & Unwin, 1988), 193.

136. 同上，195。

137. Megargee, *Inside Hitler's High Command*.

138. Wilkinson, *The Brain of an Army*. 这本书对在全球范围内美化德国总参谋部方面具有很大的影响力。

第一部分
军官的选拔和任命

The Selection and Commissioning of Officers

第二章
绝非"袍泽兄弟"：
西点美国陆军军官学院的学员

> 对于你曾经贬损过的人，你永远不可能成为他的"袍泽兄弟"……使自由国家的士兵在战斗中保持坚定可靠的纪律性不能靠残酷或暴虐的待遇获得。[1]
>
> ——约翰·麦卡利斯特·斯科菲尔德少将，
> 美国陆军军官学院 1853 届

> 消灭一个人的最好办法就是把他送到西点。[2]
>
> ——查尔斯·E. 伍德拉夫博士，陆军外科医生，1922 年

尽管第一章讨论了两支军队"结构上"的某些相似之处，但两个国家（青年人）成为军官的道路却截然不同。希望成为军官的年轻德国人，无论是在军事学院里还是在某个团中，其目标都是成为终身服役的正规军人。[3] 相比之下，大多数申请西点军校的美国年轻人把军队院校看作是在学费昂贵的私立大学以外获得免费教育的途径。但是，美国青少年往往会逐渐被尚武精神所征服，至少会尝试开始自己的军队职业生涯。1900 年至 1915 年间从西点毕业的军官中，

85%以上在退休前一直在服现役。⁴但服役如此长久的原因,不能仅仅归因于尚武精神或责任感,必须将两次世界大战的发生考虑在内。

虽然曾就读于西点美国陆军军官学院的美国军官只占军官总数的一小部分,但他们却在美国陆军的最高级别和最重要职位中占据多数。第一次世界大战期间,西点毕业学员仅占整个军官团的1.5%,但在480名将军中占74%。⁵ 1898年至1940年间达到陆军终身准将或以上军衔的军官中,68%来自陆军军官学院。由于这一原因,同时也为了减少研究的不确定性,我将关于美国方面的研究范围主要限定于——但并不仅限于——纽约州西点的美国陆军军官学院或弗吉尼亚州列克星敦的弗吉尼亚军事学院的毕业军官。

独立战争以后、19世纪之初,人们普遍认为美国陆军过去缺少、现在仍然缺少受过充分教育的职业军官团。西点美国陆军军官学院成立于1802年,旨在为陆军培养工程军官。⁶虽然有一定可能性,但没有迹象表明它的"主要灵感来自腓特烈大帝",并且"是在普鲁士的基础上创建的"。⁷如果它确实是受到腓特烈的启发,那么普鲁士国王——和以往一样——又被美国军官们误解了。⁸

工兵对军队非常重要,因为在独立战争期间,由平民或缺少军事教育的工兵设计、建造的工事和炮台看上去"非常美观",而不是效能突出、选址适当。⁹这种一再出现的糟糕情形导致国会派出了多个调查团,试图纠正这些明显的缺陷。因此,那种认为"陆军工兵很可能是大陆军中最有能力的一个兵种"的观点是错误的。¹⁰为此,这所新成立的军事学院的课程设置以数学和"技术科学"为重点的做法就可以理解了。但当西点——甚至内战前就已经——成为全军的主要培养机构以后,其课程标准却没有进行相应调整。¹¹

第二章 绝非"袍泽兄弟":西点美国陆军军官学院的学员

军官们需要更加充分地学习内战期间急需的战争和领导能力,但西点的学员们却没能得到(相应的教育)。

1900年,在西点军校学员所学的四年课程中,与数学、科学和工程有关的内容占到了令人难以置信的75%。[12] 学术委员会否决了对旧的课程设置进行现代化改造的所有提议,比如引入军事历史或现代步兵战术,其理由是当前课程设置应当培养"精神自律"[13]。这种"派系路线"延续了一个多世纪,甚至出现在现代历史之中。[14]

然而,如何实现精神自律在当时的学者中引发了激烈的争论。有些赞成使用经典著作,有些则赞成学习自然科学,还有人赞成学习生物学。[15] 所有观点给人的印象就是:这是一种由老年人发明、旨在约束年轻人思想的伪科学。

西点军校的一位高级教授间接地承认了这一事实,他说:"我们学校无论在地方还是在军事教育机构中都处于独特的地位,因为它所采用的课程主要出于其在精神自律和发展方面的价值——而不是其实用性。"[16] 军事历史——本身是军官教育的一项必要内容——直到1946年才被作为一门独立学科纳入西点的课程设置。[17]

1919年,思想更为现代的西点新任校长道格拉斯·麦克阿瑟(美国陆军军官学院1903届)发起了另一场——总体上并未取得成功——的战役,试图压缩数学和自然科学课程,增加对美国陆军年轻军官更加实用的课程。美国陆军军官学院1888届毕业学员、美国陆军参谋长佩顿·马奇(Peyton March)将军任命麦克阿瑟担任西点军校的新任院长①,并指出:"西点落伍于时代四十年。"[18]

---

① 因我国国内一般将西点军校的官方全称译为"美国陆军军官学院",故此处译作"院长"。余同。——译者注

麦克阿瑟离开西点以后，他的许多成就毁于一旦。特别是他为课程改革所做的努力变成了昙花一现。麦克阿瑟在学校和学术委员会的处境可能非常困难，因为他学员时代的教员大多仍是学校的教授。因此，可以肯定地说，"他的出现一定惹恼了那些终身教授的寡头统治"[19]。这位39岁的年轻将军取代了原来的71岁的院长，而后者在西点已经任教数十年。

当新任院长因为学员负担过重而要求高级教员提出精简课程的建议时，教授们的狭隘思想显露无遗。他们想把自己所授课程的时间延长一倍，而把同事所授课程的时间压缩到四分之一。[20] 抱着这样的态度，任何妥协或改革都不可能实现。一位观察人士指出，在他的所有经历中，从未发现有哪个团体像西点的高级教员那样"势力强大、根深蒂固"[21]。

麦克阿瑟的前任们也曾经发动过类似的战役，他的继任者也会继续斗争下去。然而，教员中的高级教授和资历尚浅的教员"可能会让院长精疲力竭，或者耗到其离任为止"，因为院长不会像他们那样待得太久。[22] 院长任期通常为四年，而高级教员则终生任职。

推翻教授们的意见显然是不可能的，因为院长在学术委员会高级成员中只有一票。但我们现在谈论的是一个军队机构，它应该可以通过行政命令改变任何事情。[23] 马里兰州安纳波利斯美国海军军官学院的校长就握有三票。1905年，西点的院长曾经短暂地获得过额外选票，但就像学院里许多深受欢迎的改革一样，这种做法很快就被否决了。

西点的高级教员要么完全、要么绝大多数由现任或前任军官组成，这就带来了一个问题：为什么西点的院长在落实自己的命令时

第二章 绝非"袍泽兄弟":西点美国陆军军官学院的学员

会遇到如此之多的问题?[24] 招募文职教员本应是解决这所学院的教育困境的一个办法,但是——只有少数例外——高级教员们都避免这样做,以保持完全军事化机构的氛围。1914年,邀请地方大学教授每月进行两次讲座才终于成为一种惯例。[25]

由于了解西点对其学员规定的标准——特别是对数学和物理学科——家长们常常会把自己的儿子送到专门的预备学校,帮助他们通过入学考试,并做好应对西点学术方面要求的准备。[26] 任何未能达到课程要求的人都将被开除或者复读一年,无论他在其他方面取得了多高的成绩。[27]

虽然职业军事教育必须设立各种标准,但很明显,在未来的军官生涯中学员只需掌握有限的数学技能。而相比之下,他需要掌握无限的领导能力,或者用乔治·华盛顿的话来说,军校学员至少应该掌握一些"通过长期艰苦服役、经历各个阶段才能获得的知识"[28]。四年的工程和数学训练在军校毕业学员的现实世界中发挥不了什么作用,而且这些领域的技能往往会被遗忘,因为它们几乎从未被使用过。[29] 领导能力总是胜过技术能力。然而在西点,这些技术能力比领导能力更为重要,这是西点体制的明显缺陷。麦克阿瑟任命了一个小组委员会,对顽固的数学教授查尔斯·P. 埃科尔斯(Charles P. Echols)的教学中存在的问题进行评估。该委员会指出,这种体制存在缺陷,并表示"过多优秀学员遭到开除,其中因为数学不合格而被开除的比例很高"[30]。

虽然美国陆军军官学院明确开设有品格培养的课程,但与德国院校形成鲜明对比的是,美国陆军军官学院的教授"对于什么是品格培养的最好方法并未达成一致"[31]。显然,由于更加强调服从、大量的操练和精神自律,品格培养被忽略了。

这种片面的教育最终甚至迫使美国第 26 任总统西奥多·罗斯福出面干预。他宣称:"毫无疑问,对工兵或炮兵来说,数学训练是必要的;但我认为对骑兵或步兵来说,数学训练实际上并不重要。如果明天我必须从正规军中挑选军官担任重要职务,以备战争之需,我对他们的数学训练的关心并不会比对他们的惠斯特牌或象棋知识的关心更多。"[32]

时任学院院长的休·斯科特(Hugh Scott)上校和他的高级教员的回答充满了扭曲的逻辑,他们认为数学训练意味着"无论何时、何种性质的职责所需",未来的军官都能"毫不犹豫地承担陌生的任务,并正确地、毫不屈服地追求结果"。[33]

毫无疑问,总统是正确的,而且事实上,大多数后来被公认为杰出领导者的西点学员在毕业时的学术成绩只能算是中等。[34] 显然,军校时期的良好表现与成功的军事生涯之间确实存在统计上的联系,但获得高级军衔并不能保证肩扛将星的是一名优秀军官。[35] 自从第二次世界大战以来,美国陆军的军官晋升制度、特别是将官的选拔一直饱受批评,关于这一问题的讨论近年来再次变得激烈,而且理由充分。[36]

那些被西点录取的学员要想成为将军还有很长的路要走,但西点毕业学员通常比非西点毕业学员更加成功。西点招收 17—22 岁的年轻人,不过也有少数年龄偏大或偏小的人通过造假和伪造的手段获得入学资格。[37] 这些有志青年 18 岁时的身高至少必须达到 5

第二章 绝非"袍泽兄弟":西点美国陆军军官学院的学员

英尺 5 英寸①。³⁸

绝大多数进入西点的学员都要通过国会议员的提名。³⁹ 每位国会议员每年可以从其所在选区选择一名年轻人推荐到西点,总共可以从该州推荐两名学员。⁴⁰ 作为一项"民主保障",该制度确保了任何政党或派别都无法控制军官团,各州的青年都可以进入美国陆军军官学院。⁴¹

在毕业学员的日记和信件中很少能找到任何关于优惠待遇的描述。国会议员常常通过在学校或公共服务委员会里组织自行设计的竞争性测试来确定推荐人选。⁴² 但数据显示,许多通过选拔的学生根本没有到西点报到,因此可以说这些人一开始就缺乏决心和意志。在一个多世纪的时间里,共有惊人的 2316 名申请者在入选后没有报到。⁴³ 当军队需要军官的时候,特别是在 1914 至 1916 年,政治家们甚至无法提名足够的人选,多达 65% 的人未经任何入学考试就被西点录取。⁴⁴

被陆军军官学院录取似乎非常容易,而在学院中生存下来则要困难得多。对于这一点,新任院长非常清楚。麦克阿瑟——当时军中最年轻的准将,在菲律宾战争和第一次世界大战中功勋卓著——通过推行"麦克阿瑟新生制度",使西点的情况发生了较大改善,尤其是对新生而言。⁴⁵ 例如,它拒绝为那些没有积极采取行动反对欺凌新生的人授予任何嘉奖。仅仅不欺凌新生或把目光移开是远远不够的。

他还想改变学员的整个经历,后者被他形容为"异常狭隘"⁴⁶。

---

① 5 英尺 5 英寸,相当于 165.1 厘米。——译者注

他正确地指出了西点一方面吹嘘"学员真诚可靠",另一方面却"不敢放心地让学员走出这座中世纪堡垒的大门"的悖论。[47] 1899年,作为新生的麦克阿瑟曾经经历过监禁和欺凌。他被"鹰飞式"吊在担架上,然后被迫"淋浴"了22分钟,这在后文会有解释。整个过程让他失去知觉,筋疲力尽。由于军校学员对荣誉准则普遍存在的误解,他起初拒绝在国会听证会上指证那些折磨他的人。但当一个军事法庭对他解释了正确的荣誉行为后,他指认了那些欺凌他的人。

欺凌新生现象将在本章中进行深入讨论,因为其观点与军队的各种领导原则都背道而驰,但在某种程度上,它一直是美国各军种军官学院的一部分。

西点的教育持续四年,第一年的退学率最高,因为新来的被称为"新生(plebes)"的学员是高年级学员——"一岁崽(yearlings)""奶牛(cows)""大四老生(firsties)"的免费猎物。"大四老生"拥有的权力最大。在其他军事院校,新生的绰号有所不同,但同样侮辱人格。他们是弗吉尼亚州列克星敦的弗吉尼亚军事学院的"老鼠",还有南卡罗来纳州查尔斯顿军事要塞学院的"门把"。

"兽营"这个名字恰如其分地描述了新生的最初几周,在此期间他们不得不忍受无情的骚扰、侮辱和超出健康指导意见规定的剧烈的体能训练。这一过程被称为"欺凌",其严重程度取决于学员所在年级和学员连。它一直都是美国各军种军官学院生活的一部分。[48] 苦难并没有在为期数周的"兽营"以后结束,而是在整个"新生第一年"中延续,只不过通常没有最初那么严重。新生始终处在高年级学员的淫威之下。

第二章 绝非"袍泽兄弟":西点美国陆军军官学院的学员

有些高年级学员实施欺凌只是因为这是所谓的"体制",他们被期望那么做,而有些人则是由于施虐成性。一系列可能的欺凌手段看起来就像是萨德(Sade)侯爵①著作的补充。在现实中,这些手段仅仅只是说明了几十年来处于严苛等级制度下的年轻男性在不为人知的情况下是如何对待彼此的。

目前还不清楚欺凌现象何时开始在西点出现,也许是在美国内战之后——但也有可能从西点初建时就存在,只是越来越残酷。[49]有人认为,欺凌行为出现在1830年前后西尔韦纳斯·塞耶(Sylvanus Thayer)(美国陆军军官学院1808届)担任院长的后期。[50]塞耶还为学员颁布了一整套限制性规定,因为他经常不得不与学员恶劣的纪律表现进行斗争。[51]但是,纪律首先需要的是领导,而不是规章。前者只能通过榜样来体现。显然,西点的许多院长——用西点的说法叫作"头儿(supes)"——并不完全适合作为学员的榜样。[52]欺凌被允许"退化为一种虐待",而这种虐待"由于毕业学员和院长们支持高年级学员的倾向而变本加厉",这将在本章的其余部分得到证明。[53]

南北战争以后,由于虐待新生而被开除的人数有所增加,但这基本不能视为判断某个时期欺凌现象的严重程度的一种依据。这种侮辱性的做法不仅经常发生在那些有权惩罚高年级学员的军官的视野之外,而且几乎半数被开除的学员后来都得以复学。在1846年到1909年被开除或勒令退学的共计41名学员中——考虑到问题的

---

① 萨德侯爵,(Marquis de Sade, 1740—1814年),法国色情文学作家,其作品主题多为色情、虐待。——译者注

严重性和时间跨度，这个数字相对较小——有 18 名学员重返学院。[54] 在新生受到欺凌的情况更加严重的那些年份，被开除但又重新入校的人数要高得多。[55] 这清楚地表明学院领导层缺乏果断处理这一问题的决心。

虽然能够找到一些关于地方院校欺凌行为的文章，但据我所知，没有任何关于美国陆军军官学院欺凌史的学术著作。[56] 不幸的是，欺凌行为已经传入了美国最早几所地方院校，在那里学生们不得不通过严厉的惩罚来保证等级制度的重要性。[57] 约翰·亚当斯（John Adams）说过："在一个男性青少年愈加难以理解成为男人的意义或如何成为真正男人的社会里，我们应当推广将军队服役作为成年仪式。"也许他这句话被军方误解了。[58] 这种"造就男人"的观点似乎逐渐消失了，因为军校新生甚至被视为"连男孩都不如"。[59] 一种更为严酷的成人仪式盛行起来，而且随着时间的推移，军校中欺凌行为的程度似乎越来越严重。比如，在本书所涉及的时期——1909 至 1927 年间的毕业年级——所受的欺凌远没有 60 年代或 70 年代那么严重。[60] 这种观点来自对日记、回忆录和学术著作的比较。甚至德怀特·D. 艾森豪威尔（美国陆军军官学院 1915 届）居然能够捉弄高年级学员。[61] 本杰明·阿博特·"蒙克"·迪克森（Benjamin Abbott "Monk" Dickson）（美国陆军军官学院 1918 届）当时虽然只是个十几岁的孩子，但已经对西点的教育体制大加批判，并向上级报告说遭受了"支撑运动"，一种折磨版本的"立正"。[62] 这位未来的优秀情报军官还指出，"西点单调乏味令人厌恶"。[63] 毕业仅仅两年以后，迪克森就辞去军职进入了一所大学，因为在西点军校完成学业后，他坚信"与儿时成长环境相同的青年

第二章 绝非"袍泽兄弟":西点美国陆军军官学院的学员

▲ 1911年秋天,西点新生时期的德怀特·戴维·"艾克"·艾森豪威尔(右)和他的同学汤米·阿特金斯(Tommy Atkins)(左)。新生微笑或大笑是不受鼓励的,否则高年级学员可能因此惩罚他们。[巴贝·唯亚诺(Babe Weyano)摄,德怀特·艾森豪威尔图书馆提供]

▲ 西点学员时期的本杰明·阿博特·"蒙克"·迪克森。他十几岁时就对教育中存在的问题非常清楚，他的日记坦率地评价了他在西点的经历。他看不起欺凌行为，认为这种行为幼稚、缺乏军人气概。毕业仅仅两年以后，迪克森就辞去军职进入了一所地方大学，因为在西点军校完成学业后，他坚信"与儿时成长环境相同的青年相比，我的教育水平低于他们"。（美国海军军官学院图书馆档案提供）

第二章 绝非"袍泽兄弟":西点美国陆军军官学院的学员

▲ 1944 年,比利时,在美国陆军第一集团军战术司令部里,参谋长威廉·B. 基恩(William B. Kean)少将(左)向第一集团军司令考特尼·H. 霍奇斯(Courtney H. Hodges)中将(左二)展示德国南部的地图位置。旁边观看的是杜鲁门·C. 索尔森(Truman C. Thorson)准将(最右)、G-3 作战军官和第一集团军炮兵指挥官查尔斯·E. 哈特(Charles E. Hart)准将(右二)。居中留着小胡子的是"蒙克"·迪克森上校,时任陆军第一集团军 G-2 情报军官。他鄙视基恩对待参谋人员的方式,认为那就像西点的大二学员对待新生一样,而且基恩还把迪克森对德国陆军的观点占为己有、描述为自己的成就。

迪克森差点预测到了 1944 年 12 月德国进攻的日期,那一天现在被称为"突出部战役"。他那份如今非常著名的第 37 号情报报告当时被压了下来,因为没人希望在本以为德国人陷入绝境的时候听到他们又杀回来的消息。(美国陆军通信团摄,德怀特·艾森豪威尔图书馆提供)

相比，我的教育水平要低于他们"[64]。

除了上述经历以外，欺凌现象不算严重的另一个证据是，在他就读陆军军官学院期间，反对欺凌的准则受到了严格界定。与即将在下一章讨论的德国军官学校的规定类似，这些准则没有留下解释的空间。[65] 与使用模糊的短语定义欺凌不同，学院还增加了一长串被禁止的行为，这让高年级学员几乎找不到任何漏洞。

可能的欺凌场景包括一系列你能想到的，通常只有当新生倒下或失去知觉才会停止的体能训练和虐待。体能训练的强度可能加倍。例如，当新生被无情地强迫做俯卧撑时，把碎玻璃放在他身体下面。新生的头发被糖浆粘起来，绑到蚁丘附近的地上，或者被锁在储物柜里好几个小时。他们被迫过度饮食，以至于呕吐。[66] 甚至连正常的餐饮也可能成为一种"具有特定虐待目的的训练"[67]。有时，新生会被剥夺食物或饮水，结果导致他们在体能训练时因营养不良或脱水而崩溃。当他们进行"淋浴"的时候，新生必须站在靠墙的地方，用后脑勺将一块玻璃顶在墙上，同时身着羊毛制服（即所谓"新生之皮"）和厚重的雨衣。身体和精神上的压力加上雨衣造成的通风不良，会使他们很快就被汗水湿透，这就是所谓的"淋浴"，可能导致迅速脱水。如果玻璃掉到地上，他们就会付出惨重代价，但通常他们必须站着直到晕倒为止。新生们受到各种虐待，高年级学员甚至会向他们撒尿。在美国所有的军官学院中，新生都必须按照规定充当高年级学员的奴仆，被高年级学员控制，后者可以充分发挥想象力对新生施加残酷的惩罚，因为他们深知上级丝毫不会注意到这些。[68]

欺凌也波及其他领域，甚至威胁到军官学院体育项目的排名。

体育项目的教练有时会命令高年级队友保护那些身心俱疲、无法长期训练或参加比赛的新生，使其免受虐待。但由于几乎没有高年级学员在学院运动队中，因此这样的保护十分有限，运动队经常由于欺凌行为而失去一些最好的新生球员。最优秀球员的突然流失让文职教练感到困惑，他们不晓得美国陆军军官学院发生了什么，他们也不知道为什么突然失去了最好的骨干。[69]

马修·邦克·李奇微（Matthew Bunker Ridgway）（美国陆军军官学院1917届）——"二战"和朝鲜战争期间美国陆军最杰出的作战指挥官之一——就曾对这种体制提出过质疑，他认为："当一个男人许多夜晚都要忍受生理和心理上的痛苦与伤病时，他会无数次地怀疑进入西点军校是否明智。"他最终坚持下来的主要原因是"父亲经受住了这一切，成千上万的人也经受住了这一切而没有垮掉。如果他们能做到，那么你也能做到"。[70] 直到这种"人身羞辱"结束一年以后，李奇微才开始享受他在西点的生活。[71]

显然，曾经有人试图依靠军官来处理这种欺凌行为，但这种想法最终还是失败了，因为他们（军官）在处理青少年中常见的欺凌行为时缺少决心和毅力。[72]

从官方层面看，上级部门曾多次禁止西点军校的欺凌现象，其中最近一次是在20世纪90年代初。众多的欺凌丑闻已经动摇了"哈德逊高地"，但是野蛮行为依然存在，这也证明——也许除了麦克阿瑟时代以外，从来没有消灭这种非人道现象的真正意愿。曾有一些观点认为，学员团只在自身愿意改变的时候才会改变。[73] 但是，这种说法使人们对学院院长和指挥官们的领导能力产生了怀疑。

欺凌行为险些导致美国陆军失去一名最优秀的军官。乔治·C.

指挥文化 COMMAND CULTURE

▲ "大四老生"时期，马修·B. 李奇微在西点军校的最后一年。作为一名新生，李奇微受到了严重的欺凌，他因此非常怀疑这种体制。他坚持下来的唯一动机是，他的父亲曾从西点毕业，李奇微希望和父亲一样。[美国陆军军事历史研究所（宾夕法尼亚州卡莱尔兵营）提供]

第二章 绝非"袍泽兄弟":西点美国陆军军官学院的学员

▲ 少将时期的李奇微在 1943 年入侵西西里期间指挥著名的第 82 空降师。他总是走在部队前面,图中他正靠在指挥吉普车上,通过无线电向弗兰克·莫朗(Frank Morang)军士长指出其部队的前进方向。注意他左手戴着西点毕业戒指。(美国陆军通信团摄,感谢德怀特·D. 艾森豪威尔图书馆提供)

马歇尔曾进入弗吉尼亚州列克星敦的弗吉尼亚军事学院学习，在他当"老鼠"的新生第一年就因为残酷的欺凌行为而严重受伤，军旅生涯还没有开始就险些结束。[74] 当时他被迫蹲在一把直立的刺刀上，不久就因为筋疲力尽而摔倒，结果导致臀部受了重伤。[75] 这种极其危险的欺凌行为在西点军校也并不少见。1833年弗朗西斯·亨尼·史密斯（Francis Henney Smith）创立了绰号"南方西点"的弗吉尼亚军事学院并在随后几十年里担任其领导。他允许一种与美国陆军军官学院基本相同的欺凌制度存在。[76] 乔治·S. 巴顿——1903年成为弗吉尼亚军事学院的"老鼠"，一年后又以"新生"身份进入美国陆军军官学院——也指出，他在西点不得不"苦苦支撑"，而他们对待新生的方式"将在几年内毁掉这所学校"。[77] 巴顿被发现在数学方面不够好，不得不在陆军军官学院重读大一。

这种欺凌制度明显破坏了"责任——荣誉——国家"的西点校训，后者从本质上维系着西点精神。实际上，约翰·M. 斯科菲尔德少将——1876至1881年任西点院长——认为"彻底根除"欺凌行为事关荣誉，因为欺凌行为"不符合军官和绅士的身份"。[78] 但很显然，斯科菲尔德的努力是徒劳的。将近一个世纪过去了，学员们仍然"带着扭曲的荣誉观完成新生周"。具有讽刺意味的是，那些向新生讲授"荣誉"的正是此后在兽营里虐待新生的高年级学员，"他们似乎并非值得尊敬的人"。[79] 学员们发现了"西点荣誉的真相：在实践中，荣誉是相对的，而不像他们曾经被灌输的那样是绝对的"。[80]

值得注意的是，第二年什么也没有改变，因为在成为高年级学员后，"许多曾经受过最重折磨的男生会变成最残忍的队旗下士、

第二章 绝非"袍泽兄弟":西点美国陆军军官学院的学员

▲ 乔治·卡特利特·马歇尔(George Catlett Marshall)在弗吉尼亚军事学院担任"学员"中尉。马歇尔并没有被过多的数学和工程学课程压倒,但欺凌体制始终存在。马歇尔在一次欺凌事件中受了重伤,导致美国险些失去一位最优秀的军官。(弗吉尼亚莱克星顿乔治·C. 马歇尔基金会提供)

最残忍的排长"[81]。

来访的西点校友通常不会提醒或约束学员,相反,他们会激励学员"在新生体制中咬紧牙关",告诉他们西点军校已经变得多么软弱,而在他们的时代是多么坚强、有男子气概。[82]难怪他们的绰号是"狗"——心怀不满的老毕业生。这些人与历任院长和高级教员一起,被认为应当对流行近两个世纪的"新生体制"负责。[83]

出于一种历史误解——这在美国军官评判普鲁士和德国的军事文化和历史时极为常见——一位教员发现,西点的纪律"建立在腓特烈大帝式的严酷无情的体制基础上,对18岁的青年人来说过于严苛"[84]。虽然这种观点的最后一部分无疑是正确的,但第一句话却是彻头彻尾的误解。在对待新兵的问题上,旧普鲁士陆军不仅拥有当时最先进、最现代的规章制度,而且国王本人也禁止对军官或有志成为军官的青年进行体罚。由于充分的理由,普鲁士皇家军队的规章制度被整个欧洲的其他军队所效仿。[85]如果某位旧普鲁士军队的团长接收了过多有志成为军官的容克(Junker),他们有时就会采取互相欺凌、迫使弱者离开的做法,从而让留下的强者继续发展,并尽早成为少尉。这种被称为"奥斯贝本法"的做法既得不到认可也不会被容忍。[86]腓特烈大帝劝阻他的指挥官不要接收太多有志成为军官的人。

在那些成功考入西点和未能进入西点的人所写的文章中,有些主题反复出现。总有至少一个特别优秀的欺负者、虐待狂——有时与一两个打手合作——是高年级学员,甚至在学员团小小的等级架构中担任职务。[87]他和帮凶们使新生和他的朋友们日夜受苦,以便将其击垮。作为素质优秀的密友,许多优秀新生不能或不愿忍受这

第二章 绝非"袍泽兄弟":西点美国陆军军官学院的学员

▲ 新生时期的乔治·C. 马歇尔作为学员连指挥官站在本连前列。后方背景中,右侧为弗吉尼亚军事学院一翼。该院也被称为"南方西点",甚至其建筑都与美国陆军军官学院非常相似。(弗吉尼亚莱克星顿乔治·C. 马歇尔基金会提供)

指挥文化 COMMAND CULTURE

▲ 海滩上的高级军官。登陆一周后,最高司令艾森豪威尔(左前)和参谋长马歇尔(中间,向上看)在诺曼底海滩上。这两人仕途长远,是美国陆军军官教育系统的特例。(弗吉尼亚莱克星顿乔治·C.马歇尔基金会提供)

种毫无意义的制度而最终离开。当然也总有某些具有出色领导才能的教练或战术军官，帮助新生重新恢复了信心，并熬过痛苦的第一年。[88] 战术军官负责监督学员连。这里的重点是"监督"，而不是"指挥"。但实际上，战术军官"大多数情况下表现的漠不关心"。[89] 其他人则被看作生活在高塔中的"怪物大师"，比连锁商店的经理更难接近。[90] 许多人对新学员遭受的苦难视而不见，因为作为西点毕业学员，他们认同这种做法，或者只是不敢承担管理学员团的责任。无论是哪一种情况，这两个原因都暴露出糟糕的领导能力。

虽然很多新生以后将会认识并慢慢开始敬佩的老生不会这么做，但恃强凌弱的人，就像他那些施虐成性的朋友一样，最终仍将毕业并成为美国陆军的一名军官，他的荣誉——本应在西点体制的磨炼下已经坚如磐石——还有他的指挥能力已经受到那些曾被他折磨的人的怀疑。[91] 在这些正常毕业的男学员中，整个体系的另一个问题变得非常明显。毕业学员们经常会用模棱两可的语言掩盖上述问题，但他们至少承认"学员团对荣誉准则的意义和运用的看法有些模糊"[92]。更引人注目的是那句"学员经常混淆了道德荣誉和虚张声势"[93]。关于这个重要的问题存在困惑，这一点大家看法一致。

虽然有很多关于成功的毕业学员的文章，但学者们几乎没有开展过任何真正的研究，来分析那些被西点错过的、本来具有成为伟大军官的潜力，但却无法忍受枯燥和残酷的体制、被当作孩子，甚至"连男孩都不如"的青年。美国陆军军官学院1929届学员、"二战"期间第82空降师杰出的战斗指挥员詹姆斯·莫里斯·加文（James Maurice Gavin），战争结束后对陆军军官学院产生了深深的质疑，并决定对其进行改革。[94]

卡尔·A."图伊"·斯帕茨（Carl A. "Tooey" Spaatz）在西点刚待了三周就差点因为毫无意义的欺凌而退学。[95] 朋友们劝说他留下来并于1924年毕业。此后他成为空战专家、艾克的坚定盟友，也成为"二战"期间艾克麾下最有价值的指挥官之一。

虽然少数真正立志军队的坚定分子退出了西点，但他们对军队的感情并没有被西点摧毁，他们选择了参军并逐级晋升，从而证明自己是军官的材料，而不是西点或军校的材料——虽然这两件事本应相同，但其实截然不同。[96] 道格拉斯·麦克阿瑟曾经说过："许许多多被赶出这所学院的人，要么作为平民取得了成功，要么回到陆军做出了比某些毕业学员更好的成绩。"[97] 就在15年前，总参谋长富兰克林·贝尔（Franklin Bell）在一封信中表达了同样的担忧。他担心："西点军校的教员……有一种倾向，忘记了西点是为了军队的利益，而不是为了西点的利益而存在的。"[98] 贝尔的说法一点也不夸张。当美国陆军部由于第一次世界大战对军官的迫切需求而命令麦克阿瑟的前任、美国陆军军官学院1869届毕业学员塞缪尔·埃斯库·蒂尔曼（Samuel Escue Tillman）上校安排在校学员提前毕业时，据说他这样回复："我无法理解他们为什么要故意破坏陆军军官学院。"[99] 几十年后其他参谋长们也像他们的前任贝尔一样发表了同样的看法。将近25年后担任乔治·C.马歇尔同样职位的美国陆军军官学院1939届毕业学员克赖顿·威廉斯·艾布拉姆斯（Creighton Williams Abrams）也表达了类似的担忧。艾布拉姆斯担心"由于西点的孤立，使得它不像真正的陆军，因此它的毕业学员没有做好准备，以应对其毕业获得委任后将要面对的职业环境"[100]。又是50年过去，美国陆军军官学院的核心并未发生根本改变。

第二章 绝非"袍泽兄弟":西点美国陆军军官学院的学员

▲ 西点学员时期的克赖顿·威廉斯·艾布拉姆斯。艾布拉姆斯将他的新生第一年描述为"一段相当残酷的经历。这种欺凌是侮辱性的而不是在塑造品格"。他最终成为美国陆军有史以来最杰出的作战指挥官之一,当他已是中校军衔时仍身先士卒,开着自己的坦克参加战斗。最终他官至四星上将。(美国陆军军官学院图书馆档案提供)

▲ 克赖顿·艾布拉姆斯中校（左）和他的密友科恩（Cohen）少校（右）庆祝对德军的又一次胜利。克赖顿指挥的第 37 坦克营和科恩的第 10 装甲步兵营均隶属第 4 装甲师。由于他们的亲密友谊和作为军官和战士的高效熟练，两人所率部队的合作非常有效。德国国防军的宣传称他们是"罗斯福薪水最高的屠夫"，这无疑是两个营长能力的有力证明。当科恩短暂停留的医院被一支武装党卫军部队攻占时，艾布拉姆斯确信科恩会被杀死，因为他是犹太人。然而仅仅几天以后，科恩就被向前推进的美国陆军部队解救了出来，朋友们再次相聚。[哈罗德·科恩（Harold Cohen）收藏提供]

第二章 绝非"袍泽兄弟":西点美国陆军军官学院的学员

统计数字凸显了这个问题:在第一个百年期间被美国陆军军官学院清退的 3816 名学员中,只有一小部分是因为战术成绩不合格,而战术是军官除了领导能力以外最重要的知识领域。[101] 约瑟夫·P. 桑格(Joseph P. Sanger)少将通过单纯的数字对比就发现了这个问题,他还正确地指出:"这对美国陆军军官学院作为一所军事院校的目标来说可能是一种反常现象。"[102]

对大多数主动或被迫离开的人而言,西点完全毁掉了他们对在军中服役的兴趣——一种永远失去了的未知潜能。即使是那些留下来的人,也有许多由于不得不忍受非人的待遇而对军队心怀不满。[103]

有许多理由试图解释这种欺凌体系,但由于它是一种"非官方"的做法,因此自然不会有官方的解释。主流观点认为,它的目的是"将个人贬低到一种次等人的地位,使其容易接受灌输,并淘汰那些决心不够坚定的人"[104]。当其他校友表示"最严格的纪律"和压抑个性是必要的,只有这样"西点精神"才不会"因为他们(指新生)而扭曲"时,他们也表现出同样的缺乏理解和某种精神困惑。[105]

为什么教学和教育必须被灌输所取代,而决心必须被施虐而非艰苦的军事训练所考验,这一点并没有解释清楚,这表明对于欺凌制度并没有合理明智的解释。

作为美国陆军有史以来最杰出的作战指挥官之一的克赖顿·艾布拉姆斯在学员时期表现出色,但多年以后仍对高年级学员对待他的方式耿耿于怀:"我们这些新生必须把东西捡起来、放下去,穿好外套、脱掉外套。如果高年级学员在我的废纸篓里发现了纸张,我就会受到惩罚。现在，废纸篓是一个非常简单实用的东西，它就是用来扔纸的。人怎么能变得那么愚蠢？"[106] 艾布拉姆斯将他新生那一年描述为"相当残酷的经历。这种欺凌是侮辱性的而不是在塑造品格"[107]。

到目前为止已经我们讨论了欺凌行为会对一般学员做些什么，但那些具有"错误的"宗教、肤色、民族、表情、奇怪的走路方式或者明显口音的新生则可能更加倒霉，高年级学员可能由于以上某个原因或是其他一些完全不同的原因认定这些新生不被"他们的"学员团所欢迎，"只要他们愿意，就可以随心所欲地开除任何新生。他们甚至会把参孙①（Samson）和海格立斯②（Hercules）赶出去……如果他们认为他俩不属于这里的话"[108]。通过给那些不受欢迎的新生施加过分的残酷欺凌、日夜折磨，就会使他或是由于再也无法忍受残忍和压力，或是由于压力使其无法达到学术或体育标准而不得不退学——在美国陆军军官学院的行话里叫作"清退"。只有在非常罕见的情况下，当其余新生都站在他身后，帮他完成工作，甚至保护他免受高年级学员的怒火时——这种行为导致其余新生成为变本加厉的欺凌目标的可能性极高——被针对的新生才有可能逃过一劫，度过第一年的时光。

想要捍卫这一制度的人可能会辩解，指责我混淆了"兽营"期间的"灌输过程""欺凌"——这是"官方"禁止的——还有"骚扰"[109]。然而，从学术的观点来看，它们都是一样的。它们只是

---

① 《圣经》人物，因力气大、勇猛而闻名。——译者注
② 古希腊神话中的大力神。——译者注

以不同的伪装出现,或者用一位前学员、如今成功作家的话来说:"新生制度给残忍取了个优雅的名字,用'责任'这样一件厚厚的外衣掩盖了虐待。"110

正如西奥多·罗斯福总统后来试图对西点教育存在的问题进行干预一样,1896年格罗弗·克利夫兰(Grover Cleveland)总统试图采取行动反对学校的欺凌行为,他开除了两名骚扰新生的高年级学员。111 他的尝试最终和罗斯福一样徒劳。在西点历史上的无数欺凌丑闻中,公众和媒体正确地指出了问题的根源——相关的院长和高级教员缺乏领导能力。112

在过去的几年里,我与1952至1996年间毕业的许多男女军官进行过交谈,询问他们对欺凌制度的感受。113 在我提出这个问题后,没有一个人给出一个直接、坦率的回答。其他访谈对象也是一样。114 一些前任和现任军官完全拒绝回答我的问题。其他人则需要温和地加以说服。显然,那些经历过这一制度的人——无论是作为受害者还是作为加害者,正如已经证明的那样,许多人两者兼是——都怀有一种尴尬甚至羞耻的感觉。回忆变得非常艰难有时甚至是痛苦的。然而,对于精神病学家来说,其原因是与记忆有关的巨大压力,而不是羞耻。115

通常,在我得到任何回答之前,都会被对方问到一个防御性的问题:"到底什么是欺凌?"根据我自己的定义,这个问题的答案相对简单:军校中的"欺凌"指的是任何贬低、侮辱、折磨或伤害学员的身体、心理或精神,且与现代军事训练的直接目的无关的行为。

20世纪70年代,美国陆军军官学院对"欺凌"的官方定义是:

"一名学员对另一名学员的任何强迫行使权力,使后者遭受或暴露于任何残忍、愤怒、羞辱、苦难,或对其合法权利的压迫、剥夺或削弱中。"[116] 显然,这个官方定义存在很多漏洞。[117] 几个世纪以来,这一定义被多次修改,从而表明对这一问题仍缺乏清晰的认识。之所以离题,是因为我在这项研究中看到的许多毕业学员可能也有同样负担。

在新入学者经历欺凌制度的同时,他们必须掌握那些人为设置的僵化的规则,如仪容整洁、像僧侣一样保守等。他们与"上级"沟通的唯一方式过去是——现在也是——使用四个经过允许的短语:"是,长官""不,长官""没有借口,长官"和"我不明白,长官"。

在困惑和疲惫的状态下,新生们被强迫记忆大量毫无意义的信息。一个问题是"卡伦大厅里有多少盏灯?"正确而相对简单的答案应该是:"340盏灯,先生。"如果遇到"鲁斯克水库有多少加仑?"这样的问题,答案可能会有些冗长,正确的答案是:"9220万加仑,先生,当水流过溢洪道时。"

另一个可能的问题是:"皮革的定义是什么?"此时只能回答:"将动物新鲜的表皮,清洗和去除所有毛发、脂肪和其他异物,并将其浸入丹宁酸稀溶液,化合反应随之发生,表皮的胶状组织转换为不易腐烂的物质,不透水,不溶于水,长官,这,就是皮革。"[118]

答案必须一字不差,否则肯定会受到某种形式的惩罚。"长官"被用来称呼一个只大几岁、没有任何军功的男孩。上面的问题只是例子,其实(这些惩罚)可以写成一本完整的手册。关于让疲惫的大脑充满无用信息的原因,勉强有点道理的解释是,学员应该训练

第二章 绝非"袍泽兄弟":西点美国陆军军官学院的学员

在压力下快速准确地记忆数据。这对军官而言肯定是一种有用的能力,但毫无疑问还有其他教育方法可以用来训练如何记忆数据,但问题是为什么新生没有专门学习军事上有用的信息,比如组织和装备表,还有武器系统的数据。西点的学员们至今仍被这些问题所折磨。一位在阿富汗的群山中指挥步枪排的2000届毕业学员更希望学会"榴弹炮的射程或机枪枪管熔化前可以持续射击多少分钟"而不是"卡伦大厅灯泡的数量"或"四头陆军骡子的名字"。[119]

西点希望学员们保持一种狂热的整洁和秩序,学员所犯的每一个错误——无论是自己造成的还是被迫犯下的——都会受到官方的记过处分或非官方的额外惩罚。甚至大四学员也会被记过。[120] 其中往往并不存在真正的领导能力,这一点从他们因为"在浴室里逗留太久"或"以一种没有军人气概的方式走下楼梯"而被记过就可以看得出来。[121] 他们甚至有可能因为"过早来到骑马厅"而受到惩罚。[122]

记过随后将被折算成惩罚行军,后者被称为"惩罚之旅"。无论任何天气,学员都要全副武装地在院子里来回踱步几个小时,这取决于需要"通过行军抵消"的记过次数。

毫不意外的是,军官的儿子,特别是学校前毕业学员或他们的兄弟要比平民家庭出身的孩子略占优势。很少有儿子迫于父亲的压力进入西点,因为大多数父亲都非常清楚,除非能够自我激励不断进步,否则他们的儿子可能熬不过去。[123] 而且,由于某些学科的要求很高,他们经常被提前送到预科学校学习,因此通常在学术上也会领先一步。[124] 他们的父亲或兄弟还向他们提供了关于整个体制的内部信息,以及如何更好地生存下去。[125] 此外,由于他们的父亲或兄弟曾经经过这一切,因此他们拥有绝不退缩的强大动力,否则将使他们在自己眼中变得不够男人。由于他们的气质和适应能力,这些陆军小不点很快就被高年级学员注意到了。[126]

后来成为陆军参谋长的美国陆军军官学院1917届毕业生乔·劳顿·科林斯(Joe Lawton Collins)从1907年毕业的哥哥那里得到了宝贵的建议。他把自己的经历和鼓励传给了儿子杰里(Jerry)。1943年,杰里成为西点军校的新生。科林斯深知陆军军官学院存在的最大问题,他告诫儿子:"别让那些'一岁崽'把你打垮了。"[127] "一岁崽"在陆军军官学院的行话中指的是大二学员。他们前一年也是新生,现在——从新生制度下幸存下来,因此自动获得了对新学员的权力——正准备成为新生们的痛苦之源。

在西点的教育体系中,学员们所受的折磨不仅来自数学和自然科学沉重的学业负担,还来自教员落后的教育教学方法。与学员交流的双向教学闻所未闻,课后每位学员都会收到一张小纸条,上面写着下节课要在全班同学面前完成的任务。[128] 学员会用事先确定的固定短语来陈述,并因此受到老师的表扬或惩罚。[129] 提出问题或交换意见的自由讨论是不存在的。[130] 当一名存在疑惑的学员想要获得某篇课文的详细解释时,教员就会大声吼叫:"我不是来回答问题的,而是来给你们打分的。"[131] 大部分的课堂作业都是仅仅重复已经记住的内容,"在西点,对大多数学员而言,每天背诵数学就是'学术'的同义词"[132]。威廉·H.辛普森(William H. Simpson)(美国陆军军官学院1909届)回忆"如果某人得出一个错误答案,教员很少解释正确的解决方法"[133]。即使是如此重要的——对未来的军官来说,也应当是启发性的——"军事历史"之类的课程也只是用来让学员鹦鹉学舌式地记住日期、名字和课本上的内容。[134]

第二章　绝非"袍泽兄弟":西点美国陆军军官学院的学员

▲ 1913 年,作为新生的乔·劳顿·科林斯(左)和他的同学亨利·弗里耶(Henley Frier)(右)在西点军校的夏季营地。在第二次世界大战中,科林斯获得了"闪电乔"的绰号,他的进攻性在美军指挥官中是罕见的。(德怀特·D. 艾森豪威尔图书馆提供)

与当时陆军军官学院教育系统的其他方面一样,在教员的选择上也出现了同样的单一和僵化问题。毕业几年后被派往西点担任教员的前学员们惊讶地发现,自己竟然会被要求教授一门他们既不是专家也从未精通的学科。

1903年,佩里·L.迈尔斯(美国陆军军官学院1895届)被任命为西点科学教员,课程包括"化学、电学、矿物学和地质学"[135]。但毫不令人意外的是,自从八年前从西点毕业以后,他"从未读过任何关于上述课程的书籍……",因此显得"因能力不足而倍感尴尬"。[136] 迈尔斯立刻提出调动申请并成功脱身,因为他所在的部队当时正被派往菲律宾而且缺少军官。他的"逃跑"并没有在自己的档案中留下任何痕迹。多年以后,面临同样处境的军官们将无法如此轻易地脱身,因为西点学员团在不断扩大,比以往任何时候都更需要教员。

1921年8月,当乔·劳顿·科林斯回到西点时,惊讶地发现自己被分配到了化学系,而"自从毕业以后,他几乎再也没有想过"这个学科的问题。[137] 他学习了三年拉丁语和三年法语,1919至1920年在德国工作期间他曾多次访问法国以"使自己的法语发音更加完美",因此他希望教授其中一门语言。[138] 结果他却成了"陆军军官学院陈旧的教员选拔制度"的受害者。[139] 科林斯没有说明自己是否提出过抗议,但他的同学马修·邦克·李奇微遇到类似情况后提出了申诉。像他的战友科林斯一样,多年后他升任陆军参谋长。李奇微敢于抗争也许只是因为他的心情非常不好。他不仅认为自己在西点的教职是"我军事生涯的丧钟"——那时他还是一名中尉——而且他非常想去欧洲参战,因为第一次世界大战还在进行。[140]

第二章 绝非"袍泽兄弟":西点美国陆军军官学院的学员

▲ 一件所有人都开心的事。1944年7月,法国。艾克为乔·劳顿·科林斯胸前的杰出服役勋章别上了橡树叶(表示第二次获得嘉奖)。居中者为伦纳德·汤森德·杰罗(Leonard Townsend Gerow)少将,第5军军长,也是艾克的密友。右边为仪容整洁的威廉·本杰明·基恩,美国陆军第一集团军参谋长。科林斯时任少将,指挥太平洋战场的第25步兵师。由于美国陆军在欧洲战区缺乏具备进攻性的指挥官,因此科林斯被轮换到欧洲,受命指挥第7军,后者经常承担艰巨的任务。(美国陆军通信团摄,德怀特·D.艾森豪威尔图书馆提供)

就这位年轻中尉而言,想去欧洲自然不仅是希望职业进步,也是因为他渴望战斗。战斗勤务军官瞧不起那些在战争期间待在美国的"偷懒耍滑的人",他们的观点很明确:"任何真正希望前往前线的军官都应当这么做。"[141] 因此,李奇微对西点的情况感到特别痛苦。

李奇微认为自己有能力教授英语,尤其是西班牙语,他后来曾在一些重要场合翻译西班牙语,但现在这些都无法在陆军军官学院继续下去。令他大吃一惊的是,自己被指定为法语教员,负责一个已经进入大二阶段、比他(的法语)水平还高的年级。极有可能由于个人面临的困境,使得李奇微敢于向科内利斯·德威特·威尔科克斯(Cornelis deWitt Willcox)上校——西点现代语系主任、据说是"陆军最好的法语专家"——指出他的"法语水平甚至无法在法国餐厅点炒蛋"。[142]

显然,威尔科克斯对自己的语言技能非常满意,但对提高学员的语言技能并不在意,因为在回答李奇微的合理质疑、从而回绝这位幻想破灭的年轻军官的时候,他只说了一句话:"你的课明天开始。"[143] 尽管整件事使李奇微非常苦恼,但幸运的是,这并不是他所认为的职业生涯的丧钟。

因此,毫不奇怪,大多数在威尔科克斯及其继任者任内"成功"学完课程的学员对其本应掌握的外语一窍不通。[144] 早在1899年,美国陆军军官学院视察员委员会就已经指出,美国是一个世界强国,"她……越来越需要西点毕业生熟知现代语言。这里我们所说的不是在课堂上熟练使用外语,也不是结结巴巴、磕磕绊绊使用外语,而是在实际生活中熟知外语,具备表达能力"[145]。显然,这种合理的评估结论甚至在几十年后仍然完全没有引起负责讲授语言

第二章　绝非"袍泽兄弟"：西点美国陆军军官学院的学员

的高级教员的注意。

其他系的情况看起来也没有什么不同。在学校举办第一个百年庆典、也是李奇微令人沮丧的经历发生的十五年前，哈佛大学校长查尔斯·埃利奥特（Charles Eliot）曾公开表示，西点的教学"并未受到教育方法的伟大变革的影响"[146]。受到学员欢迎的优秀教员是如此罕见，以至于他们在往届毕业学员的回忆录里常被特别提起。[147]

即使是在人们所认为的西点核心课程之一——数学——方面，教学质量似乎也低于平均水平。蒙克·迪克森承认，他的数学成绩很差，但他显然愿意学习并且在日记里写道："我现在的教员亨特利（Huntley）上尉糟糕透顶，几乎和我一样无知，这实在太糟了。"[148]迪克森的观点并不奇怪，因为亨特利是被西点毒瘤之一的查尔斯·巴顿·埃科尔斯（Charles Patton Echols）（美国陆军军官学院1891届）选中的，后者完全缺乏任何教育或教学能力。在学术委员会里，埃科尔斯是一个自命不凡的人，当他被惹恼的时候，往往会让许多学员不及格。埃科尔斯在西点军校"统治"了27年，被一名学员形容为"剥夺生命的最卑鄙的人之一"。[149]

美国陆军军官学院教员中类似埃科尔斯和他的同事这样的人更感兴趣的似乎是维持现状，而不是推进未来军官教育。教员似乎被视为"无须专门资质的可互换部件"。[150]因此毫不奇怪，在他们的报告中，教员们会自相矛盾并把失败和问题归咎于别的方面。查尔斯·威廉·拉尼德（Charles William Larned）（美国陆军军官学院1870届，高级教员和绘图教授）在1904年报告中说："根本无法保证被选中的人（作为教员）在教学水平方面拥有一定程度的出色表现，事实上，许多被委派担任这项工作的军官都表现平平。"[151]

指挥文化 COMMAND CULTURE

▲ 20世纪30年代,纽约州西点美国陆军军官学院空中俯视图。画面前方长条状建筑为骑马厅,中间四边形建筑为学员兵营。山顶的那座雄伟建筑为学员教堂。1919年霍华德·赛瑞格(Howard Serig)在写给父母的明信片中写道:"已平安抵达。同学很多。这里并不像这张图片里那么漂亮。"赛瑞格最终完成学业,于1923年毕业。(美国陆军军官学院图书馆档案提供)

第二章 绝非"袍泽兄弟":西点美国陆军军官学院的学员

教员的选拔不仅缺乏动力或常识,而且还违反了校长的通用命令,即所选教员"应当是在其所授科目方面的水平……足以承担相关职责的军官",而且"如果已离校八年以上则不得入选"。[152]

高级教员不仅负责培养下级军官,而且还要亲自选拔这些军官,他们可以在陆军挑选绝大多数年轻军官。他们也自行设定教学标准和教学内容。几十年来,他们可以随心所欲地招聘和解雇教员,而且通常不会首先考虑教员的能力。[153]

然而,他们只选择西点毕业生,这不仅限制了选拔的范围,还导致了教育系统的"近亲繁殖",这一点也得到了其他正规军官的承认。[154] 这种"近亲繁殖"的发生是由于院长的命令一成不变。[155] 令人惊讶的是,在这种情况下,学术委员会居然选择不予反抗。

1935年西点的教员中有97%属于近亲繁殖,紧随其后的是海军军官学院,高达73%。比较接近的第三名并不令人惊讶——是圣母大学。该校的这一比例为70%。[156] 美国地方院校的平均值仅有34%。[157]

李奇微的经历发生四十五年、埃利奥特的言论发表六十年以后,教员水平仍然非常低下。他们不是积极主动地鼓励撰写论文、参加教育和教学研讨会,而是试图掩盖教师和教员糟糕的素质状况。1963年,教务长威廉·W.贝塞尔(William W. Bessel)建议院长宣布30名初级教员为"研究生",人为地提高具有研究生学位的教员的数量。[158] 当时,341名教职员中只有4%拥有博士学位。[159] 幸好,院长遵守了荣誉守则,没有理会这一建议。

这片教育荒漠中唯一的亮点是西点的图书馆,该馆在1901年爱德华·S.霍尔登(Edward S. Holden)担任馆长以后发展迅速。他

▲ 西点近景。图中所示为图书馆（中）和东学术楼（右）（美国陆军军官学院图书馆档案提供）

第二章 绝非"袍泽兄弟":西点美国陆军军官学院的学员

▲ 1905年在西点军校学员兵营四方形建筑中央广场举行的新生入学日。上方即为学员教堂。新生抵达之后,立即受到大四学员以敬礼训练形式实施的折磨——这种欺凌行为常在入校首日即已开始,并在随后几周内不断加重。乔治·S. 巴顿一年前已经从弗吉尼亚军事学院转学过来,此时已是能够欺负新生的大二学员。(美国陆军军官学院图书馆档案提供)

试图获得"每一本在国外出版的关于军事主题的重要书籍和每一本在美国印刷的军事书籍",因为"四年时间里学员们都要待在西点。因此图书馆有责任尽其所能地拓展他们的世界观"。[160]

可以推测,学员所接受的少量纯军事训练与之前讨论的教育一样过时。[161] 由于大部分时间浪费在了过多的队列和骑马上,西点军校被形容为一所"马术学院"[162]。这些能力在第一次世界大战中是不需要的,在第二次世界大战中就更不需要了。射击使用的步枪早已过时,而夏季训练营使用的装备也同样过时。在夏季训练营中,学员们所接触到的勉强还算有些接近现实的军事训练也同样被证明是过时的。就像是对军旅生活的嘲弄,新生被迫反复清洁和擦拭他们的步枪枪管,以至于它们成了毫无用处的战争工具。[163] 在实弹演习中,学员们使用"普通"步枪,因为那些擦得锃亮的步枪完全失去了精度,甚至会对使用者构成危险。与此同时,"游泳教学、舞蹈课程和每天两次的正装检阅,就像每天上午三个小时的队列一样,却是夏季训练营的一部分"。[164]

经过本该属于军事教育的四年以后,20世纪初的西点毕业学员"没有进行过充分的步枪或左轮手枪的射击训练,无法满足陆军的素质标准,也没有接受过陆军更新型号、更重型武器装备的使用训练"[165]。仅有的一点无关紧要的进步是,学员们终于能够搭起自己的帐篷,照料自己的马匹,而这些杂务以前都是由士兵来完成的。[166]

只有当第二次世界大战真正开始后,学员们才有机会接触到新式武器,并接受使用现代火力的训练。[167] 虽然由于新的训练使得学员培养费用大大增加,但这笔钱物有所值。[168]

在其他方面,战时的调整却不尽人意。尽管可以理解,但为了

第二章 绝非"袍泽兄弟":西点美国陆军军官学院的学员

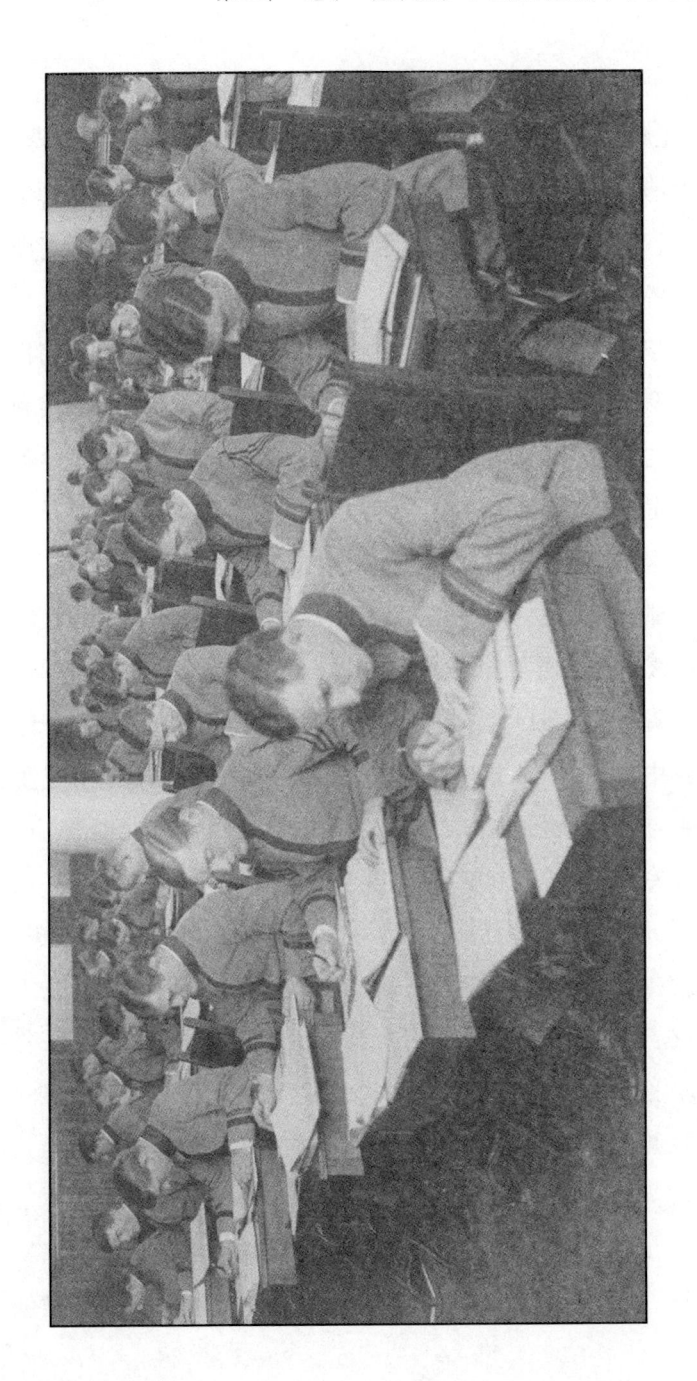

▲ 1908年大四学员的某场军械与射击考试。左侧门口金发的学员应为乔治·S.巴顿。西点各年级人数多于德国军官学校。(美国陆军军官学院图书馆档案提供)

给不断扩充的战时军队提供更多军官,课程压缩了、毕业提前了,"除了与工程学有关的课程以外,几乎所有科目都被砍掉了。社会科学大幅缩减,英语被取消"[169]。学校尽一切努力让学员获得理学学士学位,但几乎没有考虑过给他们提供更广泛的教育,而后者即使是在和平时期也严重缺乏。

问题依然存在,这四年对这些年轻人的军官职业生涯有何作用?虽然没有来自官方的明确说明,但整个体系显然是为了在美利坚合众国这个本应没有阶级的社会中创造一个"军官阶级"或"种姓"[170]。我的观点得到了这样一个事实的支持,那就是禁止学员拥有金钱,这样家境富裕的学员相对贫穷的同学就没有任何优势。[171]甚至吹牛都不可能。

当阶级概念出现在当时的讨论中时,普鲁士陆军又一次被错误地用来说明问题。1919年,在《新共和》杂志上发表的一篇关于纪律的讨论中,一位作者指出:"他(西点的少尉)从未想过自己手下的士兵与他一样也是血肉之躯。"[172] 一位读者回应道:"西点,或者普鲁士关于军队等级制度和纪律的观念是和平时期的观念……用压迫、严厉的纪律和种姓制度来压制无所事事的男人……我发现,他们既没有能力用同情心理解普通士兵的心理,也没有能力赢得下属的尊重。"[173] 似乎发明这种制度的人在泛泛了解并完全误解了普鲁士制度之后,对建立一支由个人构成的军官团心怀恐惧。

在西点的经历中,亚拉巴马州贫穷农民的教育程度很低的儿子可以成为马萨诸塞州某位富有律师的儿子的榜样。因此,"平等"——在由白人、基督教徒和盎格鲁-撒克逊男性构成的框架内——与"礼貌"和"整洁"一样受到强调。虽然在1802年被创

第二章 绝非"袍泽兄弟":西点美国陆军军官学院的学员

造出来的时候,这个词是一个有价值的目标,但整个体系却未能实现同样的现代化,只有在压力或强迫下才能改变。几十年后,学员们仍然会使用"西点:120年的传统不受时代进步的阻碍"这句玩世不恭的话。[174]

小乔治·史密斯·巴顿上将(美国陆军军官学院1909届)的一个事例说明了这种等级观念仍然是多么根深蒂固。巴顿训斥了他的副官弗兰克·格雷夫斯(Frank Graves)中尉——格雷夫斯不是西点毕业生——这位年轻军官帮战友约翰·S. D. 艾森豪威尔(美国陆军军官学院1944届、最高司令官之子)拿了手提箱。在将军看来,这项工作应当由司机来做。[175]这种对军官等级的夸张理解被士兵们视为一种"种姓制度",引起了他们很大的不满。[176]在"二战"期间美国军队的社会心理学研究中,军官和士兵之间的差距被形容为"巨大的社会鸿沟"[177]。学员们很容易就接受了这种"种姓制度",因为他们几乎没有机会对其加以质疑,他们与外界的接触也非常有限。从西点毕业后,这种观念在他们的性格中根深蒂固。

学员大多将被委任为少尉,但除了修道院一般的生活以外,他们与平民,尤其是真正的士兵——那些他们即将指挥的士兵——的接触极其有限,甚至根本不存在接触。只有前军官的儿子才有与真正的士兵接触的经验,但他们只占学员总数的大约20%。[178]除非成为工兵,否则在遇到与武器或战术有关的情况时,他们对军事问题的实践知识会远远不够。结果,四年之后他们不仅对即将担任的军队职务毫无准备,而且也同意自己可以毫无准备。他们常常试图摆出一副傲慢的样子来掩饰这种毫无准备的感觉。在很多情况下,这种态度已经成为西点学员的同义词。在其他情况下,他们以为自己与众不同,因为他们熬过了西点的新生阶级。有些自视甚高的人会在今后的残酷战斗考验中抛弃这种错误意识,并向进入西点的朋友们提出忠告:"实际上,我们西点学员最大的失败就是看不起别人。"[179]

在回忆自己少尉时期的缺点并详细阐述未来职业军事教育的必要性时,马修·李奇微在其回忆录中错误地写道:"陆军军官学院从不假装培养合格的军官。"[180] 其他校友也有类似的错误观点,他们非但没有推动改革,反而试图为一个不合逻辑的体系辩护,认为"陆军军官学院的工作是生产未来军官的原材料"[181]。

事实上,他们被任命为少尉——已经是军官,而不是即将被培养成军官——而且大多数人在并不具备适当知识的情况下就成了排长或连长。用麦克阿瑟的话来说,"他们被推进现实世界的时候,年龄虽够,但经验却只有高中生水平"[182]。

西点学员始终生活在最严格的监管之下,只有奴隶般地服从丛林法则才能生存,除此以外别无选择。"个人最微小的失误"就会招致某种惩罚,打破常规的创造性思维不仅无法培养,而且还会受到打击。[183] 培养视野狭窄的军官是很危险的,因为他们在一所"几乎完全没有个人表达机会"的机构中接受教育,结果根本不敢做任何超出条令或规则的事。[184]

当时,陆军军官学院毕业学员缺乏准备和实际军事知识的情况也引起了同时代人的注意。1919年,总参谋部教育和特殊训练委员会的查尔斯·R. 曼(Charles R. Mann)博士指出,特别是在第一次世界大战期间,西点学员在"足智多谋、积极主动和适应新思想"方面遭遇了许多"困难"[185]。也有相当多的人抱怨缺乏领导能力和对男性的人道待遇。在一战之后的一份提交给陆军部长的报告中也提到了这一点:"问题首先在于正规指挥军官。"[186] 然而,他们大多是在西点接受的训练。

乔治·C. 马歇尔最关心的一个问题始终是为他的军官提供足够的军事教育。他可能是在"二战"前的关键时期在这方面进展最大的人,但他只是孤军奋战,而且只能改变这么多。作为一名弗吉尼亚军事学院的毕业学员,当他分析西点和母校之间的重要区别时可能心存偏见,但从学术角度来看,他的批评几乎都没有击中要害。马歇尔指出,两所学院的差异之一是弗吉尼亚军事学院的课程更为平衡,因此没有让学员在数学和自然科学方面负担过重,而是更加重视领导能力。

在 1924 年给他的前指挥官、导师和朋友约翰·J. 潘兴将军(美国陆军军官学院 1886 届)的一封信中,马歇尔提到了伊莱·A. 赫尔米克(Eli A. Helmick)少将(美国陆军军官学院 1888 届,后任陆军总监察长)对西点学员缺乏领导力训练感到担忧,他正确地指出:"这件事情的重要性没有引起人们的关注。"[187] 这种观点再次被时任院长弗雷德·温切斯特·斯莱登(Fred Winchester Sladen)少将(美国陆军军官学院 1890 届)和他的学员团司令默奇·布拉特·斯图尔特(Merch Bradt Stewart)上校(美国陆军军官学院 1896 届)提出,即学院开设课程过多,无法实施正规的领导力课程,后者目前是用学员团司令"讲话"代替的。然而,赫尔米克和马歇尔对此都不满意。他们想要的是一门"精心准备的课程",内容是"如何与年轻的美国人相处……如何赢得他们的忠诚并确保他们认真而充满活力的合作……如何在战斗中激励他们,特别是如何在疲劳、伤亡和敌方顽抗的情况下保持进攻和进取精神"。直到第二次世界大战以后这门课程才成为现实。

在美国陆军人员中进行的社会心理学调查表明，士兵与军官之间的关系非常糟糕。调查学者的建议之一是，学员和军官候补生应当接受"指挥责任、人事管理和人际关系方面的更全面的教育"[188]。

马歇尔以其标志性的坦率总结了自己对西点领导力培训的看法："到目前为止，我认为，除了教会学员如何发号施令、看起来坚定无情以外，他们几乎什么也没做。这一点，我相信一直是西点的一个弱点。学员在很大程度上不得不从对'新生'执行纪律的过程中学习如何领导和指挥的知识……这种体制的后果在我国军队的管理过程中得到了体现，军官……没有发掘我们美国年轻人的潜力，而且经常招致长久的敌意。"[189] 这将困扰毕业学员——但对那些受他们指挥的人更是如此——他们学会了"与事物而不是与人打交道"[190]。马歇尔的观点呼应了雷蒙德·B. 福斯迪克（Raymond B. Fosdick）在第一次世界大战后向陆军部长提交的一份报告。在那份报告中，福斯迪克断言，正规军官领导力糟糕的情况"非常普遍"，并给美国远征军的军人们带来了许多痛苦。[191] 福斯迪克正确地指出："在我们的军官选拔和培训体制中一定存在某种根本性的错误。"[192]

有些根本性错误很难改正。在马歇尔提出批评十一年后，情况没有发生丝毫改变。马歇尔在写给爱德华·克罗夫特（Edward Croft）少将的一封信中指出："实话实说，我对那些西点毕业后直接过来报到的年轻中尉的能力不足——如果还不算太糟的话——感到震惊。"[193] 一年以后，马歇尔甚至向 1937 年起就担任弗吉尼亚军事学院院长的查尔斯·基尔伯恩（Charles Kilbourne）少将建议，西点应该偶尔让一名弗吉尼亚军事学院毕业学员担任院长，反之亦然,特别是在能够发现优秀领导者的情况下。[194] 马歇尔收到的回答表明对方受到了惊吓,这也再次显示他又一次超越了所处的时代——他合理的建议简直成了一种亵渎神明的行为。

甚至在1976年,与以往大多数委员会一样,仍有某个委员会批评高级教员能力不平衡,并建议学院下定决心,到底是要"培养作战领导者",还是要"为军队各个兵种提供基础教育"。[195]

1917年以前制服上没有任何军衔标志的新任少尉在离开美国陆军军官学院时具有两种截然不同的积极特征。他们中的许多人身体非常健康,是真正的运动狂人。[196] 在第二次世界大战——虽然他们此时已经不再年轻——的激烈的战役中,这将是一个不可估量的优势。在漫长的西点生活中他们也有机会了解自己的同侪,认识自己的学长学弟,这样在今后面临军衔和职务遴选的时候,几乎很少碰到止步不前的情形。[197]

但是,这些优势很难证明一个缺少军事教学的、过时的教育体系的合理性。下一章,我们将研究大洋彼岸的德国军校学员如何生存。

注　释

1. 斯科菲尔德在1876年至1881年期间是美国陆军军官学院的院长。他对学校里的暴行和仇恨感到厌恶,于1879年8月11日对学员团发表了讲话。然而,他精心打磨的演讲却是白费口舌,因为在此后几年里，这种欺凌甚至更为加重。西点军校的高年级学员要求新生把斯科菲尔德的一些话作为"新生便便"的一部分背下来，显然他们没有正确理解和欣赏这些话，这可谓是一个历史性的悖论。

2. Charles E. Woodruff, "The Nervous Exhaustion due to West Point Training," *American Medicine* 1, no. 12 (1922): 558.

3. 德国学员的回忆录和德国国防军军官的自传在此完全一致。

4. Roger H. Nye, "The United States Military Academy in an Era of Educational Reform, 1900–1925" (Ph.D.diss., Columbia University, 1968), 145. 这项研究的题目并不合适。其中很大一部分是关于扩大西点军校的学员团和体育项目。大多数资料来源是西点军校内部或官方文件和条例。但明显缺少学员的观点。然而，这项研究在第二部分变得深入和有针对性。作为西点军校1946届学员，奈和许多学院毕业生一样，在母校问题上没有做到真正的批判性。作者于1954年至1957年在西点军校任教，1961年至1970年在社会科学系担任教员。然后他转到了历史系，在那里他一直担任系副主任直到1975年。试比较奈（Nye）的经典著作：Roger H. Nye, *The Patton Mind: The Professional Development of an Extraordinary Leader* (Garden City Park, New York: Avery, 1993).

5. Harold E. Raugh, Jr., "Command on the Western Front: Perspectives of American Officers," *Stand To*! 18 (Dec. 1986): 12.

6. Edward S. Holden, "The Library of the United States Military Academy, 1777–1906," *Army and Navy Life* (June 1906). 西点军校的前高级图书管理员霍尔顿（美国陆军军官学院1870届）将西点军校的建立定为1781年。据霍尔顿的观点，命令是乔治·华盛顿签发的。

第二章 绝非"袍泽兄弟":西点美国陆军军官学院的学员

7. Mott, Twenty Years, 29.

8. Hofmann, *Through Mobility We Conquer*, 45. 此处引用了一位陆战队军官的观点,他将腓特烈的作战风格与第一次世界大战中使用的战术进行了对比。

9. 在2005年西点军校军事历史夏季研讨会上,我有幸参加了一次参谋乘车作业,前往西点周围的防御工事,这一事实引起了我的注意。防御工事和具有平民意识的工程师的问题,以及与实况调查团成员的互动,都是在当代原始资料的基础上,在角色扮演过程中暴露出来的。西点军校的现任和前任军官以及研讨会的成员使之重新呈现。这对于军事史研究非常有益。感谢美国陆军军官学院历史系的邀请,感谢所有使研讨会取得成功的人。

10. Higginbotham, "Military Education before West Point," 39.

11. 有人认为,西点军校的成立也是为了确保有共和党头脑的军官会在军队中占据多数,尽管在这里深入讨论这一点未免离题太远。然而,无论是学员选拔过程还是学校的课程都不支持这一观点。许多南方出身的西点学员离开军队为叛军而战,也表明学校在这方面的教育至少失败了,但很可能根本不存在什么共和党的教育。McDonald, ed. *Thomas Jefferson's Military Academy: Founding West Point*. 参见 James L. Morrison, "The Struggle between Sectionalism and Nationalism at Ante-Bellum West Point, 1830–1861," in *The Military and Society: A Collection of Essays*, ed. Peter Karsten (New York: Garland, 1998)。

12. Nye, "Era of Educational Reform," 39. 有关课程安排和课程的细节,请参见奈的研究的附录。

13. William B. Skelton, *An American Profession of Arms: The Army Officer Corps, 1784–1861* (Lawrence: University Press of Kansas, 1992), 399.

14. Robert S. Norris, "Leslie R. Groves, West Point and the Atomic Bomb," in *West Point: Two Centuries and Beyond*, ed. Lance A. Betros (Abilene, Texas: McWhiney Foundation Press, 2004), 107.

15. Nye, "Era of Educational Reform," 30. 参见奈的研究的第一章中关于如何讲授"精神自律"的探讨。

16. 同上，35。

17. 然而，对于第二次布匿战争、七年战争、拿破仑战争和美国内战中的某些战役有一些"考虑"：Doughty and Crackel, "History at West Point," 399。罗杰·奈在他的研究中声称，军事历史作为一门学科是在20世纪20年代初引入的，但是在他列出课程的附录中，无法找到这一主题。参见 Nye, "Era of Educational Reform," 344, 380。

18. Douglas MacArthur, *Reminiscences* (New York: McGraw-Hill, 1964), 70. 有趣的是，在麦克阿瑟426页的自传中，关于其担任院长阶段情况的记述不到7页。

19. Coffman, *The Regulars*, 226.

20. Nye, "Era of Educational Reform," 271.

21. William Addleman Ganoe, *MacArthur Close-Up: Much Then and Some Now* (New York: Vantage, 1962), 35.

22. Donald B. Connelly, "The Rocky Road to Reform: John M. Schofield at West Point, 1876–1881," in *West Point: Two Centuries and*

Beyond, ed. Lance A. Betros (Abilene, Texas: McWhiney Foundation Press, 2004), 173. 关于此后同样的抗争年代，可见 Brian McAllister Linn, "Challenge and Change: West Point and the Cold War," in *West Point: Two Centuries and Beyond*, ed. Lance A. Betros (Abilene, Texas: McWhiney Foundation Press, 2004), 223–226。

23. 另一种不同的观点出现在 Nye, "Era of Educational Reform," 65。然而，作者的论点并不令人信服，因为在其他情况下，陆军部长或美国总统本人通过他们的命令改变了情况。

24. Mott, *Twenty Years*, 37.

25. *Annual Report of the Superintendent of the United States Military Academy*, (West Point, New York: USMA Press, 1914), 39. 这份报告列出了西点军校发生的几乎所有事件，包括牙医修补的坏牙数量。这是美国军队官僚主义的典型体现。

26. Clark, *Calculated Risk*, 24.

27. Bradford Grethen Chynoweth, *Bellamy Park: Memoirs* (Hicksville, New York: Exposition Press, 1975), 50.

28. Elizabeth D. Samet, "Great Men and Embryo-Caesars: John Adams, Thomas Jefferson, and the Figure in Arms," in *Thomas Jefferson's Military Academy: Founding West Point*, ed. Robert M. S. McDonald (Charlottesville: University of Virginia, 2004), 85.

29. Ewing E. Booth, *My Observations and Experiences in the United States Army* (Los Angeles: n.p., 1944), 94. 布思（Booth）是莱文沃斯学校1904届参谋班的一员，很快就要成为这所学校的教员。当接到设计和建造一座桥的命令时，他求助于至少两位西点军校

毕业生，但他们帮不上忙。最终布思还是完成了任务。也可参见 Brown, *Social Attitudes*, 371。

30. Nye, "Era of Educational Reform," 321–322. 这些数字甚至被一位挑剔的军官发布出来：Joseph P. Sanger, "The West Point Military Academy—Shall Its Curriculum Be Changed as a Necessary Preparation for War?," *Journal of Military Institution* 60 (1917): 128。

31. Nye, "Era of Educational Reform," 19.

32. Patricia B. Genung, "Teaching Foreign Languages at West Point," in *West Point: Two Centuries and Beyond*, ed. Lance A. Betros (Abilene, Texas: McWhiney Foundation Press, 2004), 517.

33. 同上。关于西点资深教职员工构成，在奈的《教育改革的时代》（*Era of Educational Reform*）第233页中引用的课程改革总体委员会的一封信中有不同的说法。

34. Richard C. U'Ren, *Ivory Fortress: A Psychiatrist Looks at West Point* (Indianapolis: Bobbs-Merrill, 1974), 134–137. 作者于1970—1972年在西点军校担任精神科医生。作为一份非常平衡和谨慎的记录，他的著作在一堆美化或谴责美国陆军学院的文学作品中脱颖而出。关于同一问题的证据，也可参见乔治·S.巴顿、亨利·H.阿诺德和克莱顿·艾布拉姆斯的传记小品，这些人读书时的学术记录都很平庸，但都被认为是杰出的领导者。陆军参谋长对这个问题进行了研究，在对领导力的思考中得出了同样的结论，参见 *Some Reflections on the Subject of Leadership:Speech by General Mawell D. Taylor before the Corps of Cadets of The Citadel, January 21,1956*, James A. Van Fleet Papers, Box 19, Folder Correspondence General, Taylor,

第二章 绝非"袍泽兄弟":西点美国陆军军官学院的学员

Maxwell D., 1955–1959, George. C. Marshall Library, Lexington, Virginia.

35. 转引自 Norris, "Leslie R. Groves," 120。关于阶级地位和后来取得的高级军衔之间的联系,相关证据是由某位西点人准备的。

36. H. R. McMaster, *Dereliction of Duty: Lyndon Johnson, Robert McNamara, the Joint Chiefs of Staff, and the Lies That Led to Vietnam* (New York: HarperCollins, 1997). 麦克马斯特(McMaster)用他的著作引发了一场讨论,并对当时的最高武装力量领导人进行了严厉批评。尽管拥有历史学博士学位,并在沙漠风暴和伊拉克自由行动中有着出色的战斗记录,但他在最近两次被提名晋升准将时都未获通过,这反过来引发了一场讨论,即今天的将军选拔过程是否不像越南时代那样有缺陷:Paul Yingling, "A Failure in Generalship," *Armed Forces Journal* (May 2007). Fred Kaplan, "Challenging the Generals," *New York Times Magazine*, August 26, 2007。

37. Chynoweth, Bellamy Park, 55; Dik Alan Daso, "Henry. H. Arnold at West Point, 1903–1907," in *West Point: Two Centuries and Beyond*, ed. Lance A. Betros (Abilene, Texas: McWhiney Foundation Press, 2004), 76.

38. *Regulations for the United States Military Academy* (Washington, D.C.: U.S. Government Printing Office, 1916), 24.

39. 相关详情请参见 Sanger, "The West Point Military Academy," 123–124. 桑格(Sanger)是一位在美军服役 50 年的少将。1861 年他在密歇根州第一步兵团获得委任,后来在正规军获得了中尉职位。作为一名少校,他陪同埃默里·厄普顿参观了欧洲的军事院校，因此对军事教育系统有着充分的认识。他的文章对西点军校非常重要。他提议的改革将导致西点变成德国的战争学校。

40. *Official Register of the Officers and Cadets of the U.S. Military Academy* (West Point, New York: USMA Press, 1905), 33.

41. Holley, "Training and Educating Pre-World War I United States Army Officers," 27.

42. Chynoweth, Bellamy Park, 53.

43. Sanger, "The West Point Military Academy," 128.

44. Nye, "Era of Educational Reform," 98. 有关顺利通过美国陆军军官学院入学考试所需知识的详细概述，请参见 *Official Register of the Officers and Cadets of the U.S. Military Academy*, 33–40。

45. 麦克阿瑟的改革在 Nye, "Era of Educational Reform," 302–320 中有详细介绍。下一章将介绍尚未解决的问题。另见 Ganoe, *MacArthur Close-Up*。加诺是麦克阿瑟在西点军校时的参谋长。他的叙述和罗伯特·M. 丹福德少将（他是麦克阿瑟的学员团司令官）的叙述是麦克阿瑟担任院长期间唯一存在的"特写镜头"。加诺是一个从"老"西点圈到新麦克阿瑟方法的皈依者。他显然崇拜年轻的"头儿"，然而，在描述自己的思想变化时他却异常坦率。

46. William E. Simons, ed. *Professional Military Education in the United States: A Historical Dictionary* (Westport, Connecticut: Greenwood, 2000), 181.

47. Ganoe, *MacArthur Close-Up*, 113.

48. John S. D. Eisenhower, *Strictly Personal* (New York: Doubleday, 1974), 37.

49. 威廉·斯凯尔顿暗示，内战后欺凌可能更严重："Old Army" Lecture, West Point Summer Seminar in Military History, June 7, 2005, author's notes; Walter Scott Dillard, "The United States Military Academy, 1865-1900: The Uncertain Years" (Ph.D. diss., University of Washington, 1972), 292. 迪拉德（Dillard），美国陆军军官学院1961届毕业生，同意这一点。他曾在1969—1972年在西点历史系担任教员。

50. Dillard, 90–92.

51. Crackel, *West Point: A Bicentennial History*, 86–88.

52. 同上。用于对院长们的简要介绍。

53. Leslie Anders, *Gentle Knight: The Life and Times of Major General Edwin Forrest Harding* (Kent, Ohio: Kent State University Press, 1985), 3. 作者还推测，"缺乏全面的校内体育运动计划"是施虐的一个原因。然而，即使此后有了这样的体育计划，欺凌并没有减少。我很感激爱德华·科夫曼把这本书指给我看。

54. David R. Alexander III, "Hazing: The Formative Years," (research paper submitted to the faculty of the United States Military Academy, History Department, West Point, New York, 1994), 19.

55. 同上，18。从1850年到1859年，是28.5%；从1860年到1865年，是7.6%；从1866年到1869年，是22.2%；从1870年到1879年，是44.8%。

56. Philip W. Leon, *Bullies and Cowards: The West Point Hazing Scandal, 1898–1901,* Contributions in Military Studies (Westport, Conneticut: Greenwood Press, 2000). 利昂（Leon）只处理了这一件事。作为西点军校1987年至1990年的校长高级顾问，作者对这

起丑闻的评价是否具有足够的批判性，评论家对此存有争议。另见 Dillard, "The Uncertain Years," 89–95, 292–340。迪拉德概述了西点在前一百年中的欺凌现象。他从保存在西点图书馆特别收藏和档案室的学员日记中提取信息。Alexander, "Hazing: The Formative Years." 凭借有限的资料来源论述了欺凌的起源。

57. Gordon S. Wood, *The Radicalism of the American Revolution* (New York: Knopf, 1992), 21; Dillard, "The Uncertain Years," 89–91. 作者也看到了在民间教育机构中欺凌的根源。为了研究，他调查了几所民间高校。

58. Samet, "Great Men," 91.

59. Pat Conroy, *The Lords of Discipline* (Toronto: Bantam, 1982), 62.

60. Pat Conroy, *My Losing Season* (New York: Doubleday, 2002). 康罗伊（Conroy）认为，欺凌加剧的原因是朝鲜战争。据称，美国士兵没有很好地承受住共产党的折磨。康罗伊研究过的军事要塞学院里可怕的新学员制度的罪魁祸首是马克·韦恩·克拉克（美军陆军军官学院1917届），他从军队退休后在军事要塞学院当了12年的院长。克拉克在"二战"期间已经表现出缺乏判断力和领导力。

61. David Ralph Hughes, *Ike at West Point* (Poughkeepsie, New York: Wayne Co., 1958), 4.

62. *Monk Dickson West Point Diary*, Benjamin Abbott Dickson Papers, Box 1, Folder Dickson Family Papers, West Point Library Special Archives, West Point, New York. The entry is from somewhere in the first half of September 1917. 作为第一集团军的G-2军官，迪克森以预言德国在阿登的反击（被称为"突出部之战"）而闻名。

第二章 绝非"袍泽兄弟":西点美国陆军军官学院的学员

1944 年 12 月 10 日,他传奇的第 37 号 G-2 情报预测被他的上级压下了,他们不希望在据信已经被打败的德国国防军逃跑的时候提交这样一份悲观的报告。结果是灾难性的,在迪克森提交他的判断后仅仅六天德国就发动了攻击。

63. 同上,1。entry from September 18, 1917。

64. *Letter from Benjamin Abbot Dickson to the Commanding General Philippine Department*, May 8, 1920, Monk Dickson Papers, Box 2, West Point Library Special Archives, West Point, New York.

65. *Regulations for the United States Military Academy*, 48–50; Klaus Schmitz, *Militärische Jugenderziehung: Preußische Kadettenhäuser und Nationalpolitische Erziehungsanstalten zwischen 1807 und 1936* (Köln: Böhlau, 1997), 137.

66. Craig M. Mullaney, *The Unforgiving Minute: A Soldier's Education* (New York: Penguin, 2009), 39. 许多欺凌手段在高年级学员看来是永恒的乐趣。马拉尼(Mullaney)(美国陆军军官学院 2000 届)在他的新生之年遭受了这种痛苦。更多关于西点军校最新的欺凌和教育的细节,请参见他的书的第一部分。

67. 同上,20。

68. 曾经在军事院校就读的作者们关于各种欺凌行为的描述,可参见 Jamie Mardis, *Memos of a West Point Cadet* (New York: McKay, 1976); Red Reeder, *West Point Plebe* (Boston: Little, Brown & Company, 1955)。拉塞尔·波特·瑞德·里德(美国陆军军官学院 1926 届),在西点军校"学习"了 6 年而不是 4 年,因为对他来说,体育总是先于其他学术义务,因此他不得不重复修课。他在诺曼底指挥第 12 步兵师时赢得了杰出十字勋章，受了重伤，失去了一条腿。1946 年，时任西点军校院长、前第 101 空降师杰出指挥官麦克斯韦·泰勒将军授权里德在西点建立急需的领导力中心。里德退休后继续与西点军校保持密切联系，并负责为西点军校图书馆的特别档案馆收集奥迪·墨菲收藏。康罗伊 1967 年毕业于南卡罗来纳州查尔斯顿的军事要塞学院。他在其著名小说的前言中说，"他采访了西点军校、安纳波利斯海军军官学院、空军军官学院、弗吉尼亚军事学院、军事要塞学院和几十所军事学校的人……所有这些学校都有一个共同点，但每一所学校都是独一无二的，都有自己受到严格保护的身份。这是在美国发展起来的军事学校……"另见他的自传：Conroy, *My Losing Season*。该书更详细地描述了欺凌现象。在美国所有的军事院校里，基本相同的一点就是欺凌制度的存在。

69. Conroy, *My Losing Season*, 123.

70. Matthew B. Ridgway, *Soldier: The Memoirs of Matthew B. Ridgway* (New York: Harper & Brothers, 1956), 23.

71. 同上，23。

72. Reeder, *West Point Plebe*, 77.

73. Alexander, "Hazing: The Formative Years," 16.

74. Larry I. Bland and Sharon R. Ritenour, eds., *The Papers of George Catlett Marshall: "The Soldierly Spirit,"* December 1880–June 1939, 6 vols., (Baltimore: Johns Hopkins University Press, 1981), 1:9.

75. Pogue, *Education of a General*, 44.

76. 同上，64。令人惊讶的是，按照西点军校形象建立的其他军事院校都是它的克隆。这些学校的学员们同样面临狭隘的思想、残酷的欺凌,同样缺乏一支受过教育的现代化教员队伍。关于菲律宾军事学院的记述见 Alfred W. McCoy, "'Same Banana': Hazing and Honor at the Philippine Military Academy," in *The Military and Society: A Collection of Essays*, ed. Peter Karsten (New York: Garland, 1998), 101–103.

77. Carlo D'Este, "General George S. Patton, Jr., at West Point, 1904–1909," in *West Point: Two Centuries and Beyond*, ed. Lance A. Betros (Abilene, Texas: McWhiney Foundation Press, 2004), 60–61.

78. Connelly, "Rocky Road," 175.

79. Conroy, *Discipline*, 73.

80. U'Ren, *Ivory Fortress*, 97.

81. Conroy, *Discipline*, 66–67, 162.

82. Reeder, *West Point Plebe*, 245.

83. Trese A. LaCamera, "Hazing: A Tradition too Deep to Abolish," (research paper submitted to the faculty of the United States Military Academy, History Department, West Point, New York: 1995), 12–13. LaCamera states that "hazing still continues to be an issue into the 1990s." Ganoe, *MacArthur Close-Up*, 106.

84. Nye, "Era of Educational Reform," 145.

85. Muth, *Flucht aus dem militärischen Alltag*, 25. 在腓特烈大帝年事已高,心怀不满的那些年里,他碰巧在一封私人信件中告诉一位团长,要他给一位"傲慢的"少尉一顿"Fuchteln"。"Fuchteln"是一种用剑的平刃打屁股的动作。然而,旧普鲁士军队的常规是,军官不应受到体罚。腓特烈大帝的统治被命名为"矛盾王国"是有充分理由的：Theodor Schieder, *Friedrich der Große: Ein Königtum der Widersprüche* (Frankfurt a. M.: Propyläen, 1983)。

86. Muth, *Flucht aus dem militärischen Alltag*, 92–93.

87. Conroy, *Discipline*, 96.

88. Reeder, *West Point Plebe*, 63.

89. Eisenhower, *Strictly Personal*, 49–50.

90. Ganoe, *MacArthur Close-Up*, 120.

91. Conroy, *Discipline*, 96; Reeder, *West Point Plebe*, 73, 122.

92. Nye, "Era of Educational Reform," 163.

93. Dillard, "The Uncertain Years," 79.

94. Linn, "Challenge and Change," 234.

95. Richard G. Davies, *Carl A. Spaatz and the Air War in Europe* (Washington, D.C.: Center for Air Force History, 1993), 4.

96. Chynoweth, *Bellamy Park*, 50. 另一个例子是刘易斯·B."切斯蒂"·普勒（Lewis B. "Chesty" Puller），他在入学第一年就离开了弗吉尼亚军事学院，作为一名列兵加入海军陆战队。他成了海军陆战队历史上最受尊敬的海军陆战队员，并以中将军衔退休。

97. Ganoe, *MacArthur Close-Up*, 116.

98. Nye, "Era of Educational Reform," 260.

99. Ganoe, *MacArthur Close-Up*, 15. 蒂尔曼一再避免西点军校课程现代化的尝试。在他看来，化学和地质学是未来军官最重要的学习科目。

100. Lewis Sorley, "Principled Leadership: Creighton Williams Abrams, Class of 1936," in *West Point: Two Centuries and Beyond*, ed.

Lance A. Betros (Abilene, Texas: McWhiney Foundation Press, 2004), 124.

101. Sanger, "The West Point Military Academy," 121–122, 127–129.

102. 同上。, 128.

103. 在1971届学员中，30%的人表示在兽营期间的"不愉快经历"使他们"决定不会继续从事军事生涯"：U'Ren, Ivory Fortress, 28。

104. Eisenhower, *Strictly Personal*, 36; Ganoe, *MacArthur Close-Up*, 124.

105. Norris, "Leslie R. Groves," 37. 这句话是准将威廉·W. 福特（William W. Ford）退休几十年后写的，他是1918年的一名新生。毫不奇怪，他只是重复了一位西点教员所说的话，这位教员曾谈到"污染杂质"：Charles W. Larned, "West Point and Higher Education," *Army and Navy Life and The United Service* 8, no. 12 (1906): 18。查尔斯·威廉·拉尼德上校（美国陆军军官学院1870届）成为当时在西点军校设立足球项目的反对者，他被认为是过时教育体系的鼓吹者，并撰写了有关西点军校的"精修"报告和文章《西点的天才们》（The Genius of West Point）等。他是西点军校的高级绘图教授，在那里任教35年。显然，像他这样的资深教员能够发挥相当大的影响力。

106. Sorley, "Leadership," 123.

107. 同上。

108. Conroy, *Discipline*, 33.

109. 1988年，美国陆军军官学院教职员试图"限制""欺凌"一词的使用。Alexander, "Hazing: The Formative Years," 2.

110. Conroy, *Discipline*, 172.

111. Nye, "Era of Educational Reform," 147.

112. Ganoe, *MacArthur Close-Up*, 36.; Nye, "Era of Educational Reform," 148–172. 这里可以找到好几起欺凌、丑闻、未遂的惩罚和惩戒事件，其中包括作者给出的一个极为勉强的借口，即西点的管理人员太少，无法恰当地监管学员。

113. 自 1976 年以来，西点军校被迫根据总统指示招收女学员。她们遭受的恶劣待遇和欺凌是另一个悲哀的故事，不过无法在此讨论。关于女学员必须忍受的可怕行为的总结，见 Lance Janda, "The Crucible of Duty: West Point, Women, and Social Change," in *West Point: Two Centuries and Beyond*, ed. Lance A. Betros (Abilene, Texas: McWhiney Foundation Press, 2004), 353–355. 整个故事见 Lance Janda, *Stronger than Custom: West Point and the Admission of Women* (Westport, Conneticut: Praeger, 2002)。很明显，在那些年里，会有相当多的男学员被委任为军官，而他们肯定不是绅士。一名战术军官（美国陆军军官学院 1985 届）从历史的角度对西点近 20 年来的努力进行了评判，见 Dave Jones, "Assessing the Effectiveness of "Project Athena": The 1976 Admission of Women to West Point" (research paper submitted to the faculty of the United States Military Academy, History Department, West Point, New York, 1995)。关于最近的发展，见 D'Ann Campbell, "The Spirit Run and Football Cordon: A Case Study of Female Cadets at the U.S. Military Academy," in *Forging the Sword: Selecting, Educating, and Training Cadets and Junior Officers in the Modern World*, ed. Elliot V. Converse (Chicago: Imprint Publications, 1998)。目前为止讨论过的其他军事学院——弗吉尼亚军事学院和军事要塞学院——在 20 年后

第二章 绝非"袍泽兄弟":西点美国陆军军官学院的学员

表现得更加尴尬。1995 年,舆论迫使军事要塞学院招收了第一位女学员,但一周内她就被学员团赶了出去。在一场声援前校友、现著名作家帕特·康罗伊的大规模竞选活动以及入伍人数的大幅下降之后,学院才不得不让步。弗吉尼亚军事学院甚至无视法庭要求其招收女学员的决定,但在国防部威胁如果该校继续以违宪的方式行事则会撤回资金后,也不得不屈服。这个故事参见以下文献 Philippa Strum, *Women in the Barracks: The VMI Case and Equal Rights* (Lawrence: University Press of Kansas, 2002)。

114. U'Ren, *Ivory Fortress*, xi–xiv; Ed Berger et al., "ROTC, My Lai and the Volunteer Army," in *The Military and Society: A Collection of Essays*, ed. Peter Karsten (New York: Garland, 1998), 150.

115. U'Ren, *Ivory Fortress*, 19.

116. 同上,53。

117. 美国海军学院的定义要严格得多,也不那么圆滑。不过,海军学院的新生们也受到了影响。参见 David Edwin Lebby, "Professional Socialization of the Naval Officer: The Effect of Plebe Year at the U.S. Naval Academy" (Ph.D. diss., University of Pennsylvania, 1970), 68–69. 遗憾的是,莱比(Lebby)的研究对这一现象批判程度不足。

118. Reeder, *West Point Plebe*, 23–24.

119. Mullaney, *The Unforgiving Minute*, 36.

120. *West Point Demerit Book, 27 April 1912–9 August 1916*, Norman D. Cota Papers, Box 5, Dwight D. Eisenhower Library, Abilene, Kansas. 这本书为四年级学员对低年级学员的记过提供了诸多可笑的理由。诺曼·"荷兰人"科塔(Norman "Dutch" Cota,美国陆军

军官学院 1917 届）负责撰写该书的最后一部分。作为第 29 步兵师的副师长，他在 D 日随第一波部队登陆诺曼底，在其领导下，部队打破了诺曼底海滩的僵局，他因此也声名鹊起。在那里，当他要求游骑兵团在海滩防御工事中带领部队冲锋时，他创造的那个著名的座右铭"游骑兵，作先锋"最终被游骑兵团采用。科塔是美国陆军中为数不多在战前策划并演习过大规模登陆作战的军官之一。当他以一种被认为不灵活的方式指挥第 28 步兵师时，他的声誉将在突起部战役中受到损害。当计划制作著名战争电影《最长的一天》时，20 世纪福克斯公司找到了科塔。他很长一段时间都不允许任何角色扮演他，但当罗伯特·米彻姆（Robert Mitchum）被选中扮演这个角色时，他终于做出了让步。

121. Holley, "Training and Educating Pre-World War I United States Army Officers," 27; *West Point Demerit Book, 27 April 1912 – 9 August 1916.*

122. Anders, *Gentle Knight*, 18.

123. Coffman, *The Regulars*, 176.

124. *Letter from James A. Van Fleet to J. Hardin Peterson, July 24, 1943*, James A. Van Fleet Papers, Box 42, Folder Postings—Fort Dix, New Jersey, Correspondence, July 1943, George C. Marshall Library, Lexington, Virginia.

125. Eisenhower, *Strictly Personal*, 36.

126. 同上, 39。

127. *Letter from Joe Lawton Collins to his son Joseph "Jerry" Easterbrook*, July 30, 1943, Joe Lawton Collins Papers, Box 2, Folder

201 File—Personal Letter File—1943 (4), Dwight D. Eisenhower Library, Abilene, Kansas.

128. Holley, "Training and Educating Pre-World War I United States Army Officers," 28.

129. Reeder, *West Point Plebe*, 131–132. 这种枯燥乏味的程序，以及对记忆数据的狂热关注，根源于不幸的"塞耶体系"：John Philip Lovell, "The Cadet Phase of the Professional Socialization of the West Pointer: Description, Analysis, and Theoretical Refinement" (Ph.D. diss., University of Wisconsin, 1962), 34–36, 49–50。这一次，洛弗尔的研究得到了美国陆军军官学院出人意料的大力支持。他本人就是西点军校1955届学员，这一点无疑起到了很大的帮助作用，同时也因为新学员制度在很大程度上没有被批判对待。他在其他方面开展的非常有趣的研究对职业社会化进行了相当宽泛的定义，涉及世界观问题，而不是军事思维和能力问题。因此，不直接适用于我的研究发现。

130. Brown, *Social Attitudes*, 21.

131. Ganoe, *MacArthur Close-Up*, 97.

132. Nye, "Era of Educational Reform," 40.

133. Coffman, *The Regulars*, 147. 辛普森将在"二战"中指挥第9军。

134. Jerome H. Parker IV, "Fox Conner and Dwight Eisenhower: Mentoring and Application," *Military Review* (July–August 2005): 93.

135. Miles, *Fallen Leaves*, 179.

136. 同上。

137. Collins, *Lightning Joe*, 43.

138. 同上。

139. 同上。

140. Ridgway, *Soldier*, 32.

141. Miles, *Fallen Leaves*, 7. 迈尔斯引用了时任上尉的 J. 富兰克林·贝尔的原话，他之后升任陆军参谋长。贝尔就美西战争发表了这番言论。

142. "'Splendid, wonderful' says Joffre admiring the West Point cadets," *New York Times*, May 12, 1917; Ridgway, *Soldier*, 33. 第一次世界大战中凡尔登的救星亨利·菲利普·贝当（Henri Philippe Pétain）在 1931 年 10 月 25 日访问西点军校后，私下里比他的前任霞飞（Joffre）提出了更多的批评。他担心"这种单调的（西点军校的）教学必然会导致毕业生的思维陷入僵化，以至于丧失灵活性"。Mott, *Twenty Years*, 44.

143. Ridgway, *Soldier*, 33.

144. Genung, "Foreign Languages," 514–516.

145. Nye, "Era of Educational Reform,," 189.

146. Frank J. Walton, "The West Point Centennial: A Time for Healing," in *West Point: Two Centuries and Beyond*, ed. Lance A. Betros (Abilene, Texas: McWhiney Foundation Press, 2004), 209.

147. Miles, *Fallen Leaves*, 168.

148. Monk Dickson West Point Diary. Entry from Sept. 21, 1917. 哈罗德·伍德·亨特利（Harold Wood Huntley）（美国陆军军官学院 1906 届）被列为西点军校 1910 年至 1912 年的数学教员。然而，

由于只有一位亨特利是数学教员，迪克森显然是对的，而毕业生的登记是错的。参见 *Biographical Register of the United States Military Academy: The Classes, 1802–1926*. (West Point, New York: West Point Association of Graduates, 2002), 92。

149. Anders, *Gentle Knight*, 11. 这一描述源于埃德温·福里斯特·哈丁（Edwin Forrest Harding），他是乔治·S. 巴顿的同学，1909 年毕业，后晋升为少将。

150. Holley, "Training and Educating Pre-World War I United States Army Officers," 30.

151. Nye, "Era of Educational Reform," 52–53.

152. *Annual Report of the Superintendent of the United States Military Academy*, 4–5.

153. Ganoe, *MacArthur Close-Up*, 61–63, 95–97.

154. Anonymous, "Inbreeding at West Point," *Infantry Journal* 16 (1919): 341.

155. *Annual Report of the Superintendent of the United States Military Academy*, 4.

156. Walter Crosby Eells and Austin Carl Cleveland, "Faculty Inbreeding: Extent, Types and Trends in American Colleges and Universities," *Journal of Higher Education* 6, no. 5 (1935): 262.

157. 同上，262。"近亲繁殖"在本研究中被定义为聘用"从同一机构获得了至少一个学位的教师"。

158. Linn, "Challenge and Change," 246.

159. 同上。位于马里兰州安纳波利斯的美国海军学院同一时期在这方面做得更好。其拥有博士学位的教员数量是西点的三倍，近一半的教员至少拥有硕士学位。五年后，这些数字更是大幅上升。参见 Lebby, "Professional Socialization of the Naval Officer," 83。

160. Holden, "The Library of the United States Military Academy, 1777–1906," 46–47. 霍尔登（美国陆军军官学院 1870 届毕业生）就是这种近亲繁殖模式的另一个代表。

161. Norris, "Leslie R. Groves," 112.

162. Chynoweth, Bellamy Park, 70; Paul F. Braim, *The Will to Win: The Life of General James A. Van Fleet* (Annapolis, Maryland: Naval Institute Press, 2001), 15.

163. Chynoweth, *Bellamy Park*, 118.

164. Nye, "Era of Educational Reform," 108.

165. 同上，108–109。

166. Braim, *The Will to Win*, 14.

167. Eisenhower, *Strictly Personal*, 45–46.

168. Ronald P. Elrod, "The Cost of Educating a Cadet at West Point," (research paper submitted to the faculty of the United States Military Academy, History Department, West Point, New York, 1994), 9.

169. Eisenhower, *Strictly Personal*, 48.

170. 一个不同的观点来自 Skelton, *Profession of Arms*, 167。

171. Mott, *Twenty Years*, 30.

172. Nye, "Era of Educational Reform," 337.

173. 同上，336–337。

174. 这是一个古老的学员短语，"120"可以被任何年份所代替。

第二章 绝非"袍泽兄弟":西点美国陆军军官学院的学员

参见 Stokam, Lori A. "The Fourth Class System: 192 Years of Tradition Unhampered by Progress from Within" (research paper submitted to the faculty of the United States Military Academy, History Department, West Point, New York, 1994)。斯托卡姆(Stokam)的论文对"新学员制度"进行了毁灭性的批判,是一篇非常勇敢的文章。虽然被称为历史研究论文,她的工作也涉及"新学员制度"最近的变化,以及西点军校缺乏领导的问题。

175. Eisenhower, *Strictly Personal*, 98.

176. Eiler, *Mobilizing America*, 455–456.

177. Samuel A. Stouffer et al. , eds. *The American Soldier: Adjustment during Army Life*, 4 vols. , Studies in Social Psychology in World War II (Princeton, New Jersey: Princeton University Press, 1949), 1:56.

178. John Philip Lovell, "The Professional Socialization of the West Point Cadet," in *The New Military: Changing Patterns of Organization*, ed. Morris Janowitz (New York: Russell Sage Foundation, 1964), 135. 该数字涵盖1945—1960年。

179. *Letter from John Raaen to Phil Whitney, July 8, 1944*, Norman D. Cota Papers, Box 1, Folder Personal File Correspondence 1944–1954 (2),1, Dwight D. Eisenhower Library, Abilene, Kansas. 雷恩上尉(美国陆军军官学院1943届)在D日指挥一个游骑兵连,就在诺曼·"荷兰人"科塔(美国陆军军官学院1917届)旁边。雷恩在1945—1948年回到西点军校担任教员,多年之后以少将军衔退役。

180. Ridgway, *Soldier*, 300.

181. *Letter of William R. Smith to Floyd L. Parks, December 27, 1937*, Floyd L. Parks Papers, Box 4, Folder Correspondence 1913–165, Dwight D. Eisenhower Library, Abilene, Kansas. 史密斯（美国陆军军官学院 1892 届）当时是田纳西州西沃恩军事学院的院长，显然，他不是这所学校的改革推动者。1928 年至 1932 年他担任西点军校的院长。弗洛伊德·L."帕克西"·帕克斯（Floyd L. "Parksie" Parks）并未就读美国陆军军官学院，但他的哥哥莱曼 1917 年毕业于西点。

182. MacArthur, *Reminiscences*, 81.

183. Harry N. Kerns, "Cadet Problems," Mental Hygiene 7 (1923): 689. 克恩斯少校（Major Kerns）是西点军校最早的精神病医生之一。1923 年 6 月 20 日，在底特律举行的美国精神病协会第 79 次会议上，人们听到了他引人注目的演讲，因为西点军校一直在保护自己不受外界的影响。他坦率的——但往往是美化的——言论被认为非常重要，同时发表在《心理卫生》和《美国精神病学》杂志。有趣的是，克恩斯的一位继任者在 50 年后的许多想法都与之相呼应，这清楚地表明西点的变化是多么的微小。参见 U'Ren, Ivory Fortress, 134–140。

184. Kerns, "Cadet Problems," 696.

185. Nye, "Era of Educational Reform," 295.

186. Stouffer et al., eds. The American Soldier: Adjustment during Army Life, 381.

187. Bland and Ritenour, eds., "The Soldierly Spirit," 252.

188. Stouffer et al., eds. *The American Soldier: Adjustment during Army Life*, 380. 这本书的很大一部分是关于这个问题的。尤其见第

第二章 绝非"袍泽兄弟":西点美国陆军军官学院的学员

8章,"对领导力和社会控制的态度"。

189. Bland and Ritenour, eds., "The Soldierly Spirit."

190. Brown, *Social Attitudes*, 22.

191. 该报告转引自 Stouffer et al., eds. *The American Soldier: Adjustment during Army Life*, 381。与第一次世界大战中福斯迪克所注意到的领导力问题完全一样,第二次世界大战中社会学家也注意到了这些问题。

192. 同上,381。

193. Bland and Ritenour, eds., "The Soldierly Spirit," 455.

194. 同上,680。马歇尔推荐哈罗德·罗·"平克"·布尔(Harold Roe "Pink" Bull,美国陆军军官学院1914届)担任院长。布尔在第二次世界大战中成了艾森豪威尔盟国远征军最高统帅部的G-3(作战)军官并饱受批评。

195. Michael T. Boone, "The Academic Board and the Failure to Progress at the United States Military Academy" (research paper submitted to the faculty of the United States Military Academy, History Department, West Point, New York, 1994), 5.

196. 此外,在西点军校,身体健康的学员通常都更容易进步:Lloyd Otto Appleton, "The Relationship between Physical Ability and Success at the United States Military Academy" (Ph.D. diss., New York University, 1949)。

197. *Charles L. Bolté interviewed by Arthur J. Zoebelein*, undated, Senior Officers Oral History Program, U.S. Army Military History Institute, Carlisle, Pennsylvania; Ridgway, Soldier, 27.

143

第三章
"学习如何死亡":德国军校学员

你是来学习如何死亡的![1]
——某德国军官学校校长对新学员的讲话

通过军事院校获得免费教育的做法使得美国军官与德国军官截然不同。为了成为皇帝或魏玛共和国最优秀的军官,一个德国年轻人通常必须来自"具备军官能力的阶层"(*Offizier fähigen Schichten*)。一般来说,中高级官员、教授、整个贵族阶层以及现任或前任军官都属于这一阶层,他们的儿子填补了未来可能成为军队领导人的行列。那些缺乏这些特权背景但有志成为军官的人可以通过"技术"兵种来实现他们的目标,比如炮兵,自腓特烈大帝时代以来,炮兵就有欢迎那些出身"低微"的平民的传统。腓特烈完全承认由平民担任的军官也能表现出和那些出身贵族的军官一样的勇气。然而,他希望贵族的孩子有更强的动力不让自己家族尤其是他们的父辈蒙羞,这种观念他们自小就在学习。[2]这种激励在现代仍然存在于军官家庭中。[3]

从理论上讲,陆军和海军的高级司令部试图只从"有能力的阶层"招募军官。但是，军队扩张带来的对高素质人才需求的不断扩大，已经超出了这些阶层的能力。因此，许多加入军官团的人来自"平民"阶层。在许多上层人士看来，这种做法正在侵蚀确保德国军队高水平领导力的严格"标准"。[4] 1902年的一份报告危言耸听地宣称，那一年大约半数新任军官来自"产业工人家庭"，而过去这个圈子很少产生新任军官。[5] 第一次世界大战以后，在考虑过其他方面的多种因素后，陆军新任参谋长汉斯·冯·泽克特（Hans von Seeckt）的确恢复了"出身良好"这一条旧标准。[6] 在20世纪20年代末，几乎90%的正规军官来自"具备军官能力的阶层"，其中一半来自军官家庭，24%出身贵族。[7] 后者牢牢掌握着将官军衔，52%的将军来自"具备军官能力的阶层"。在第二次世界大战前夕，大规模的军队扩张意味着24000名军官中只有不到一半属于"具备军官能力的阶层"。尽管如此，那些来自显赫阶层的军官始终在将官和总参谋部军官中占据着主导地位。[8] 正规军官团的旧"标准"最终于1942年消失，但令人惊讶的是，在20世纪50年代新成立的联邦德国国防军的领导层中也出现了具有同样显赫背景的军官。

尽管德国注重社会背景，但年轻美国军官的平均教育水平远远低于德国军官。20世纪初的德国拥有世界上最好的教育体系之一。[9] 而西点教授的许多内容很多都出现在德国军官学校和法国圣西尔军事学院的入学考试中。[10]

年轻的德国军官候补生必须拥有高中或同等学历，这是德国大学入学的一般资格。它要求的知识远远超过美国高中在毕业时所要求的知识。

然而在普鲁士，重点仍然是"均衡"，因为许多来自贵族家庭

第三章 "学习如何死亡":德国军校学员

的高级军官害怕被受过良好教育的"屠夫的儿子"①超过。[11] 这种恐惧是毫无道理的,因为一定程度的教育——如下文所示——可以作为军官候补生接受考察并获得进入梦寐以求的军官团的机会的一项标准,但它绝不是最重要的标准。这种观点恰恰反映了当时德国一些贵族出身的高级军队领导人的心态。

在德国,严肃的军事教育可以在很早的时候开始,年轻人会被送到某所著名的学员军校。20世纪初,这些学校遍布德国各地,[12] 被称为"预科学校",因为它们最低可以接收10岁的男孩。然而,其中最重要的是位于柏林-里希特菲尔德(Lichterfelde)的高级军官学校,它接收14岁左右的孩子。[13] 只有高级军官学校允许学员毕业后直接成为少尉,在极少数情况下甚至可以被委任为中尉。

整个学员团的人数是2500人,其中一半位于柏林的主校区内。[14] 巨大的人数反映了义务兵役制军队随时准备开战的要求,学员总数据信占整个普鲁士陆军军官人数的15%,1890年人数为16646人,而到了1914年就增长到了22112人。[15] 而在西点军校,1911至1919届毕业生的平均人数是140人,因此学员团的平均人数为560人,而且不要忘了,军官学校只是德国军官团的补充途径之一。

由于被视作军国主义滋生地,根据《凡尔赛条约》,军官学校于1920年被解散。但对这些机构进行考察非常重要,因为绝大多数最著名的德国指挥官都毕业于这些军事院校。[16] 1914年一半的德国将领和将近50%在"二战"期间获得陆军元帅军衔的来自普鲁士的军官都是军官学校的毕业生。[17] 有趣的是,尽管它们对未来军

---

① 指平民之子。——译者注

147

官的社会化非常重要,但在有关德国军官团的大量文献和史料中却被忽视了。[18]

虽然美国也有军事院校,但它们的影响力远不及德国官方的军官学校。早在 10 岁的时候,(德国的)男孩们就会被送到预科学校,在那里他们将开始严格的军事生活,然后被送到高级军官学校,直至毕业。

一个常被问到的问题是,为什么会有预科学校,为什么学员没有被立即送往高级军官学校。[19] 这种做法其实只是表明了在德国对未来的军官进行选拔和教育的极端重要性。预科学校使父母、任教军官和学员拥有充足的时间,以了解军队生活是否对学生和军队来说都是有利的。未来的领导者也可以被提前发现:"普鲁士学员团的主观评价体系以令人印象深刻的准确性确定了那些三年后将被选入高级军官学校的学员。"[20] 然而,让孩子在 14 岁或 15 岁之前就读平民学校,然后再送他去高级军官学校也是一个始终可行的选项。

军官学校开设的课程与真正的中学一样,其实也本应如此。[21] 通常,中学省略了可怕的古希腊语教学,并压缩了拉丁语课时。与美国军事院校的情况相反,德国军官学校的领导层及其教员积极参与了公开的现代化讨论。人们认识到学员的时间安排过满,因此,如果课程必须调整,那么仅靠增加越来越多的学时是无法完成的——而西点通常是这样做的。在现代化的辩论中,人们对学员负担过重表示关注。与美国不同的是,这种讨论并没有像在西点那样受到自私自利的教授们的阻挠,后者只想把自己学科的课时增加一倍,把同事的课时减少到原来的四分之一。[22] 结果,绘图减少了六个小时,自然科学三个小时,拉丁语三个小时,宗教两个小时。[23]

第三章 "学习如何死亡":德国军校学员

▲ 位于柏林-里希特菲尔德的高级军官学校(主校区)。该照片摄于1900至1910年之间。高级军官学校是大约1250名14—19岁学员的家。图片中央高大的圆顶建筑是顶部刻有大天使米迦勒雕像的教堂。与西点不同,高级军官学校毕业学员不能自动得到委任,而是必须首先在战争学校和某个团里证明自身的能力。(美国陆军军官学院图书馆档案提供)

149

此外，增加了两个小时的德语、五个小时的法语、三个小时的英语和四个小时的地理。此外，早在1890年，令人生畏的"需要背诵的内容"就被压缩了，以便在课堂上增加更多现代的内容。[24] 在视察员委员会提醒西点教员安排一名真正熟悉外语的教员，从而让西点军校毕业学员学会正确（使用外语）表达之前十年，（德国军官学校）就已经规定学员"从一开始就应受到鼓励和帮助，以便掌握如何实际使用"外国语言。[25] 在两次世界大战中，能够与法国和英美对手沟通的德国军官人数相对较多，这一点往往令后者大为惊讶，这说明语言项目取得了某些成功。学员的课程安排比文科中学的更加先进，但同时他们还要服从军队纪律和训练，而且运动和体育课程也比地方学校更多。[26]

把孩子送到上述学校的原因有三个。例如，埃里希·冯·曼施坦因的父母的主要目的，是尽早地引导他开启军事生涯，开始军队生活，因为他的生父、养父都获得了上将军衔，他的叔叔是陆军元帅保罗·冯·兴登堡。[27] 军事职业以外的其他职业对他来说是不可想象的。

对于那些长年驻扎不同地点的现役军官，其主要原因是为了确保孩子能够获得稳定的教育，这也许是海因茨·古德里安的父亲为他选择军官学校的主要原因，因为他们是寄宿学校，孩子们的教育环境完全相同，而父亲则可能在全德不同岗位之间轮换。

送孩子进入这些学校的第三个原因是，对于那些祖上没有军队服役史或军旅背景、但又希望孩子成为军官的父母而言，这样做可以为他铺平道路。[28] 在20世纪初的德国，军官职业被认为是最受尊敬的职业之一。[29]

但是，由于需要支付学费，父母们只有足够富有才能送自己的孩子就读上述军官学校。虽然有免费的名额和奖学金，但主要是分配给在服役期间成就突出，或是确有需要的现役或退役军官的孩子。[30] 由于后者的原因，自腓特烈大帝时代起，这些学校存在的另一目的就是发挥"慈善教育机构"的作用。[31]

（德国）军官学校和美国陆军军官学院之间的差异已经变得非常明显。这些孩子并未被看作"连男孩都不如"的人，而是被礼貌地用"您"而不是"你"来称呼：后者是留给地位较低的人和非朋友的平民学校的孩子们用的。甚至皇帝也经常用"先生们"来称呼他们。[32] 而且，高级军官学校的校长和军官都明白学员们还很年轻，所以如果抓住搞恶作剧的学员，都会对他们从轻发落。[33] 访问德国军官学校的美国军官注意到，学员既可以被视为学生，也可以被视为学员，这取决于具体环境。[34] 在上级榜样的影响下，学员们已经学会了在职责和战友关系之间出色地保持平衡。

学员拥有五套制服，最旧的一套用于日常穿着，第四套用于教堂活动，第三套用于休假，第二套用于检阅，第一套也是最好的一套则几乎从未穿过。[35] 虽然学员需要自己负责保持制服的干净整齐，但诸如擦鞋和铺床这样的家务都是由高级仆人完成的，后者通常是退役士兵，这样可以留出时间（供学员）学习和玩耍。学员们被特别提醒要尊重对待这些仆人，而这很可能影响了他们在获得委任后如何对待自己的士兵。[36] 教学由文职教师和军职教员共同完成，前者——作为军事院校的惯例——通常在学院的学员和军职人员中声誉很低，而后者通常受到很高的评价。[37]

按照普鲁士军队的惯例，学员可以绕过指挥链，直接向上级军官申诉,因此,如果遭到欺凌他们就能更好地应对。[38] 学员将这种申诉称为"petzen"或"schustern",这有可能毁掉发起投诉的学员的荣誉。[39] 然而,投诉一位上级(虽然拥有更大的权力而且可能掌握一些关系)并不会被认为是不光彩的,相反往往会取得成功。[40] 每位新学员都有一位被称作"巴伦鲁尔('熊的首领')"或"阿米('奶妈')"的个人导师,负责给新生介绍军官学校的规则和纪律,并保护其免受欺凌。整个体制的设置就是为了帮助年轻人应对问题而不是让他战战兢兢。这一体制从"奶妈"开始,贯穿更高年级,而且超越了学校的校长。

优秀的校长能够随时向学员们敞开大门。军官学校的校长也是如此。高级军官们会给学员诵读诗歌,或者引用沃尔特·斯科特(Walter Scott)爵士和詹姆斯·费尼莫尔·库珀(James Fenimore Cooper)的著作,或是给他们讲述战争故事。[41] 学员和校长之间有着不受高年级学员干扰的直接联系。而在西点,学员除了从远处见到院长外,很少能够见到院长本人。[42]

监护教员———一般为少尉,有时可能是中尉———通常受到学员们的高度尊敬,而出现在回忆录、文学作品和日记中的西点战术军官则毁誉参半。[43] 监护教员也需要讲授课程、在学员和上级之间发挥联系作用。因此,他们被学员视为战友而不仅是上级。[44] 高级司令部认识到监护教员的职位极其重要,因此其选拔也非常具有挑战性。

虽然我们在军官学校遇到的问题和在其他任何地方一样,许多男性少年被放在一起——遭到粗暴的对待和欺凌——但这里没有"兽营",没有诋毁性的"灌输体系",也没有被禁止实施的欺凌行为。⁴⁵ 所有骚扰年轻学员的人都将面临可能被军事教员惩罚、在全学员团面前丧失脸面的危险。⁴⁶ 甚至学员连指挥官给新生介绍情况过于简单也会马上引起其战友的不满，面对不公和懦弱他们敢于直言不讳。⁴⁷ 许多毕业学员都强调，他们在军官学校的时候没有遇到任何形式的欺凌；其他年级如果有任何这种行为的话，只能是在极为保密的情况下进行，以免被军官发现并遭到严惩。⁴⁸ 尽管关于19世纪50年代到90年代的残酷行为确实有据可查，但任何系统性的欺凌行为都在19世纪末和20世纪初被彻底消除。并非巧合的是，德军在同一时期还开始采用"任务式指挥"的概念——这一点下文将进行讨论——并引入了其他教育改革。一个更加灵活、更有创新性和创造力的新的军官形象出现了，任何形式的欺凌都与这样的军官的教育相背离。

虽然没有具体数字，但从军校学员的回忆录中可以看出，由于无法忍受军队纪律而逃离的男生显然非常少见。学员"逃学"可能会毁掉他的直接上级和学校校长的职业生涯，因此似乎确实非常罕见。⁴⁹

与西点军校形成鲜明对比的是，军官学校的高年级学员并没有因为身处高年级就自动获得比低年级学员优越的地位或指挥能力。⁵⁰ 仅有的几个指挥职位如学员连指挥官、士官、室长或指导学员都非常抢手，而且很容易丢掉。普通连队之外还有学员团，学校各年级被划分为五个道德等级（*Sittenklassen*）。⁵¹ 那些具有模范行为和良好成绩的学员可以提高道德等级，而那些品格或表现不良的学员则会下调等级。这种做法有三个主要优势，最重要的是可以获得额外的自由时间和更多前往剧院观剧的机会。⁵² 已经升至第一或

▲ 高级军官学校巨大操场的一角,学员第9连正在进行午间集合。与西点相比,这里的气氛轻松许多。原因之一是所有军官都会到场,因此高年级学员不可能实施欺凌行为。学员可以自由地向军官报告问题或情况。位于中间的军官负责管理收到的邮件。学员不允许收发女友的邮件。(联邦档案馆提供,图片编号 146-2007-0134)

第二道德等级的学员可以获得更多的周末假期甚至探亲访友的时间，也可以获得更多前往剧院的机会，那里有专门为学员保留的成排座位。[53] 第二个优点是尊重。由于能够得到额外假期，这样的学员将被战友们认为为人处世更加成熟，因为他们可以自由地在城里消遣。如果没有道德等级的提高，那么任何晋升都不可能，这是激励进步的第三个原因。而军衔越高，能够得到的国王津贴也就越高。[54]

而从较高的道德等级降至较低等级则意味着自由的减少和军衔的即刻丧失。第三等级被认为是每名学员开始时的平均等级；从这一等级开始意味着正常休假。低于这一等级的学员大部分时间都必须待在学校里，甚至在那里受到监督，制服上还要佩戴一个特殊标记。

与西点学员不同的是，所有德国学员都被划分为不同的道德等级。年长学员在这里没有优势，年轻学员也可以通过以身作则轻易地让高年级学员感到羞愧，而在美国陆军军官学院，年轻学员将一直受到年长学员的支配。在德国，年轻学员甚至可以获得比早其三年入学的学员更高的军衔，这也是不许欺凌新学员的另一个很好的理由。[55] 在军官学校，正确行为并不像在西点那样意味着免于惩罚，而是意味着获得奖励，这对青少年来说尤为重要。[56] 托马斯·本特利·莫特（Thomas Bentley Mott）（美国陆军军官学院1886届）对自己在军校学员团中的晋升感到满意，但他明确表示："再多的荣誉也无法驱走对年轻快乐和些许自由的渴望。"[57] 而正是这种梦寐以求的自由，在德国军官学校中是可以通过恰当的行为举止得到的。

另一个非常明显的区别是，在德国，没有人担心军校学员在探

▲ 1900 至 1910 年某个时候高级军官学校的地理课。德国军事院校的年级规模远小于美国同类院校。此外,年级设置常将学员的能力考虑在内。因此,学习能力较强的学员将与其他更优秀的学员编在一起,而需要更多时间的学员将与那些进度相同的学员编在一起。这种先进的教学方法在美国院校中闻所未闻。(联邦档案馆提供,图片编号 146-2007-0133)

望亲友期间会被平民生活"腐蚀"。探望亲友可以在节假日、休假和得到批准的时间内进行。然而，必须指出的是，20世纪初的德国社会与美国相比是完全"军事化"的。在德国，军队在许多方面被视为楷模。30年代初，随着社会军事化程度的提高，出现了一股"制服化浪潮"。[58]军事术语和表达方式非常常见，官员穿着制服，许多大型公司为雇员定制了类似制服的服装。1935年，在德国国会一次关于德国国防军制服的讨论中，希特勒的副官弗里德里希·霍巴赫（Friedrich Hoßbach）少校开玩笑地说"未来的军队应该穿着平民服装"，以便与社会上其他人"区别开来"。[59]

在最民主的社会之一，西点新生不受信任，无法随时离开学校，而比美国同行年轻五岁或以上的德国学员却可以得到定期休假和节假日。他们被告诫说，尽管他们还不是军官——大多数人甚至连 *Fahnenjunker*（有志成为军官候补生的人，低级下士）都不是——但他们每个人都代表着学员团的荣誉，这似乎比任何形式的压迫都有效。

但奇怪的是，这种信任在学员撰写家信时常常消失。虽然这些男孩通常被当作成年人对待，但在所有预科学校，他们的信件都会受到审查。[60]如果上级不喜欢信中的某些内容，他们会在原信上做出标记，并给收信人另写一份声明。

毕业和评分制度非常复杂。学员的"品格"和学术能力会得到相应分数。因此，一个在领导能力方面很优秀但在学术方面很弱的年轻人将有资格获得晋升，甚至可以比数学或法语成绩更好的人提前获得晋升。一位前学员写道，不应该忘记，他们最终要被培养成军官，而不是学者或艺术家。[61]

虽然对军官候补生的心理和品格评估是在其离开军官学校进入战争学校以后进行的,但由于学员在预科学校时已经进行过此类评估,在此对其进行探讨就更有意义。[62] 外国学者常常会一再误解德国所说的"品格"一词。它并非一个品格特征或习惯的列表,如 *Pflichterfullung*(责任)、*Gehorsam*(服从)、*Ehrgefuhl*(荣誉感)、*Selbststdndigkeit*(自力更生)、*Sparsamkeit*(节俭)、*Wahrheitsliebe*(热爱真理)、*Sauberkeit*(整洁)、*Ordnungsliebe*(秩序和战友情谊)。[63] 正如前面所指出的,它也与出身高贵或热爱皇帝无关。[64] 相反,它描述的是候补生在某些情况下的举止。就像德国国防军的心理学家一样,军官学校的高级军官努力去发现学员或候补生拥有的品格特征以及这些特征对其未来军官生涯如何发挥作用。[65] 他们寻找的并非什么"军官标准人选",而是能够以军官的方式运用个人品格特征,并能在战争和战役中取得成功的人。[66] 在所有能力中,最重要的是 *Willenskraft*——意志力——包括成为军官楷模的意志、在所受领的任何任务中取得成功的意志、表达自己观点的意志,以及在压力下保持稳定的意志。[67]

Verantwortungsbewußtsein——责任感——则是另一个方面,意味着清楚自己的行为对军官团和德国国防军的责任,以及在各种情况下永远保持军官的适当举止。同时它也意味着对所率部属具有的一种非常重要的责任感,能够在"危急时刻保持坚定的领导"与"像父亲照顾儿子那样照顾部属"之间保持适当的平衡,简而言之,成为一名合格的战友。最后一点非常重要的是,它还意味着努力学习本职、精进业务的责任。最后,候补生必须展现出 *kämpferisches Wesen*——战斗精神,无所畏惧,渴望战斗并一马当先,必要时甚

至无惧死亡。[68]

虽然与美国军官团一样,德国军官团主要由新教徒构成,但宗教信仰在军官品格塑造方面没有发挥任何作用。而在美国陆军,宗教信仰是一块基石。[69] 在德国,宗教话题很少出现在军官教育中,而新的美国陆军品格培养计划则与宗教信仰直接相关。

在德国,展示品格和以身作则的意义相同。在一般情况下——特别是在运动战中——必须身先士卒,这是军官学校教给孩子们的信条。甚至连10岁的学员都被军官学校校长告知,他们在那里是为了学习如何死亡,这种在战场上英勇牺牲的精神深深植根于德国军官团之中。[70]

当小学员恩斯特·冯·萨洛蒙(Ernst von Salomon)问他当时15岁的哥哥,他能想象的发生在他身上的最好的事情是什么的时候,哥哥这样回答:"最棒的事情,就是作为一名20岁的中尉战死在巴黎城外的战壕里。"[71]

当一位老军官听到他的长子在普法战争的圣普里怀特战役中负伤身亡的消息后,他的回答准确地体现了"品格"这个词:"青年们非常值得羡慕。对军官来说,没有比这更美的死亡方式了。"[72]

德国的将军、有时甚至陆军元帅都会出现在前线,在最关键的时刻发挥领导作用。而在美国陆军,士兵们如果在前线看到师长肯定会大吃一惊,他们甚至不认识自己的营长,因为后者从来没有出现过。[73] 一个例子是1944年初对某个老兵居多的美军作战师进行的调研。大约一半的士兵认为没有做好重返战场的准备。其中百分之八十的人"表示他们的连级军官对士兵待遇毫不关心"[74]。关于士兵对军官看法的长期研究表明,通常只有少数士兵认为"军官关注士兵"或者与士兵们同甘共苦。[75] 但这正是士兵——无论其属于哪个国家——希望从自己的指挥官身上看到的优点。[76] 德国士兵写信回家时经常表扬他们的军官,而这在美国陆军中是很少发生的。[77]

战前的美国观察人员并未将靠前指挥视为德国出色的作战能力的一个决定性特点。[78] 德国部队经常在最危急和最关键的情况下受到(出色的)领导,使他们能够攻击或抵御重大不利因素。在第二次世界大战期间,美国各级情报军官都将注意到这一事实,但为时已晚。一份报告在题为"德国军官"的一章中讨论了德国国防军官兵的"父子式"关系和初级军官良好的领导能力。[79] 1944年,由少尉或中尉担连长且整个连只有一名军官的情况并不罕见。尽管如此,这样一支缺兵少将的部队仍然能够勇猛、高效地战斗。

率先垂范——尤其是在战斗中,即使意味着死亡——也是领导力的关键特征之一,这一点在德国军官的训练中不断受到强调。因此,德国国防军军官在战斗中阵亡的人数非常之高,尤其是与美国陆军相比。如果用战死将官的人数作比较,那么这个数字更加惊人。美军陆军军衔最高的阵亡者是小西蒙·玻利瓦尔·巴克纳(Simon Bolivar Buckner, Jr.)中将(美国陆军军官学院1908届),他在冲绳战役中被日军的炮弹炸死。排名第二的莱斯利·麦克奈尔(Lesley McNair)中将,他在"眼镜蛇"行动中被美军炸弹炸死。两人死后都被追任为四星上将。

整个第二次世界大战期间,大约有20名美国陆军将领在战斗中阵亡,包括陆军航空队的数字在内。[80] 后者约占伤亡人数的50%。受伤的将官只有34人,其中包括海军陆战队的军官。尽管德国的相应数字受到虚报战果和统计方法有误的影响，但可以肯定的是，大约220名德国陆军和德国空军将领阵亡，这一数字是同一时期美军的10倍以上。[81] 在各交战国中，只有（苏联）红军军官团出现几乎同样数量的将官阵亡数字，但后者的这一数字是否是因为身先士卒造成的则值得怀疑。[82]

当出现在前线时，美军将领们会因为"在前往前线途中"——有时甚至是在受到敌方炮火威胁的情况下——展现出"沉着冷静"而不断受到表彰或奖励，但这种"英勇"在德国国防军中却是不值一提的。[83] 在德国陆军中，在战斗中表现英勇被认为是军官的本分；"仅仅靠勇敢——无论它多么出众——都不足以"获得英勇勋章。[84]

一些持同样观点的美军将领也觉得这些勋章令他们感到尴尬，因此试图归还勋章，但没有成功。[85] 第一次世界大战期间，当道格拉斯·麦克阿瑟紧贴前沿视察部队的进攻情况，并在猛烈炮火下坚持前来的时候，他的助手试图用力把他拉进掩体。麦克阿瑟松开他的手，对他说道："对美国远征军来说，最能鼓舞士气的事就是他们的将军被干掉了。"[86]

可以肯定地说，如果把战场上军衔从少校到上校的军官伤亡人数进行比较，那么阵亡德国军官的人数会比阵亡美国军官人数更多。[87]

当我试图为这本书找一张合适的封面照片时，我搜索了大量的网上数据库和"二战"图册，浏览了成千上万的战争照片。在战场上找到一名正在指挥的德国军官不成问题，但要找到一名美国军官几乎是不可能的。即使是士兵正在休息或只是随意聚在一起的照片中，至少在照片里，德国军官大部分时间都在。而在一群美国士兵中，级别最高的士兵通常只是士官。

与常常从未在战争中见过己方高级指挥官的美国士兵截然不同,即使在四五十年后,[88]德国士兵仍然记得他军官的名字和特点,这并不罕见。在散兵坑里发现一名德军团长和他的士兵一起射击或投掷手榴弹也不是什么稀罕事。[89] 1942年(德军)军官晋升制度改革,明确规定上校只有在前线服役一年之后才能晋升为少将。[90]

从埃尔温·隆美尔(Erwin Rommel)手中接过非洲军团指挥权的威廉·里特尔·冯·托马(Wilhelm Ritter von Thoma)将军1942年被俘时已经负过二十次伤。他是在领导进攻一座山脊时被俘的,这很符合他的性格特点。[91]德国将领们佩戴着各种奖章,证明他们曾亲自用手榴弹、地雷或炸药包炸掉坦克,或者因近距离战斗而获得各种徽章,这种情况并不罕见。有一种观点认为德国军官缺乏教育,因为他们没有学过有关"战场杀伤力"或"防护措施"的课程。这种观点强化了我之前的看法,即尽管有大量相关文献,但美国对德国的战争文化知之甚少。[92]与部属并肩作战、战死在前——与军衔无关——这是一名德国军官的职责所系,正是这种做法激励了处于绝境的德国士兵。他们实际上是在战斗中被领导,而不是从后方来管理。德国军官们自己声称"我们成功的根本原因基于这样一个事实:军官比士兵面临更大的风险"[93]。德国军官的高伤亡率是"正常的",因为这才使他们具备合法的领导力。[94]德军的领导力基本手册《部队领导》(Truppenführung)指出,即使是军长也应当与他率领的各师保持"个人联系",而师长的职责是"与他的部队站在一起"。[95]

虽然美国士兵和"二战"中交战各方的士兵一样有决心、有能力,但他们往往缺乏优秀的领导。[96]由于这一原因,普通美国陆军军官在其领导的士兵心目中的地位不高。[97]在大多数情况下，士兵们甚至不认识自己的营长或团长，因为后者甚至从未露面。[98]但美国普通步兵所希望得到的，恰恰是德国军官团所提供的那种领导力。显然，"在后方从事轻松工作的军官太多，而在前线身先士卒指挥的军官太少"[99]。

在一项调查中，当美国退伍陆军士兵被要求描述"一位最好的作战军人"时，他们会指出一名"在战斗中总是和他的士兵在一起并且以身作则"的军官。[100]然而，这显然是非常少见的，因为四分之三的士兵认为"大多数军官对晋升更感兴趣，而不是把工作做好"。[101]能够对自己的士兵说"除了在泥泞阵地上变成泥人，我什么都不能向你们保证，但我会在那里和你们一起"，并且确实遵守诺言的极少数的美国将军显然将受到部队的爱戴。[102]

一个例外是士兵们对带领作战部队的少尉和中尉们的尊敬，这似乎是因为他们过于年轻，在通常年纪更大的士兵看来就像小奶狗一样。[103]指挥的本质决定了初级军官总是站在战场核心，因而往往首先战死。

出于同样的前线领导的原因，美国空降部队也是个例外。[104]在这里，上校甚至少将会率领部队一起跳伞投入战斗，他们中的许多人——与德军一样——从接受基础训练起就和自己的部队在一起。伞兵将军和"普通"将军之间的态度差异在突出部战役中表现得最为明显。马修·B. 李奇微曾与自己指挥的著名的第82空降师一同跳伞，并在1944年12月接掌第18空降军负责防守阿登地区。他对下属单位缺乏领导感到震惊，并对许多心存疑虑的指挥官当面指出存在的问题，即"在使用坚定、积极的领导力影响部队行动方面，师及师以下所有指挥官都极其失败"[105]。意大利前线的情况并没有太多不同，缺乏进攻性和领导力同样受到批评。[106]

虽然美国陆军只在战场上部署了相对较少的师和军，其指挥官通常也具备基本能力，但团一级领导能力的问题却相当严重。[107] 从卡塞林（Kasserine）到诺曼底和阿登，团长们在战斗和体能的压力下乱作一团，但最严重的是缺乏能力、领导技能和进攻性。[108] 在某次危机中，时任第 18 空降军司令的马修·李奇微果断地表示："我迫切需要高水平的领导者……一些杰出的军官能够在关键时刻挺身而出、接管一个几近崩溃的团，并在最短时间内取得一定成果。"[109] 然而，许多团长毕业于莱文沃斯，一所校名中带有"指挥"二字、但并未正确传授领导力知识的学校。这一点将在下一章详细讨论。[110]

美国的高级指挥官们用自己的方式创建了一支更有效率的军官团。他们一般极不情愿解职和重新分类不称职的军官，这个问题在和平时期已经存在。[111] 重新分类——美国陆军为此专门拥有一种特殊形式——通常意味着把军官重新分派到一个不重要的司令部，他的军衔至少降低一级，然后基本上逐渐退出军队。因此，就会出现某些不适合指挥岗位的军官因为不明原因被解职，离开自己的部门，然后从一个单位轮调到另一个单位。[112] 陆军部并没有意识到这些人不适应相关工作，直到后来像马修·B.李奇微这样的新任指挥官将其赶走。有时高级军官遭到败仗以后可能被遣送回国甚至会被提升。[113] 而传统上普鲁士和德国军队的措施比较严厉，一旦军官被证明不适合指挥岗位就会迅速采取措施。[114]

德国国防军的品格评估旨在剔除那些被认为缺乏军官勇气的

第三章 "学习如何死亡":德国军校学员

人,这种评估并非基于现代学术原则,而是与种族主义观念交织在一起。退休军官常常"指导"地方心理学家,而后者往往也曾在军队服役。然而,与美国陆军形成鲜明对比的是,在德国国防军中,对军官的品格、特点和能力应当是什么以及如何选拔候补生存在着一种共识。例如,那些在预科学校获得领导职位的学员在升入高级军官学校以及今后成为军官时将再次接受领导能力水平评估。[115] 军官候补生的教育和选拔具有很大的一致性,这一点值得注意。

在十一年级考试结束之后,每名学员都要参加少尉候补生考试。[116] 它要求对各种课程都要广泛涉猎,如语文、地理、数学、几何和历史,以及与军事有关的基本问题。它可以看作高中会考(*Abitur*)的简易版本。高中会考通常在十三年级之后进行,在德国代表着大学入学所需的普通学位。[117] 如果顺利通过考试,学员就会成为标准的少尉候补生。[118] 新的身份使他可以穿着少尉候补生制服,军衔略高于军士。所有人现在都会将他视为真正的军官候补生,但他没有指挥权,除非团长授予他短剑(实际上是刺刀),并任命他为专职少尉(*patentierter Fähnrich*),也称"短剑少尉"[或者更确切地说是"双刃剑少尉"(*rapier ensign*)]。从技术上讲,"短剑少尉"的军衔仍低于军士长,但他们拥有巨大的影响力,在战时高级军官阵亡后往往会由他们接掌部队。第一次世界大战开始时,各高级军官学校迅速安排 16 岁及以上的学员毕业,并至少任命他们为专职少尉。因此,17 岁的中尉并不罕见。但是,这个级别的正常年龄应该是 19 岁。

那些人脉深厚或胆量够大的学员考试结束后就会以标准的少尉候补生身份加入某个团,以便能比别人节省时间尽早晋升。比如,冯·曼施坦因、冯·施蒂尔普纳格尔（von Stülpnagel）和冯·博克（von Bock）们加入的就是最令人羡慕的近卫团，而海因里希（Heinrici）、霍普纳尔（Hopener）和霍特（Hoth）们则加入了普通的团。[119]

出身贵族的学员比他们的普通战友还有一个不公平的优势。每年冬季，他们中的大多数人会被选为皇帝侍从。这种令人羡慕的优待似乎更不公平，因为对贵族学员来说，他们在道德水平或学校年级中的位置根本无关紧要。[120] 然而，"贵族"学员的人数从1895年的46.7%逐步下降到1918年的23.1%。[121] 他们的教养和作为侍从的显赫地位（无论其品质如何）有时会导致在军官学校内部出现一个贵族小集团。上级和背景普通的学员们想要立即用一切可能的方法来打破这种局面。[122]

在近卫团中获得少尉职位不但受到严格监督，而且也需要许多人脉和大量额外的资金购买华丽的阅兵制服。（军官）候补生必须证明自己拥有大量资金，这足以将大多数普通少尉排除在外。

然而，在基层部队取得进步之前，许多学员会首先被送到战争学校，因此会以原来的军衔再待上八个月至一年半。在战争学校，灵活的德国军事教育体制再次发挥作用。根据之前的训练和上级评估的情况，军官候补生被分配到不同年级。[123] 虽然战争学校的一天是从早上6点左右开始的，但上课时间只安排在早上8点到下午3点之间，期间还有午餐时间。教员讲授从军队组织到单兵射击所有科目内容。

之所以给军官候补生们安排下午空闲时间是有目的的。他们的品格将再次受到教员和同学的评估。那些喝酒、赌博、打架斗殴、参加政治集会、开始浪漫关系，或者在参加战争学校时表现出任何被认为与军官身份不相称的行为迹象的少尉们将会遭殃。学校使命中明确将"培养军官候补生的道德力量"排在讲授纯军事内容之前。[124] 德国陆军几乎每一本心理学手册都强调了对军官候补生进行全时评估的重要性。[125]

留在军官学校的青年将在十三年级结束后毕业，并获得相当于高中毕业会考的学位——尽管在过去两年中，他们学习的军事科目远远超过"常规"的学校课程。[126] 但是，结业考试是在一个文职委员会面前进行的，与地方的毕业考试标准相同。[127] 优秀学员将晋升为中尉，极其优秀的学员还将获得提前起算其（在级别或军衔上的）任职时间的待遇，从而使其比那些离校较早的学员拥有更大优势。因此，在军官学校表现出色可以为以后的职业生涯带来长期优势，这是学员们心知肚明的事实。[128]

美国内战英雄、军事改革家埃默里·厄普顿将军（美国陆军军官学院 1861 届）在其欧洲之行结束后指出，高级军官学校的所有数学课程在美国陆军军官学院一年就可以学完。[129] 这一结论很好地说明了一位前西点人的狭隘观点和对军官教育的误解。

在德国和美国的军事学校中，学员都会受到严厉的、等级森严的纪律约束。几乎所有德国学员都会用"艰苦"和"片面"这两个词来描述他们在军校的经历，[130] 而后者学习的内容与地方学生基本相同，这表明了相比之下西点的教育多么落后。

然而，德国和美国学员最大的问题，在于暴虐的高年级学员或有学员军衔的学员。[131] 霸凌者在德国的院校中取得成功的难度要大得多，因为不存在不成熟、有缺陷的教育体系，欺凌行为在任何时

指挥文化 COMMAND CULTURE

▲ 1935年军官候补生在德累斯顿的战争学校进行机枪训练。在被委任为军官之前,德国学员和军官候补生都要进行全面的武器训练,并且精通各种步兵武器及其战术。(联邦档案馆提供,图片编号183-R43502,摄影:韦格纳)

候都受到军官学校校长的禁止,年长学员承担着主动约束欺凌行为的责任。[132] 高年级学员可能会承担管理年轻学员的责任,但在德国体制下,他们不会被自动授予这些权力。他们必须证明自己的成熟性和领导力,否则就会失去级别、颜面,或者被降低道德等级。在西点被称为"火焰喷射器"的人——指的是那些对年轻人过于严厉的人——会破坏德国军队文化和效能的基础——战友关系,因此很可能会发现自己受到学员团的鄙视。[133]

埃里希·冯·曼施坦因承认,强化体能军事训练在他的年级并不罕见。[134] 与此同时,他在军校期间锻炼出了良好的体质——他曾是一个身体羸弱的男孩,仅获得了"有限的兵役资格"[135],而这有可能是在其高级别的军队亲属的压力下才通过的。[136]

军官学校为学员们提供了与皇帝的正规军队相同的装备,而不像西点那样使用陈旧装备。德国军事学院的所有年级都要学习白刃战,老生年级被定期派往现役部队接受训练。[137] 至少在第一次世界大战期间,正规的连级进攻演习——由学员指挥——在军官学校中并不少见。[138]

在德国,一套复杂的评级和晋升制度同样重视学员的"品格"和学术能力。[139] 即使完全不具备学术能力、结业考试不及格,但只要学员被认为已经成为合格的领导者,那就不能阻止"皇帝恩赐"其毕业。[140] 从1902年到1912年,皇帝大约运用了一千次恩赐权力,因为帝国陆军不想失去可能的杰出军官,他们只是在数学方面略有不足罢了。[141] 对于那些尽管缺乏学术技能却升入更高阶层的人来说,毕业论文上的术语都带有拉丁语短语 *propter barbaram*——类似"未受教育"的含义。

所谓 *Paukerärsche*（"善于应付考试的混蛋"）——成绩优秀但在体育方面很差——被其他学员所鄙视。[142] 但是，如果有人能够在学习和体育方面都非常出色，那么不管多么年轻，他在学员团中的地位就是高不可攀、不可动摇的。[143] 学习成绩较差的学员取得成功的机会更大，因为他们不仅会得到朋友的帮助，而且还会通过同舍的高年级学员得到辅导系统的帮助，这些高年级学员负责其所指挥的学员的学习。[144]

学员还从军官学校的高年级学员的表率作用中学到自己也必须以身作则，这里将以一个简单的例子加以说明。在世界各地的军事院校里，*Kostümfest*（字面意思是"化装舞会"，但在西点用语里被称为"着装队列"）曾是一种对某个学员集体的常见惩罚。[145] 学员连指挥官大声规定学员必须穿着的制服和更换时间——通常只有几分钟。学员们跑上楼梯，回到房间，穿上制服，冲到阅兵场，站好队列。在简单查看服装穿着的情况后，学员连指挥官会再次大声规定下一套制服，学员们重新开始跑回房间，直到惩罚达到效果，或者整个队列都穿戴整齐为止。在西点，学员连指挥官会无所事事地等着学员跑回操场，而在德国的军官学校，学员连指挥官则应当和学员一起换装，从而向学员们表明他也可以在很短时间内穿上自己要求的各种制服。[146]

与西点毕业生相反，在德国只有一小部分学员在完成军校学业后会晋升为军官，而且他们必须在学术和领导能力上都表现得非常出色。在成为中尉之前，所有人首先必须证明自己可以出色地完成现实工作，所以在一段时间内他们仍是军官候补生。

德国的军官学校绝不是教育体制的榜样，但它们比美国陆军军

第三章 "学习如何死亡":德国军校学员

官学院更适合未来军官的教育。重点是比较美国和德国的体制,研究各自教育机构的优缺点,而不是将其中之一轻易地称赞为一般青年教育的首选机构。

应该记住,军校并不适合所有人,尤其是那些被父母送去接受教育的男孩。[147] 对 "*Muttersöhnchen*"(字面意为"母亲的幼子",指的是那些仍然需要母亲用心呵护的人,也许最好翻译成"意志薄弱的人")和那些"温柔可爱"的人来说,这些机构同样可怕。[148] 然而,渴望就读军官学校的男孩在当时的德国并不少见。[149]

在德国,没有哪位前军校学员不会批评军官学校,这与西点校友也有明显不同,后者往往会美化自己的经历。[150] 在极少数情况下,某位校友——甚至是成功校友——勇敢地批评了美国陆军军官学院,结果他的著作遭到嘲讽,其他前毕业学员明确要求下级军官不要阅读他的书,而不是反思其内容。[151]

美国人已经超过了德国人,并以一种普鲁士人只在陈词滥调中才知道的方式彻底"普鲁士化"了自己的军事院校。它培养出墨守成规的少尉,后者所受的教育极为片面和狭隘,在许多方面甚至不是军事教育。结果,培养出的通常都是执着于教条、服从、秩序和整洁的军官,而所有这些都将在战争和战斗的混乱中成为障碍。对那些表现出领导潜质但在工程或数学方面成绩不佳的学员,没有任何机制能够弥补和保留他们。只有"被清退者"的个人决心才能使他们以士兵身份再次入伍为军队服役。

虽然德国选拔体制存在不公平的预选制度——那些出身"较低"的人更难进入军官团——但它为那些成功进入军官团的人提供了一套复杂的选拔机制。德国学员必须不断证明自己具备成为未来领袖的能力,即使他只有十几岁。他很早就知道,年龄较长并不能决定自己在军校或军官团中的地位。如果表现良好,年轻学员可以超过年长学员并成为后者的上级。这是德国体制的最大优势之一。在西点,四年体制坚如磐石。"服从"比领导力更有利于生存。然而,后者在德国的军官学校是最重要的。德国军官学校明令禁止欺凌行为,晋升制度和指挥官的榜样效应也阻止了欺凌行为的发生,使其没有生存机会。高年级学员必须对新学员保持宽容,因为一两年后他可能会成为其下属。正规军官经常出现在学员的日常生活中,而教育工作也没有落入刚刚在高年级学员那里吃过苦头的人手里。这是对西点存在了数百年的领导力培训方式的一种嘲弄。

德国军官学校的军官受人尊敬,他们平易近人、乐于交流。许多前学员写道,他们与军官学校校长进行了亲切交谈。而在西点前学员的文章中,院长和学员团司令只有遥远的身影,甚至战术军官也只在学员把事情搞砸时才会与他们交流。军官和学员之间的沟通是通过笔记来进行的——最出色的官僚作风,最低劣的领导能力。

熬过四年军校生活之后,美国的军校学员将获得委任。结果,在获得第一个指挥岗位后,这些年轻的美国中尉由于缺乏自信会经历很多痛苦,因为他们没有接受过有关军事问题和领导能力方面的适当培训。事实证明,数学和训斥新生完全不足以让他们为现实中的军队生活做好准备。许多人不得不靠某位老士官或者通情达理的上校出手搭救。

尽管年轻几岁,但毕业于德国军校的学员比他的任何美国同行都遥遥领先。他所受的正规教育与同龄的平民类似;同时,他也拥有领导连队的战术和领导知识。但他仍只是一名少尉,直到他不断

第三章 "学习如何死亡":德国军校学员

▲《凡尔赛条约》禁止(德国)设立军官学校,因为协约国认为它们会滋生军国主义。希特勒上台后,其狂热的卫队武装党卫军"阿道夫·希特勒警卫旗队"将原高级军官学校改为其兵营。战争期间这支部队犯下了罄竹难书的暴行和战争罪行,包括马尔梅迪大屠杀。这幅图片显示的是1935年12月17日这位独裁者正在前高级军官学校的广场上检阅警卫旗队。右后方为其指挥官约瑟夫·泽普·迪特里希(Josef "Sepp" Dietrich)。(联邦档案馆提供,图片编号102-17311)

173

证明了自身的能力才能得到正式委任。两次团内经历和一次战争学校经历才能决定他是否可以获得委任。现实表现才是决定因素,而不是在校表现。

然而,作为一名刚刚开始军事生涯的少尉,让我们进一步比较一下德国和美国的高等职业军事教育吧。

注　释

1. Ernst von Salomon, *Die Kadetten* (Berlin: Rowohlt, 1933), 28–29. 这种问候并不罕见。一个稍微不同的版本见 Emilio Willems, *A Way of Life and Death: Three Centuries of Prussian-German Militarism: An Anthropological Approach* (Nashville, Tennessee: Vanderbilt University Press, 1986), 78。我很感激罗纳德·斯梅尔瑟把这本书推荐给我。也可参见 Holger H. Herwig, "'You are here to learn how to die': German Subaltern Officer Education on the Eve of the Great War," in *Forging the Sword: Selecting, Educating, and Training Cadets and Junior Officers in the Modern World*, ed. Elliot V. Converse (Chicago: Imprint Publications, 1998)。

2. Hans R. G. Günther, *Begabung und Leistung in deutschen Soldatengeschlechtern*, Wehrpsychologische Arbeiten 9 (Berlin: Bernard & Graefe, 1940). 这本小册子包含种族主义的习语和纳粹行话,听起

来很学术。作者是柏林大学的一名教授，该研究是由德国国防军总监察长指派的任务。该研究没有科学背景，只是列出了所有德国老兵的家庭及其成就并得出结论：拥有杰出代表的老兵家庭可能会培养出更多的优秀士兵。

3. John McCain and Mark Salter, *Faith of My Fathers* (New York: Random House, 1999).

4. Holger H. Herwig, "Feudalization of the Bourgeoisie: The Role of the Nobility in the German Naval Officer Corps, 1890–1918," in *The Military and Society: A Collection of Essays*, ed. Peter Karsten (New York: Garland, 1998), 53, 55.

5. Daniel J. Hughes, "Occupational Origins of Prussia's Generals, 1870–1914," *Central European History* 13, no. 1 (1980): 5.

6. Horst Boog, "Civil Education, Social Origins, and the German Officer Corps in the Nineteenth and Twentieth Centuries," in *Forging the Sword: Selecting, Educating, and Training Cadets and Junior Officers in the Modern World*, ed. Elliot V. Converse (Chicago: Imprint Publications, 1998), 128.

7. 同上，128。

8. Bernhard R. Kroener, "Auf dem Weg zu einer "nationalsozialistischen Volksarmee": Die soziale Öffnung des Heeresoffizierkorps im Zweiten Weltkrieg," in *Von Stalingrad zur Währungsreform: Zur Sozialgeschichte des Umbruchs in Deutschland*, eds. Martin Broszat, Klaus-Dietmar Henke, and Hans Woller (München: Oldenbourg, 1988).

9. Clemente, "Making of the Prussian Officer," 56.

10. Nye, "Era of Educational Reform," 133–134.

11. Herwig, "Feudalization of the Bourgeoisie," 55.

12. 在普鲁士，波茨坦，腓特烈大帝著名的故居，位于柏林西南 12 英里处；瓦尔斯塔特（Wahlstatt），今天在波兰，名字叫莱格尼基波尔；北莱茵-威斯特法伦州的本斯伯格，位于北贝尔希施-格拉德巴赫南部；奥拉宁斯坦，位于法兰克福和科布伦茨之间的黑森州迪兹市；萨克森-安哈尔特的瑙堡，位于耶拿和莱比锡之间；柯林，当今波兰的一个沿海大城市，现名为科萨林；石勒苏益格-荷尔斯泰因州的普隆，在基尔东南约 16 英里处。

13. 这些只是普鲁士军官学校；德国其他各州拥有自己的设施，如慕尼黑的巴伐利亚（军官学校）。

14. KarlHermann Freiherr von Brand and Helmut Eckert, *Kadetten: Aus 300 Jahren deutscher Kadettenkorps*, 2 vols. (München: Schild, 1981), 1:156.

15. 同上。这些仅是普鲁士陆军的数量，不包括预备役军官。Torsten Diedrich, *Paulus: Das Trauma von Stalingrad* (Paderborn: Schöningh, 2008), 74.

16. 国防部长、陆军元帅维尔纳·冯·布隆伯格；集团军群总司令、陆军元帅费多尔·冯·博克将军；陆军总司令、陆军元帅瓦尔特·冯·布劳希奇；西区总司令、陆军元帅汉斯·古特·冯·克鲁格；第 2 航空队司令、陆军元帅沃尔夫拉姆·冯·里希特霍芬；西区总司令、陆军元帅戈尔德·冯·伦德施泰特；沃尔特·温克将军；西区总司令、陆军元帅埃尔温·冯·维茨莱本；德国空军参谋长汉斯·耶舒内克；H 集团军群司令约翰内斯·布拉斯科维茨大将；G

集团军群司令保罗·豪塞尔大将；第4装甲集团军司令赫尔曼·霍斯大将；国防军司令部参谋长阿尔弗雷德·约德尔大将；魏玛伞兵部队总司令库尔特·斯图登特大将；第3装甲师师长哈索·冯·曼特奥菲尔将军；西区总司令西格弗里德·威斯特法尔将军。这份名单仅包括曾作为学员的第二次世界大战中最重要和最著名的指挥官。就德国和普鲁士的早期战争而言，这个数字同样令人印象深刻，这表明了学员团的重要性。有关校友的详情，参见 Brand and Eckert, *Kadetten*, vol. 1。

同上。应当指出，负责建立纳粹精英学校（Nationalpolitische Erziehungsanstalten）的官员约阿希姆·豪普特和莱因哈德·尚克尔也曾是学员。参见 Schmitz, *Militärische Jugenderziehung*, 12。

17. Herwig, "'You are here to learn how to die': German Subaltern Officer Education on the Eve of the Great War," 34.

18. 值得注意的例外：John Moncure, *Forging the King's Sword: Military Education between Tradition and Modernization: The Case of the Royal Prussian Cadet Corps, 1871–1918* (New York: Lang, 1993)。作者（美国陆军军官学院1972届）在他的引言中也提出了同样的观点。他的著作进行了仔细研究，发现了数量惊人的学员回忆录。Clemente, "Making of the Prussian Officer." 克莱门特（Clemente）的著作由于试图在一本书中包含太多内容而受到影响，此外作者一再采用普鲁士的陈词滥调和旧普鲁士过时的史学观点。

另见 Schmitz, *Militärische Jugenderziehung*。施米茨（Schmitz）详尽地论述了军官学校的课程，但对学员的日常生活着墨不多。

19. Moncure, *Forging the King's Sword*, 58.

20. 同上，207–209。蒙丘尔（Moncure）正确地回答了他先前关于预科学校存在原因的问题。

21. Friedrich Franz von Unruh, *Ehe die Stunde schlug: Eine Jugend im Kaiserreich* (Bodensee: Hohenstaufen, 1967), 106.

22. Boog, "Civil Education, Social Origins, and the German Officer Corps," 82, 90–91.

23. Schmitz, *Militärische Jugenderziehung*, 123–124. 本书涵盖了军官学校的整个教育系统及其历史发展，以及公开和内部的讨论。

24. 同上，85。

25. 同上，89。

26. 关于1915年 *Voranstalt* Köslin 的详细日程安排可见 Moncure, *Forging the King's Sword*, 110.

27. Manstein, *Soldatenleben*, 12–14. 关于冯·曼施坦因的祖先的影响的简短讨论，以及对冯·曼施坦因指挥和领导能力更详细的新评估参见 Jörg Muth, "Erich von Lewinski, called von Manstein: His Life, Character and Operations—A Reappraisal," http://www.axishistory.com/ index.php?id=7901。

28. Unruh, *Ehe die Stunde schlug*, 58.

29. 同上，60。

30. 相关的表格和说明可参见 Moncure, *Forging the King's Sword*, 61, 84, 90–91。遗憾的是，在父亲的职业表中，作者没有区分公务员的类别。这一点非常重要，因为它决定了男孩是否来自一个能力出众的军官阶层。

在赖因哈德·施通普夫（Reinhard Stumpf）的一个详细讨论中，

其重要性已经非常清楚：Reinhard Stumpf, *Die WehrmachtElite: Rang und Herkunftsstruktur der deutschen Generale und Admirale 1933–1945*, Wehrwissenschaftliche Forschungen, Abteilung Militärgeschichtliche Studien 29 (Boppard a. R.: Boldt, 1982), 204–229。但施通普夫在蒙丘尔的自传中被引用。

31. Clemente, "Making of the Prussian Officer," 157–158; Schmitz, *Militärische Jugenderziehung*, 12.

32. Hans-Jochen Markmann, *Kadetten: Militärische Jugenderziehung in Preußen* (Berlin: Pädagogisches Zentrum, 1983), 42. 关于按照成年人对待的重要性，参见 Salomon, *Die Kadetten*, 48。

作者的叙述之所以出色，是因为它的细节和雄辩。当战争爆发时，这个故事变得特别令人难忘。只有最年轻的人留下来，很快第一批战死同志的故事就传到了高级军官学校。后来受伤和残疾的幸存者又回来看望他们的年轻同志。所罗门因为年龄太小并且自愿参加了一场臭名昭著的漫游波兰边境和波罗的海的活动而错过了第一次世界大战，经过一年的战斗，他返回并帮助建立了"抵抗运动"，有时支持纳粹并制造各种恶作剧甚至恐怖主义。

当一位抵抗运动领导人提议杀害德国外交部长瓦尔特·拉特瑙以树立榜样时，所罗门同意提供帮助，尽管他很欣赏这位政治家所写的文章。他不惜一切代价不让朋友们失望。他为刺客们的汽车提供了司机，但刺客已经被提前送走了。这一事实以后为他免除了许多年的监禁。暗杀成功后，所罗门被捕并被判处五年徒刑。他在入狱期间被发现参与了一次未遂的谋杀叛国者活动。然而，所罗门在与受害人进行了一场恶斗后停止了这一尝试。他又被判处三年徒刑，但这次他不必服刑，因为司法部门希望与成长中的纳粹党交好，而所罗门被认为是"政治"犯人，在关押了五年后获得释放。他的故事可以在 Salomon, *Die Geächteten* 中找到。这个故事比任何历史著作都更好，它有助于理解为什么大多数年轻一代都倒向了纳粹。

希特勒上台后，这些曾被认为是凶手的人（只有司机和所罗门还活着）和他们的帮凶成了民族英雄（拉特瑙还是个犹太人）。所罗门低调躲避，成为沉默的多数派成员之一。在第三帝国的可怕统治期间，他们大多了解发生的一切，但却没有做任何事情。他甚至还为假扮他妻子的犹太女友提供庇护。

第二次世界大战后，他写了《问卷》（*Der Fragebogen*）一书，重新回到聚光灯下。这本书严格地分析了同盟国分发的 131 页问题清单，以确定德国人的罪恶程度。《问卷》尝试对种族主义和仇外倾向进行道歉（早在他的早期著作中就已经很明显了），并成为德国战后第一本畅销书。有关批判性的评论，参见："It Just Happened: Review of Ernst von Salomon's book The Questionnaire," *Time*, Monday, Jan. 10, 1955。

33. Brand and Eckert, *Kadetten*, vol. 1, 151, 167.

34. Clemente, "Making of the Prussian Officer," 225.

35. Felix Dhünen, *Als Spiel begann's: Die Geschichte eines Münchener Kadetten* (München: Beck, 1939), 17. 杜能（Dhünen）的叙述采用了小说形式。他毕业于慕尼黑的军官学校，对此他在书中进行了生动描述。作者出生于黑森州。他之所以没有去普鲁士学校，是因为巴伐利亚学校的教育水平更高，日常生活也更轻松。将他的故事与 Markmann, Kadettenand Brand and Eckert, *Kadetten*, vol. 1 的叙述进行比较，似乎他的判断是正确的。

36. Schmitz, *Militärische Jugenderziehung*, 144.

37. Dhünen, *Als Spiel begann's*, 42; Brand and Eckert, *Kadetten*, vol. 1, 307; Leopold von Wiese, *Kadettenjahre* (Ebenhausen: Langewiesche, 1978), 67; Salomon, *Die Kadetten*, 89.

38. 这种习俗从腓特烈大帝的父亲时代起就一直存在于普鲁士军队中。参见 Muth, *Flucht aus dem militärischen Alltag*, 70–71。

39. Unruh, *Ehe die Stunde schlug*, 63, 87; Salomon, *Die Kadetten*, 60–63.

40. Salomon, *Die Kadetten*, 193; Unruh, *Ehe die Stunde schlug*, 62–64.

41. Markmann, *Kadetten*, 102; *Unruh, Ehe die Stunde schlug*, 132–133.

42. Ganoe, *MacArthur Close-Up*, 110.

43. Moncure, *Forging the King's Sword*, 182–184, 191–192.

44. Schmitz, *Militärische Jugenderziehung*, 145.

45. 尽管同性恋的话题常被学者们所触及，他们在军校还只招收男性的时候就曾写过，但没有进行深入的学术研究。然而，一些关于同性恋问题的假设消失了，因为作者无法正确阅读过去的语言。"Zu Unsittlichkeiten verleitet werden"（试图做出不道德的行为）在这个时候的意思是"引诱自慰"，而不是与另一个男性性交。见 Markmann, *Kadetten*, 100–101。同样的自慰"问题"见 Wiese, *Kadettenjahre*, 69。在 Salomon, *Die Kadetten*, 194–195, 198. Wiese, *Kadettenjahre*, 85–86. 中，同性接触被写得一清二楚。

46. Dhünen, *Als Spiel begann's*, 56. Salomon, *Die Kadetten*, 33.

47. Unruh, *Ehe die Stunde schlug*, 62–64. 翁鲁（Unruh）兄弟中至少有五人在军校就读。显然，哥哥们没能让弟弟们做好准备。写这本回忆录的弗里德里希·弗朗兹（1893—1986）在1911年完成了6年的军官学校学习，以少尉的身份进入了巴迪舍莱布第109榴弹兵团。他参加了第一次世界大战，被授予英勇勋章，晋升为本团的连长。他的哥哥弗里茨（1885—1970）也加入了军官学校，并参加了战争，后来成了著名的小说家和作家。弗里茨的第一部戏剧《死亡官员》（1912）已经涉及军队和指挥官的良知，在当时非常成功。弗里茨1932年逃离德国，其著作"有幸"被纳粹焚毁，这通常意味着它们是优秀的和批判性的。1948年他才公开归来，当时他做了备受争议和高度情绪化的演讲《德意志之死》。在演讲中他谴责了帝国时期德国的社会和教育，包括军官学校，使他在前学员队伍中成为公敌。有趣的是，在军官学校，弗里茨是一个大哥，他会为同一个班级的全体学员发言——埃里希·冯·曼施坦因在同一个班。曼施坦因把他描述成军校学员的榜样。弗里茨获得了好几个奖项，甚至成了普鲁士奥斯卡王子的学习同伴，这是普通学员无法完成的任务。尽管曼施坦因本人对军校并非不加批判，但他对弗里茨的极端言论感到非常恼火，他将这些言论描述为"诗人的幻想、源自政治发展的怨恨和忘恩负义"的混合体。参见 Manstein, *Soldatenleben*, 21–23。

48. Markmann, *Kadetten*, 32.

49. Wiese, *Kadettenjahre*, 37. 当他们前往前线时，这显然并未造成问题。参见 Salomon, *Die Kadetten*, 211。

50. Brand and Eckert, *Kadetten*, vol. 1, 313.

51. 慕尼黑的军官学校只有3所，卡尔斯鲁厄有4所。Moncure, *Forging the King's Sword*, 190. 虽然所有学校的基本教育和纪律制度相同，但每个学校都有自己的特点。在柏林–里希特菲尔德鼓励打雪仗，但在瓦尔斯塔特禁止打雪仗。后者似乎存在最严重的领导问题，是学员最不愿去的。在卡尔斯鲁厄，仆人不允许帮助学员打理制服。

52. Brand and Eckert, *Kadetten*, vol. 1, 179; Unruh, *Ehe die Stunde schlug*, 100.

53. Markmann, *Kadetten*, 42.

54. Moncure, *Forging the King's Sword*, 202–203. 连长每月可得4马克，士官3马克，列兵1.5马克，正规学员1马克。

55. Salomon, *Die Kadetten*, 206; Wiese, *Kadettenjahre*, 89–90.

56. Moncure, *Forging the King's Sword*, 190–191.

57. Mott, *Twenty Years*, 25.

58. Kroener, *Generaloberst Friedrich Fromm*, 225.

59. 同上，225。

60. Salomon, *Die Kadetten*, 50.

61. Markmann, *Kadetten*, 140.

62. *Charakterologie* 是由国防军心理学家发明的伪科学，见 Max Simoneit, *Grundriss der charakterologischen Diagnostik auf Grund heerespsychologischer Erfahrungen* (Leipzig: Teubner, 1943)。所有这些国防心理学家的作品都有强烈的种族主义和支持纳粹倾向。战争结束后，受到质疑的前国防心理学研究所所长汉斯·冯·沃

斯（Hans von Voss）和他的一位主要精神病学家马克斯·西莫奈特（Max Simoneit）声称："即使在1933年之后，国防心理也没有成为一个国家社会主义制度。" Hans von Voss and Max Simoneit, "Die psychologische Eignungsuntersuchung in der deutschen Reichswehr und später der Wehrmacht," *Wehrwissenschaftliche Rundschau* 4, no. 2 (1954): 140. 西莫奈特似乎认为他在第三帝国时期的许多著作都被遗忘了。16年前，在其中一篇文章里，他说："出于心理原因，这里提出了自我教育的要求（关于一个有抱负的军官的品格），这符合国家社会主义帝国的一般理想。"：Max Simoneit *Leitgedanken über die psychologische Untersuchung des OffizierNachwuchses in der Wehrmacht*, Wehrpsychologische Arbeiten 6 (Berlin: Bernard & Graefe, 1938), 29。

63. Moncure, *Forging the King's Sword*, 186.

64. 大量的困惑存在于 Clemente, "Making of the Prussian Officer," 87, 92–94, 161, 167。

65. Hermann Teske, *Die silbernen Spiegel: Generalstabsdienst unter der Lupe* (Heidelberg: Vowinckel, 1952), 28. 特斯克（Teske）关于自己担任总参谋部军官时期的相对冷静的描述与其欢呼雀跃、亲纳粹风格的早期著作形成了鲜明对比：Hermann Teske, *Wir marschieren für Großdeutschland: Erlebtes und Erlauschtes aus dem großen Jahre 1938* (Berlin: Die Wehrmacht, 1939)。

66. Simoneit, *Leitgedanken über die psychologische Untersuchung des Offizier-Nachwuchses in der Wehrmacht*, 18, 26–27.

67. 关于德国军官团的这一特点成为一本书的题目，见 Ursula

Breymayer, ed. *Willensmenschen: Über deutsche Offiziere*, Fischer-Taschenbücher (Frankfurt a. M.: Fischer,1999)。

68. H. Masuhr, *Psychologische Gesichtspunkte für die Beurteilung von Offizieranwärtern*, Wehrpsychologische Arbeiten 4 (Berlin: Bernard & Graefe, 1937), 18–20, 25, 32.

69. Anne C. Loveland, "Character Education in the U.S. Army, 1947–1977," *Journal of Military History* 64 (2000).

70. Salomon, *Die Kadetten*, 28–29. 也可参见 Marcus Funck, "In den Tod gehen—Bilder des Sterbens im 19. und 20. Jahrhundert," in *Willensmenschen*: Über deutsche Offiziere, ed. Ursula Breymayer (Frankfurt a. M.: Fischer, 1999)。

71. Salomon, *Die Kadetten*, 40.

72. Bucholz, *Delbrück's Modern Military History*, 61.

73. Stephen E. Ambrose, *Citizen Soldiers: The U.S. Army from the Normandy Beaches to the Bulge to the Surrender of Germany, June 7, 1944–May 7, 1945* (New York: Simon & Schuster, 1997), 165–166. 不同的战地记者均有类似的观察报告。

74. *Letter from Major General M. G. White, Assitant Chief of Staff, to John E. Dahlquist, March 11, 1944*, John E. Dahlquist Papers, Box 1, U.S. Army Military History Institute, Carlisle, Pennsylvania.

75. Stouffer et al., eds. *The American Soldier: Adjustment during Army Life*, 193, 196–197, 201, 368–374.

76. Peter S. Kindsvatter, *American Soldiers: Ground Combat in the World Wars, Korea and Vietnam* (Lawrence: University Press of Kansas,

2003), 235–236, 238, 242. 很不幸，该书受到其试图涵盖的宽泛主题的不利影响。书中引用的优秀领导者没有一位超过上尉以上军衔。有趣的是，作者并未使用斯托佛对其著作的研究。

77. Stefanie SchülerSpringorum, "Die Legion Condor in (auto) biographischen Zeugnissen," in *Militärische Erinnerungskultur: Soldaten im Spiegel von Biographien, Memoiren und Selbstzeugnissen*, ed. Michael Epkenhans, Stig Förster, and Karen Hagemann (Paderborn: Schöningh, 2006), 230.

78. KarlHeinz Frieser, *BlitzkriegLegende. Der Westfeldzug 1940*, Operationen des Zweiten Weltkrieges 2 (München: Oldenbourg, 1995), 337–339.

79. 这一事实被盟军各层级情报部门不断提及，例如，见 *Intelligence Notes No. 54, Allied Forces Headquarters, April 11, 1944*, RG 492, Records of Mediterranean Theater of Operations, United States Army (MTOUSA), Box 57, Folder Intelligence Notes & Directives, C 5, National Archives II, College Park, Maryland。

80. R. D. Heinl, "They Died with Their Boots on," *Armed Forces Journal* 107, no. 30 (1970). Russell K. Brown, *Fallen in Battle: American General Officer Combat Fatalities from 1775* (New York: Greenwood Press, 1988). R. Manning Ancell and Christine Miller, *The Biographical Dictionary of World War II Generals and Flag Officers: The U.S. Armed Forces* (Westport, Connecticut: Greenwood Press, 1996). 对美国军官团的研究情况不佳，表现在阵亡人数的矛盾上。上面的文献统计的数字从16到21都有，在某些情况下，甚至连军

衔都没弄清。使用的说法把情况弄得更加含糊。虽然"战斗中死亡"或"战斗死亡"的含义相当清楚,"行动中死亡"却扩大了可能性。布朗(Brown)的研究似乎是最扎实的。他的统计有21个,但在我看来,威廉·奥·达比(William O. Darby)必须被排除在外,因为他死后才被提升为准将。布朗统计只有34人在战斗中受伤,其中包括海军陆战队的将官,203—205页。

81. French L. Maclean, *Quiet Flows the Rhine: German General Officer Casualties in World War II* (Winnipeg, Manitoba: Fedorowicz, 1996). 麦克莱恩(MacLean)撰写完成了一些非常"流行"的关于国防军和党卫军的历史著作。他非常依赖问题重重的 Josef Folttmann and Hans MöllerWitten, *Opfergang der Generale*, 3rd ed., Schriften gegen Diffamierung und Vorurteile (Berlin: Bernard & Graefe, 1957). 福尔特曼(Folttmann)是国防军退役将官,他写了一本小册子。当时,关于刚刚成立的德国联邦国防军"新"军官团的讨论正在德国如火如荼地进行,他有重建德国军官团威望的明确议程。前言由陆军元帅戈尔德·冯·伦德施泰特撰写。希特勒的将领在德意志联邦共和国的任职遭到了极大阻力。来自美国军队的压力是最后德国联邦国防军所有将领100%曾在纳粹德国国防军服役的原因。我给出的数字是一个非常保守的估计,大约比福尔特曼给出的数字低45。

82. Aleksander A. Maslov, *Fallen Soviet Generals: Soviet General Officers Killed in Battle, 1941–1945* (London: Cass, 1998). 马斯洛夫(Maslov)给出的数字是230。然而,我没有时间仔细核对这本书的统计数字。

83. Harmon, MacKaye, and MacKaye, *Combat Commander*, 113.

84. Van Creveld, *Fighting Power*, 110. 作者在下一页指出："虽然在德国，军官比其他阶层更难获得更高的表彰，但在美国军队却并非如此。"

85. *Combat Awards*, undated article draft, Bruce C. Clarke Papers, Combined Arms Research Library, Fort Leavenworth, Kansas.

86. Ganoe, *MacArthur Close-Up*, 146.

87. Stouffer et al., eds. *The American Soldier: Adjustment during Army Life*, 164–166. 相比之下，有过战斗经历的美军军官所占比例很小。显然，伤亡人数不在调查范围之内。不过调查表现出明显的趋势。

88. Hans Joachim Schröder, *Kasernenzeit: Arbeiter erzählen von der Militärausbildung* (Frankfurt: Campus, 1985), 38. Hans Joachim Schröder, ed. Max Landowski, Landarbeiter: Ein Leben zwischen Westpreußen und SchleswigHolstein (Berlin: Reimer, 2000), 35, 45.

89. Schröder, ed. *Max Landowski, Landarbeiter*, 53.

90. Förster, "The Dynamics of *Volksgemeinschaft*," 208–209.

91. Arnold Krammer, "American Treatment of German Generals During World War II," *Journal of Military History* 54, no. 1 (1990): 27.

92. Maclean, *Quiet Flows the Rhine: German General Officer Casualties in World War II*, 99. 提出了这一概念，同时也表明，如果死亡的将军人数减少，纳粹德国国防军的战斗将更加有效。实际情况恰恰相反。

93. 转引自 Oetting, *Auftragstaktik*, 188。

94. 同上，284。

95. 转引自 van Creveld, *Fighting Power*, 129。

96. Millett, "The United States Armed Forces in the Second World War," 76.

97. Eiler, *Mobilizing America*, 165–166.

98. Gerald Astor, *Terrible Terry Allen: Combat General of World War II: The Life of an American Soldier* (New York: Presidio, 2003), 270.

99. Van Creveld, *Fighting Power*, 168.

100. Samuel A. et al., eds. *The American Soldier: Combat and its Aftermath*, 4 vols., Studies in Social Psychology in World War II (Princeton, New Jersey: Princeton University Press,1949), 2:124.

101. Stouffer et al., eds. *The American Soldier: Adjustment during Army Life*, 273.

102. Astor, *Terrible Terry Allen*, 257. 不幸的是，这本书是一本关于艾伦生平的传记，就像许多其他的美国将军传记一样。虽然艾伦在"二战"中担任备受争议的第1步兵师师长，以酗酒问题和夸夸其谈而闻名，但事实上，他和自己的部队待在前线这一点是无可争议的。由于种种争议，他被解除了指挥权，但后来他指挥了欧洲的第104步兵师。

103. *The American Field Officer*, Walter B. Smith Papers, Box 50, Folder Richardson Reports, 1944–1945, Dwight D. Eisenhower Library, Abilene, Kansas. 理查森（Richardson）是一名资深中士和战地记者。他就个人认为重要的话题向最高领导直接提交报告，即艾克的参谋

长沃尔特·B. 史密斯，史密斯完全信任理查森，偶尔也会因为理查森报告的内容而立即采取行动。这种程序显示了民主军队的力量，在纳粹德国国防军是不可想象的。

104. *Morale*, Walter B. Smith Papers, Box 50, Folder Richardson Reports, 1944–1945, Dwight D. Eisenhower Library, Abilene, Kansas.

105. *Memorandum of Discussion with Subordinate Commanders, CG Matthew B. Ridgway, XVIII Airborne Corps, January 13, 1945*, Matthew B. Ridgway Papers, Box 59, Folder XVIII Airborne Corps War Diary, United States Army Military History Institute, Carlisle, Pennsylvania. 李奇微特别针对利兰·S. 霍布斯少将（Major General Leland S. Hobbs），他是第30步兵师师长，试图用一系列借口来回答，从恶劣的天气到交通问题，但被李奇微打断。如此严厉果断地对待下属指挥官在美军中实属罕见。在随后的备忘录中，缺乏领导力的话题再次出现。另见 Boxes 17 and 21 关于同一问题的信函。

106. Letter from Jacob L. Devers to George C. Marshall, unreadable date [April/May 1944], Jacob L. Devers Papers, Box 1, Folder [Reel] 2, Dwight. D. Eisenhower Library, Abilene, Kansas. 正是由于他的批评，德弗斯（Devers）成了意大利战区司令马克·克拉克永远的敌人。另见沃尔特·比德尔·史密斯关于美国军官一般不愿意进行反击的声明：Letter from Walter Bedell Smith to Thomas T. Handy, January 12, 1945, Thomas T. Handy Papers, Box 1, Folder Smith, Walter Bedell, 1944–1945, B1/F7, George C. Marshall Library, Lexington, Virginia。

107. 在第二次世界大战期间的最大规模扩军中，美国陆军也只实际仅仅组建了24个军、89个师。

第三章 "学习如何死亡"：德国军校学员

108. Wilson A. Heefner, *Patton's Bulldog: The Life and Service of General Walton H. Walker* (Shippensburg, Pennsylvania: White Mane Books, 2001), 91. 在这里，沃克（Walker）是巴顿手下的一位军长，在巴顿提出批评之后，他也抱怨自己下属的团和营的领导力问题。团长素质的缺乏是将军们通信中经常讨论的话题，特别是在战斗艰苦的时候。关于突出部之战的故事见 Charles Brown MacDonald, *A Time for Trumpets: The Untold Story of the Battle of the Bulge* (Toronto, Ontario: Bantam Books, 1985). 麦克唐纳的叙述之所以独特，是因为他在成为美军历史学家之前曾作为连长参加过这场战斗。战后不久，他已经出版了战时回忆录，这本回忆录已成为一本经典著作：Charles Brown MacDonald, *Company Commander* (Washington, D.C.: Infantry Journal Press, 1947)。

109. *War Diary, XVIII Airborne Corps, 27 Dec., 1944, 0855 hrs*, Matthew B. Ridgway Papers, Box 59, U.S. Army Military History Institute, Carlisle, Pennsylvania. 关于团长指挥方面的更多问题，可参见：*Letter from John E. Dahlquist to Brigadier General Clyde L. Hyssong, April 29, 1944*, John E. Dahlquist Papers, Box 1, U.S. Army Military History Institute, Carlisle, Pennsylvania。

110. Schifferle, "Anticipating Armageddon," 50–51.

111. Coffman, *The Regulars*, 396–397; Schifferle, "Anticipating Armageddon," 153.

112. *Letter from George S. Patton to Thomas T. Handy, December 5, 1944*, Thomas T. Handy Papers, Box 1, George C. Marshall Library, Lexington, Virginia. 即使是通常非常坦率的巴顿也会用语言委婉

191

地解除他最优秀的一位师长——约翰·雪利·伍德（John Shirley Wood）（美国陆军军官学院 1912 届）——的职务，但同时也尽量不伤害他的职业生涯。由于伍德树敌太多，包括奥马尔·N. 布拉德利和曼顿·S. 埃迪（Manton S. Eddy），他后来在美国一个训练中心当了两年领导，然后退休了。

113. Astor, *Terrible Terry Allen*, 149.

114. Wolfgang Lotz, *Kriegsgerichtsprozesse des Siebenjährigen Krieges in Preußen. Untersuchungen zur Beurteilung militärischer Leistungen durch Friedrich den II.* (Frankfurt a. M.; n.p., 1981).

115. Moncure, *Forging the King's Sword*, 263.

116. 关于 1870 年少尉候补生考试的具体课程，参见同上，236–237。

117. 关于考试所提问题的更多例子，可见下书的附录部分：Clemente, "Making of the Prussian Officer"。但与蒙丘尔的例子相似，它们都来自 19 世纪。

118. Unruh, *Ehe die Stunde schlug*, 82. *Charakterisert* 意味着 Fähnrich 不应该被置于常规的指挥系统中，但仍然是"学徒少尉"。在旧普鲁士军队中，大多数军官或同级官员，如审计员（法律顾问）和医生，都被允许携带军刀。*Portepee* 是一根编织物制成的小绳子，用作挂在手腕上的套环，这样在激烈的战斗中军刀不会丢失。因此，只有真正参战的一线军官才使用它，并与其他穿制服的官员区别开来。在 19 世纪，它已经成为军官们的一种装饰性地位象征，仍然标志着那些将要参战的人。

蒙丘尔的翻译"名誉少尉"足够接近，但并不能完全抓住这个

第三章 "学习如何死亡":德国军校学员

名称的含义。美国陆军的一名军官可以根据其荣誉军衔来指挥,一名少尉候补生则不能。参见 Moncure, *Forging the King's Sword*, 16。关于这一军衔最重要的事实是,这标志着学员是一名认真的军官候选者,他穿着各种崭新制服,如果没有严重犯错将来会成为军官,这使他在普鲁士和德国社会享有很高的声望。

119. 作为德国军事社会学最早的论文之一,很有偏见但同时也很有趣:Franz Carl Endres, "Soziologische Struktur und ihre entsprechenden Ideologien des deutschen Offizierkorps vor dem Weltkriege," *Archiv für Sozialwissenschaft und Sozialpolitik* 58 (1927)。

最新的研究可见 Marcus Funck, "Schock und Chance: Der preußische Militäradel in der Weimarer Republik zwischen Stand und Profession," in *Adel und Bürgertum in Deutschland: Entwicklungslinien und Wendepunkte*, ed. Hans Reif (Berlin: Akademie, 2001)。关于学员的任职信息,也可参见 *Forging the King's Sword*, 242–256. Johannes Hürter, *Hitlers Heerführer: Die deutschen Oberbefelshaber im Krieg gegen die Sowjetunion 1941/1942* (München: Oldenbourg, 2007), 619–669。

120. Unruh, *Ehe die Stunde schlug*, 106–107.

121. Moncure, *Forging the King's Sword*, 67.

122. Salomon, *Die Kadetten*, 243–248, 257–260.

123. Diedrich, *Paulus: Das Trauma von Stalingrad*, 43.

124. 同上, 44。

125. Masuhr, *Psychologische Gesichtspunkte*, 22–24.

126. Brand and Eckert, *Kadetten*, vol. 1, 183.

127. Unruh, *Ehe die Stunde schlug*.

128. Brand and Eckert, *Kadetten*, vol. 1, 183, 188.

129. Moncure, *Forging the King's Sword*, 143, 147.应当指出的是，厄普顿在19世纪70年代初就进行了观察，当时尚无来自军官学校的正规高中会考。按照中等学校的安排表进行改组发生在1877年。与此相反，在1912年所有德国军官候补生中有65%持有高中毕业证书，比西点的理学学士学位分量更重。蒙丘尔著作的第五章对教育质量进行了很好的讨论。显然，高级军官学校教师素质比美国陆军军官学院高得多。

130. 对 Markmann, *Kadetten* 一书中出现的学员的观点进行比较。同样的文字马上就会在下书的引言部分出现：Brand and Eckert, *Kadetten*, vol. 1. Also: Unruh, *Ehe die Stunde schlug*, 88. Manstein, *Soldatenleben*, 22; Salomon, *Die Kadetten*, 56。

131. Unruh, *Ehe die Stunde schlug*, 98.

132. Brand and Eckert, *Kadetten*, vol. 1, 314–315.

133. 同上，309。

134. Manstein, *Soldatenleben*, 22.

135. 同上，16。

136. 这一观点得到了以下事实的支持：冯·曼施坦因在后来的几年中，即使是一名级别相对较低的军官，也认为他基本上可以摆脱一切。Oliver von Wrochem, *Erich von Manstein: Vernichtungskrieg und Geschichtspolitik* (Paderborn: Schöningh, 2009), 36. Manstein, *Soldatenleben*, 90–91, 114–115.

137. Brand and Eckert, *Kadetten*, vol. 1, 177, 186.

138. Salomon, *Die Kadetten*, 249.

第三章 "学习如何死亡":德国军校学员

139. Unruh, *Ehe die Stunde schlug*, 96.

140. Salomon, *Die Kadetten*, 21, 90.

141. Boog, "Civil Education, Social Origins, and the German Officer Corps," 125.

142. Schmitz, *Militärische Jugenderziehung*, 149–150.

143. Salomon, *Die Kadetten*, 46–47.

144. Schmitz, *Militärische Jugenderziehung*, 161.

145. Eisenhower, *Strictly Personal*, 44.

146. Salomon, *Die Kadetten*, 254.

147. Afflerbach, *Falkenhayn*, 11.

148. Wiese, *Kadettenjahre*, 41; Salomon, *Die Kadetten*, 21. 最常提到的观点之一是,就过于严厉的纪律制度而言,10 岁或 12 岁的学员还过于年轻。这无疑是正确的。但是,有抱负的少年可以随时进入预科学校和高级军官学校,因此,没有必要在很小的时候就送他入学。

只有维泽(Wiese)的记述在其整体否定性上引人注目,该记述不足 90 页,除了暴行以外什么也没描述。显然,作者(1876—1969)因其在军官学校的经历而遭受了极大的创伤,这导致了叙述的明显夸张。对于年轻的利奥波德(Leopold)来说,最糟糕的情况似乎不是学校本身,而是他以令人心碎的信件恳求母亲将他从军官学校带走,但她却没有这么做,而是让他在那里待了七年半。亲戚对她施加了额外的压力,因为利奥波德小时候享有"谎话连篇"的声誉。因此,维泽认为自己缺乏母爱和地位不足,感到遭人拒绝,因此,他的记述比起军事学校的日常生活要沉重得多。

维泽的记述被认为是其他学员的经历的代表，这是有关军官学校的史学问题之一。它们没有被放入其著作之中，被认为是"符合事实的""可靠的"和"没有偏见的"：Schmitz, *Militärische Jugenderziehung*, 2。维泽于1924年出版了有关军官学校的第一本书，当时出现了有关重新开办军官学校的讨论，尽管《凡尔赛条约》禁止这样做。他显然想引起关注以反对这件事。作者当时已经是经济学教授，后来以"德国社会学创始人"而闻名。

149. Salomon, *Die Kadetten*, 9. 恩斯特·冯·所罗门（Ernst von Salomon，1902—1972）是个坚强的孩子，认为自己的家庭"难以忍受"。当他进入卡尔斯鲁厄的军官学校时立即意识到，这是一个必须"保护自己的皮肤"的地方，这是一种德国人的说法表达，表示不肯接受年长者的非难。More "volunteers" in Moncure, *Forging the King's Sword*, 81–83. Clemente, "Making of the Prussian Officer," 204–206.

150. Schmitz, *Militärische Jugenderziehung*, 131. 然而在他们的叙述中，与西点军人一样，即使其他人被以正面形象展示，他们的名字也通常会被更改。

151. *Letter of William R. Smith to Floyd L. Parks, December 27, 1937.* 史密斯嘲笑的这本书是莫特（Mott）的《二十年》(*Twenty Years*)。莫特上校，美国陆军军官学院1886届学员，毕业几年后成为西点军校的一名战术军官，后来他一直密切关注他心爱的母校发生的所有事情，即使出国后也是如此。莫特关于西点的两章可以算作当代有关该学院的最好、最具反思性的叙述。不过，莫特以一种尖刻的方式表达真理，他举例说，"在头三年中，教室里几乎没有一门军事科目的课程。从理智上讲,在那几年里,他们(学员)与军事思想的接触比接触斯宾塞女子学校(Miss Spence's School)的女孩还少。"参见同上,38。

当时的参谋长伦纳德·伍德(Leonard Wood)少将不是西点军校的毕业生。他在非公开谈话后敦促莫特将他的改进建议直接发给西点军校,学院"礼貌"地接受了——这很可能是因为参谋长的认可——然后将之束之高阁。莫特准确地预见到了对他关于西点的书和文章的反应:"如果任何其他毕业生敢于对这个地方挑毛病,那他们就会说这是在破坏自己的老窝。"同上,330。另一名军官描写了类似的担忧,批评了西点军校的选拔和教学方法:Sanger, "The West Point Military Academy," 134。

第二部分
中级进阶教育与晋升

Intermediate Advanced Education and Promotion

第四章
条令的重要性和如何管理：
美国指挥与参谋学校与被忽视的步兵学校

职业军官需要终身接受培训。[1]

——马修·邦克·李奇微上将

美国职业军事教育体系的另一块基石由威廉·特库姆塞·舍曼上将（美国陆军军官学院1840届）于1881年5月在堪萨斯州莱文沃斯堡建立。当时该校被称为"步兵和骑兵应用学院"，它经历了——在此后几年里——数次更名，这证明它"最初缺乏明确的目标"的观点。[2] 缺少明确的教育任务的问题甚至在几十年后仍在困扰这所学院。[3]

建立伊始，这所学院就遇到了一些有损声誉的问题。虽然美国陆军极其需要具备专业参谋业务知识的军官，但学院最初录取的大部分学员都是少尉。这个军衔的军官是指挥排一级单位的，而学院本应讲授更高级别单位的参谋业务。

由于低水平的教学、要求学员大声朗读和背诵，这所学院被称为"幼儿园"[4]。毕业学员——尤其是那些获得过荣誉的——毕业多年以后仍被战友们戏弄、嘲笑，因为他们被认为并未取得什么成就。[5]

从舍曼直到关注这所学院的每一个人都对其声誉不佳感到震惊并试图进行改进。几位院长展现出了智慧，他们向参谋和教员征求建议。在随后的几年里，莱文沃斯有所进步，但远离幼儿园的每一步都可以称为成功，所以这并不自动意味着这所学院已经变成了一所优秀的高等军事院校。直到19世纪90年代初期整个陆军晋升体制发生改革的前夜，在约翰·麦卡利斯特·斯科菲尔德将军的努力下，莱文沃斯的院长们才采取了更为有力的行动，例如，减少每日背诵。[6]他们让莱文沃斯的教学具备了中学的形式，而这种教学的价值接近于零。然而，学员难以消除的理念仍然是"越接近课文原文，成绩就会越好"[7]。这种信念中的许多真理将在下文得以体现。

在美国陆军标准方面，颇有远见的高级教员阿瑟·L.瓦格纳（Arthur L. Wagner）和埃本·斯威夫特（Eben Swift）帮助提高了整体教学水平，但也带来了严重的缺陷。[8]瓦格纳曾前往德国访问普鲁士学校，因此毫无疑问受到了那次经历的影响。[9]然而，当应用方法最终被引入学员的教学时，他不得不承认："当我们开始采用它时，它早已广为人知并实践了30多年。"[10]按照这种应用方法，学员被要求使用——应用——此前在理论课上学过的内容，而不是仅仅记忆和反复背诵课本知识和规章制度。[11]当这种应用方法在莱文沃斯的使用到达高峰时，它在德国战争学院却已经被逐步淘汰，取而代之的是大量的角色扮演和兵棋推演。[12]

从长远来看，莱文沃斯的进步只是相对的。毫不奇怪，和西点一样，莱文沃斯的教学方法和教学内容同样落后。尽管武器和战争

第四章 条令的重要性和如何管理：美国指挥与参谋学校与被忽视的步兵学校

形式发生了迅速变化，"莱文沃斯堡的改革者们仍然令人惊讶地自相矛盾，甚至经常对技术知识和技术解决方案怀有敌意"[13]。

埃本·斯威夫特允许他的学员参加在德国各级军校中都很常见的兵棋推演。就像其他许多从德国军事机构引进的做法一样，这种做法也根据美国的情况进行了调整。在德国，学员们的"战斗"贯穿全程，包括应对职务上的突然调整和战术上的意外情况，美国学员的任务则在主力部队接敌之后结束。[14] 但这在当时的美国陆军中似乎是常规做法，甚至陆军战争学院采用的也是这种缺乏想象力和灵活性的做法。[15] 莱文沃斯的教员没有采取任何措施改变这种不合理的做法。[16] 直到 1939 年，学员们才开始进行一系列的作战想定。[17]

斯威夫特认为，现代武器使得部队部署之后的作战结果可以预测。这种观点不但没有给学员们带来思想上的挑战，反而成了"忽视复杂问题的借口"[18]。直到 20 世纪 30 年代，多层次兵棋推演才被引入，但问题是，它们仍是精心编排的，不包括任何突发情况。[19] 德国教材中的战术研究被认为"对典型的美国军官而言过于雄心勃勃"，结果，针对美国军官学员对其进行了"简化"。[20] 似乎对学院最初几十年的评估是正确的，即教员一直低估了学员的智力水平。

美西战争结束以后，这所院校于 1902 年重开，此时已经获得了其最坚定的支持者之一、富兰克林·贝尔（Franklin Bell）将军（美国陆军军官学院 1878 届）的昵称"贝尔傻瓜"这一绰号。一年以后，贝尔将军成为这所学院的院长。[21] 进入学院学习的通常主要是少尉，也有少量少校，因为学校被认为是专门讲授参谋业务的。[22] 多年以来，部门竞争为实现这一目标制造了许多障碍，导致了"狭窄的课程设置"[23]。军事历史——本应是所有军官教育的重要部分——却只在教学中发挥了很小的作用,"而大量时间都花在了基础课程方面,而这些本应是具备一定经验的军官的常识"[24]。

这一决定在1919年基本得到了确认,当时副院长 W. K. 泰勒(W. K. Taylor)决定,"为了公平起见",这些课程应当根据最弱学员的情况量身定制。[25] 这个例子表明,而且接下来还有更多例子证明,在莱文沃斯,教学的灵活性根本不存在。在德国战争学院,就像以前针对少尉的战争学校一样,军官们会根据他们的个人能力和兵种被分入不同的年级,这使得每名学员在各所学校都能获得最大的收获。基础知识不会影响聪明的学员,使他们感到厌烦。不合格的学员无论如何也无法进入战争学院,因为入学考试要求很高,这将在下一章讨论。

显然,莱文沃斯的基础课程占用了太多时间,以至于当时正在进行的战争被完全忽视。直到1940年前,这个问题始终困扰着这所学校。第一次世界大战期间,佩里·莱斯特·迈尔斯（Perry Lester Miles）刚刚完成莱文沃斯学校的学业就匆匆奔赴欧洲指挥部队。他注意到,莱文沃斯的教学"忽视了在欧洲作战的战士们在战场上学到的教训,而且……没有向我们传授任何真正有用的东西"[26]。和往常一样,莱文沃斯的教员"在自己尚未掌握重要的战场经验之前就想成为教员"[27]。因此,人们正确地观察到,"显然,美国远征军通过战斗学习战斗,不是因为潘兴坚持的'开阔地作战'（open warfare）理论①,也不是因为战前的莱文沃斯阐述了正确的战术原则"[28]。

---

① "开阔地作战"是相对"堑壕战"而言的,潘兴认为,应当将敌人从堑壕中驱赶出来,在开阔地运用机动作战予以歼灭。——译者注

第四章　条令的重要性和如何管理：美国指挥与参谋学校与被忽视的步兵学校

▲ 格兰特大厅，堪萨斯州莱文沃斯堡指挥与参谋学校的主要学术建筑，1939年。（美国陆军合成兵种研究图书馆提供）

第一次世界大战结束后发生了一些改革，1922 年学校更名为指挥与参谋学校。在 1919 年至 1923 年的短暂时间里，这些课程持续了两年，其中一年是常规课程，称为"作战班"，还有一年是高级课程，称为"参谋班"。那些在"作战班"表现较好的学员将被允许留校进行第二年的学习。[29]

根据 1920 年的校长年度报告，作战班应当讲授"第一，组织；第二，不同兵种单一或合同的战术、技术和能力；第三，战术原则、决策、计划、命令及其运用；第四，补给原则及其在师的运用；第五，师长和参谋部的职责和职能；第六，师属部队领导的具体问题"。[30] 令人惊讶的是，在一所高等军事院校里，如此重要的领导能力要素在重要性上竟然排在最后。然而，课程设置的确反映

▲ 这张图片被标注为兵棋推演，但看起来更像一种图上演习，后者当时在指挥与参谋学校非常普遍。（美国陆军合成兵种研究图书馆提供）

第四章 条令的重要性和如何管理：美国指挥与参谋学校与被忽视的步兵学校

了这种优先顺序的奇怪权重。

负有责任的人似乎完全忽视了这样一个事实，即使是运转良好的参谋部也应当领导有方。领导能力被认为是军官最重要的特质之一，因为处处需要领导能力。[31] 因此高级军官们警告说："在指挥与参谋学校和战争学院取得高分不应成为衡量高级指挥能力的标准。如果历史值得研究的话，那么它指出了一个事实，那就是绝大多数指挥官在理论方面并不出色。他们之所以能够成功是因为他们非常注重实践。"[32]

显然，即使是第二次世界大战即将爆发的时刻，已有几十年历史的莱文沃斯堡院校的声誉也备受质疑。[33] 虽然指挥与参谋学校的课程安排"强调包含指挥官和总参谋部军官之间互动的指挥过程"，但在实践中显然很少出现这种情况。[34]

下面我们将说明莱文沃斯讲授的多数课程都是高度理论化的，"似乎学院认为，那些足够聪明、能够完成莱文沃斯课程的人具备成为优秀指挥官的素养"[35]。然而，战时档案的对比并不支持这一观点。[36]

直到1939年，学员调查仍显示，授课水平最低的课程包括"指挥""部队领导""机械化部队与坦克""航空、补给与后勤"——这些恰恰是军官们在第二次世界大战中将会用到的。[37] 虽然在这些调查中，军官学员的抱怨不包括"情报搜集、评估和分发"课程，但战争证明了这些课程的讲授也存在严重不足。"二战"中盟军最高指挥机构的参谋长沃尔特·比德尔·史密斯以其典型的严厉直率对他的朋友卢西恩·K.特拉斯科特（Lucian K. Truscott）说："事实上，卢西恩，当我们陷入这场争吵时，我们最大的问题在于高层次的计划拟制和高层次的情报工作。我们的 G-2（情报）部门一直是由一些颓废的武官组成，我们的军种院校根本不知道如何教会我们制订真正的计划。"[38] 史密斯是指挥与参谋学校的毕业学员。

布鲁斯·C. 克拉克（Bruce C. Clarke）（美国陆军军官学院 1925 届）指出，指挥与参谋学校的 G-2 课程倾向于向情报人员讲授"'过多'的信息基本要素……而不是少数几个真正关键的指标"，情报人员总想在"做出建议或报告之前再多找一个指标"，从而延误了指挥官的决策过程。[39]

在战友看来，作为情报领域为数不多的专业人士之一，保罗·M. 罗比内特（Paul M. Robinett）"对 G-2 工作的了解比军队里其他任何人都多"。他认为，"这一重要领域的教学水平不足，这个问题在和平时期已经非常明显"[40]。他坚持不懈地推动"加强莱文沃斯的情报教学"，但指挥与参谋学校的教员始终对他的建议充耳不闻。[41] 这位专家准确地看到，这种不足不仅存在于课程内容方面，更重要的是还存在于教学方法方面。由于职业（军事）教育院校的教员不愿倾听他的意见，所以他写信给一位战友："我急切地请你考虑，务必使你的课程更加实用——远离那些过时的会议式的教学，后者是我们所有军校的通病。"[42]

然而，1939 年出版的《教员手册》在题为"G-2 的训练"的一章标题下写道："据信目前的教学方式非常优秀……"这是莱文沃斯学校教员典型的滑稽风格。[43]

在第一次世界大战后的几年里，大批（战时）动员起来的军官不得不入校学习，所谓的"驼峰"堵塞了院校和晋升的管道。想象一下这个瓶颈的情况吧：1917 年 4 月正规军军官共有 5960 名，这

第四章 条令的重要性和如何管理：美国指挥与参谋学校与被忽视的步兵学校

一数字在第一次世界大战结束时暴增为 203786 名。[44] 当然，并不是所有人都能继续服役，也不是所有人都有资格进入指挥与参谋学校，但问题的严重性是显而易见的。甚至有几年指挥与参谋学校只开设了一年制课程，在第二次世界大战期间又进一步缩短为十周课程。两年制课程的重新引入是在 1929 年至 1936 年。指挥与参谋学校学员的军衔结构也发生了变化：61% 的学员拥有上尉军衔，37% 为少校。几年之后大部分学员都是少校。[45] 这类军衔的军人似乎比以前培训的中尉们更适合师与军的参谋业务的教学；而德国陆军的主流思想是，应当尽早接受高级职业军事教育，所以在德国的兵棋推演中，中尉可以指挥师。因此，进入战争学院学习的多为少尉或中尉。在此后的几年里，他们将被提升为上尉，但仍继续在战争学院学习。

在指挥与参谋学校，经过多年的"驼峰"以后，最初那种只允许优秀学员继续在第二年学习高级课程的竞争几乎出现了逆转。只有那些完全失败的人才会在第一年结束后被淘汰。其余学员都可以继续两年制课程的学习。指挥与参谋学校的校长们长期以来一直在争取开设两年制正规课程，因为他们认为，不可能在一年内讲完必要的内容。然而，对师旅参谋业务教学而言，这种估计似乎并不准确。倒不如说，由于教学内容庞大、事无巨细、以教材和条令为导向，才导致了需要如此长的教学时间。乔治·C. 马歇尔可以说是当时军队中最重要的职业军事教育专家之一。他认为只要有适当的教学方法，这些必要的内容可以在指挥与参谋学校用四个半月的时间讲完。[46]

通常，只有在完成了指挥与参谋学校的学习之后，军官们才有可能进入下一更高级别的院校,如陆军战争学院和后来成立的工业学院。然而在现实中,有些人可以成功地无须通过上述各所院校的培训。[47]"只有连续进入上述院校深造才能获得晋升必需的入场券"的观念迫使许多军官不断纠缠上级,以便被派往上述院校学习。[48]然而,这些机构并没有受到普遍的重视,特别是那些年纪较大的一战老兵,他们现在已经是团长或师长。在他们看来,自己打败了强大的德意志帝国军队,因此,即使不学新的理论他们也充分了解战争。他们更愿意被派往一个管理良好的单位,而不是与有着新奇学校想法的聪明军官打交道。[49]之所以团里同意把某位军官派往院校,原因是此人也许无足轻重——甚至被认为是"本团的白痴"[50],这样的情况经常发生。这种说法甚至根本不算夸张,因为至少出现过一个精神病患者被选中参加指挥与参谋学校学习的案例。[51]

难以置信的是,同样的选拔问题此后二十年依然存在。[52]因此,确实有一些人上了不应该上的学校,比如"一些老家伙的助手、副官或受到器重的参谋军官"[53]。这种保守的教育观念在高级军官中占据主流。布拉德福德·格雷唐·查诺韦思(Bradford Grethen Chynoweth)少校(美国陆军军官学院1912届)注意到,时任陆军参谋长(1926—1930)的查尔斯·P. 萨默罗尔(Charles P. Summerall)(美国陆军军官学院1892届)"像那个时代许多人一样,……他没有全心投入预测未来战争的可能变化。他已经打完了自己的战争"[54]。查诺韦思被许多人认为是一个"伟大的思想者",但他独特的教育思想和坦克理论以及在上级面前直言不讳的作风让他不断陷入麻烦。[55]最终,在第二次世界大战开始时,他在菲律宾被日本人俘虏,此后几年不得不忍受日本集中营的非人待遇。查诺

第四章 条令的重要性和如何管理：美国指挥与参谋学校与被忽视的步兵学校

韦思及其与心胸狭窄、行为守旧的军官相处的经验并非个例。因此，希望就读莱文沃斯的军官们不得不遵循一套相当不透明的、保守的程序。

由军官的上级领导替莱文沃斯院校选拔军官这本身就是一个问题，而不仅仅是因为上面所说的原因——把军官派往院校学习是为了赶走他们，或者由于上级领导过于守旧无法理解高等军事院校的价值。如果不具备正确表现自己的能力，年轻有为的军官就很容易被忽视。还有一些军官价值连城，以至于上级会直接拒绝，批准他们的入学申请，因为上级考虑的更多的是自己的团，而不是下属的职业或教育。即使得到团长的同意或选拔，最终决定权还要取决于部门主管。帮助军官入读指挥与参谋学校的常常是个人影响力和巧妙的行文，而不是适当和公平的选拔程序。[56]

对那些致力于进入指挥与参谋学校学习的人来说，无论是出于拓展视野的真实愿望，还是纯粹为了获得晋升的入场券，这种不透明的、每隔几年就会改变一次的选拔标准让他们更难进入指挥与参谋学校。年龄限制、衔龄限制和业绩评定标准随着时间的推移而不断变化，因此即使是像乔治·C.马歇尔那样熟知军队各项事务的人偶尔也会在谁有资格进入莱文沃斯学习的问题上被人蒙骗。[57]他不得不表示："为了获得莱文沃斯的入学机会，每年的竞争都更加激烈。"[58]同年，一位年轻的军官向马歇尔抱怨道："如今，要想进入莱文沃斯或战争学院的录取名单似乎需要一场艰巨的战役。"[59]另外一些人则认为这是一种"愚蠢的管理军队的方式"[60]。

这些言语中的挫折感非常明显，这不仅是因为选拔标准不透明，而且还因为年轻军官不得不（将前途命运）依赖于他人。在德国，每位符合条件的军官都可以参加战争学院的入学考试，这一程序将在下一章讨论。虽然美国军事院校的校长们经常因为各部门主管派来的学员质量不高而建议和申请举行入学考试，但他们的建议从未被采纳。[61]

当美国的军官们最终成功进入指挥与参谋学校后，这所学校的不足就马上显现出来了。在某些特殊的领域，在讲授某门课程时，教员甚至不如上课的学员更有资历，这种情况并不罕见。第一次世界大战后情况发生了改变，当时美国远征军老兵在指挥与参谋学校教员中获得了"绝对的支配地位"，甚至在20世纪30年代中期，他们仍然占教员三分之一左右。[62]现在他们至少有了一些现代战争的经验。然而，在这些军官担任教员的情况下，有一种观点更加流行，即认为军事上有重大意义的一切都在"一战"中发生过了，将来不会再有什么改变。尽管教员们忙着重编条令，但他们编写的手册和他们的教学都不能满足即将到来的现代战争的需要。一份1919年的备忘录用典型的吹嘘式的莱文沃斯教员的行话写着："莱文沃斯学校迄今认可和教授的战术原则和学说均已在欧洲战争中经受了考验，今天和以后都将继续适用。"[63]这样的说法确实可以贴上"滑稽"的标签。结果，那些具备"一战"作战经验的学员如果想把自己从堑壕战中学到的一些经验应用在图上作业时就会得到较低的分数，因为在当时的学院院长休·A.德拉姆（Hugh A.Drum）上校看来，"开阔地作战理论是一个更加合理的战术解决方案"[64]。事实上，美国远征军此前从未在不到200天的战斗中伤亡人数超过25万。[65]根据现有条令为第一次世界大战进行的训练"只能培养出在直接攻击中勇于赴死的步兵，因为它不知道有其他更好的方式"[66]。

第四章 条令的重要性和如何管理：美国指挥与参谋学校与被忽视的步兵学校

没有证据表明，来自美国远征军老兵的教员是因为其教学技能或对某一领域的熟知而被选中的。显然，尽管肯定有着不同的个人经历，但他们还是彻头彻尾的莱文沃斯理论的信徒。至于教员专长的简介通常来自教员自己、指挥与参谋学校校长或校长助理——但很少来自以前的学员。后者更愿意把教员描述为只懂得"枯燥无味的教学方法"，课堂上充斥着"令人麻木的细节"和"千篇一律的"教学。[67]

以前的教员会回到指挥与参谋学校，再做一段时间的教员、副校长，或是校长，这样就能确保不会发生什么改变，什么也不会遭到质疑。指挥与参谋学校在教员选择方面采取了与美国陆军军官学院相同的不幸政策——只选择前毕业学员。同样发生在西点的"近亲繁殖"也发生在这所高级军事院校。任何标新立异者的影响或新鲜的、打破常规的思考几乎都是不可能的。

事实上，关于莱文沃斯那些死板教员的教学能力几乎没有什么赞扬的文字。人们普遍认为这些课程艰巨、枯燥而复杂。正因如此，校长们迫切需要两年的时间来讲授所有内容。问题是自己造成的，对那些批评指挥与参谋学校教学方式的人来说，教学的主要方式才是他们关注的问题。大多数军官学员在他们的自传和信件中声称，他们必须非常努力才能顺利通过莱文沃斯的学习。[68]每个年级都有军官"因病休学"[69]。由于这些可怕的描述，莱文沃斯学校的声誉再次受损。当时刚从该校毕业的德怀特·D.艾森豪威尔被要求写一篇关于该校的文章，以帮助改善学校受损的形象。[70]虽然这本应是一篇宣传性的文章，但从字里行间仍能看出这所学校的缺点。尽管这是一篇专题文章，艾森豪威尔还是采取匿名方式，并从各个方面对自己进行了掩盖，以防一些高级军官不同意其观点而危及他的职业。虽然艾克在军队中通常受到高度尊敬，但这篇文章是他在某些圈子里获得"马屁精"称号的原因之一。

莱文沃斯学业负担较重的原因是真实存在的，也是多方面的。美国军官在自己所在团中能够接受到的普通教育非常有限。团长们倾向于"依靠军种院校对其军官进行教育"，因此他们在入学前往往缺乏先进的军事知识。[71]"驻地学校"本应是伊莱休·鲁特改革的基石，但却被教育匮乏的美国陆军严重忽视。[72] 我们在关于西点那一章里已经了解了克赖顿·艾布拉姆斯的例子，但这并非特例。在他 1936 年从美国陆军军官学院毕业之后，直到第二次世界大战开始之前，"他所受的全部院校教育"就是"关于 1920 年《国防法案》相关条款的两天的介绍课程，以及在第 7 骑兵师马掌学校为期一周的培训"[73]。因此，大多数军官入校时都缺乏指挥与参谋学校的专门知识和教育。年长的上尉和少校们被迫在指挥与参谋学校参加训练法规的书面考试，而这是每名德国少尉在睡梦中都知道的内容。[74]

学习艰苦的另一个原因是枯燥的教学方式和死板的授课方式，要求背记大量课本、资料、程序和规则，这些做法抑制了创造力并使学员必须努力记忆某种古板的写作风格。与德国军官不同的是，美国军官让自己做好准备的唯一方法就是私下向往届毕业学员咨询建议。乔治·S.巴顿给他年轻的朋友弗洛伊德·S.帕克斯（Floyd S. Parks）写了一封信——后者曾在他夏威夷的参谋部工作，现在被派往指挥与参谋学校学习——"在莱文沃斯取得高分更取决于技术而不是智力。我在那里的时候每天晚上都用速记的方法抄写一份命

第四章 条令的重要性和如何管理：美国指挥与参谋学校与被忽视的步兵学校

令。这种练习的目的是自动撰写正确的命令"[75]。巴顿的行动比言语更能清晰地表明他对莱文沃斯的真实看法。毕业以后，他会连续多年要求学院帮助其解决战术问题，但他从不要求学院给出答案。[76]

乔治·C.马歇尔完全同意巴顿的观点，他说："实际上，我在陆军看到的所有战术教学都是百分之九十的技术加百分之十的战术。"[77]马歇尔还记得自己在莱文沃斯"那些日子里，我们被要求用速记的方法撰写一份冗长的态势分析，这大约会用掉两个小时"[78]。几十年后，情况几乎没有发生任何变化，因为马歇尔"与许多莱文沃斯在校学员交谈过，我发现他们中相当多的人认为，下午某些两三个小时的课程原本可以在一个小时内高效地讲完"[79]。

在德国，公众很容易获得关于如何入选战争学院、那里情况如何的信息。此外，一项惯例是，某个团参加过入学考试或甚至就读过战争学院的军官，会让他们的战友接触自己在考试和在战争学院就读期间必须学习的同样的学习材料。作为德国军官，教育年轻战友一直是一项不可或缺的责任。

尽管大家都是同一支军队的军官，而且军衔往往相同，但在指挥与参谋学校，教员和军官学员之间存在着一种严格的等级制度，即使是课后也没有稍稍松动。在与军官学员打高尔夫球的时候，教员们可能会"稍微放松一点，但永远不会忘记他们代表着'学校'"[80]。另外有人指出，这所学校存在一种"师徒"关系。[81]

在1939年一份学员军官调查问卷中，大约50%的人声称学员和教员之间的"接触机会""不足"[82]。可以想象，二十年前的情况该有多糟。教员和学员之间的鸿沟绝不鼓励讨论、质疑或批评，而这似乎就是它想要达到的效果。校长们显然更愿意将标准的固定程序和作战计划灌输给进学员的头脑,而不是让他们成为独立的思想者和决策者。然而,后者才是担任20世纪现代机动和机械化战争指挥官的人所需要的。与之相反的是,他们被训练如何实施"有条不紊的战役",而这在拿破仑时代也是不存在的。[83]

新入校军官在指挥与参谋学校遇到的另一个主要问题是,这里的理论性、学术性方法与他们以前在步兵学校所习惯的实践型、应用型教学大不相同。他们绝大部分时间面对的都是在教室内进行的图上(想定)问题和程序。而且在早期,教员甚至还不如学员有实践和作战经验——即使是在其讲授的某项专门课程方面——也是如此。

布鲁斯·C. 克拉克(美国陆军军官学院1925届)曾受到指挥与参谋学校一名教员的极大羞辱,以至于四十年后这段经历仍然让他愤怒不已,甚至专门为此写了一篇文章。1940年,他参加了最后一期常规班。在这一阶段,指挥与参谋学校的教员将开展持续数天的图上演练。克拉克当时是一名上尉,在演习中指挥着"蓝军"一个整师,还有一个配属坦克连。他命令其步兵营在一条狭窄战线上取得突破,使坦克连能够穿过战线并直接攻击位于敌军后方某座城市的"红军"总部。克拉克的作战计划"在学院里引起了极大恐慌"。[84] 由于这位聪明的军官占领了敌人的总部,这次图上演习比原定计划提前一天结束。克拉克因其指挥"受到严厉批评",并被告知"滥用了他的坦克",因为它们"从未被派往城镇过",而且从未在没有步兵保护的情况下开展行动。[85] 一位领导这次演习的步兵上校认为,因为克拉克是一名工兵军官,因此不会理解这样的事情。这位目瞪口呆、灰心丧气的上尉因其作为师长的表现而受到可

第四章 条令的重要性和如何管理：美国指挥与参谋学校与被忽视的步兵学校

怕的"不满意"评价。如果不是因为战争，这种评估肯定会毁掉克拉克的职业生涯。但三年后，他发现自己正领导着作为巴顿第3集团军一部分的第4装甲师的A战斗指挥部。他命令自己的第37坦克营实施了与莱文沃斯图上演练基本相同的行动。这个营正是由已经声名鹊起的克赖顿·艾布拉姆斯指挥，前几章我们已经知道他作为新生在西点经受过很大痛苦。[86]和图上演练一样，这个营攻入了位于后方的城镇并占领了负责协调地区防御的德军指挥所。克拉克后来成为四星上将，指挥美国欧洲陆军。他于1962年退休，并被认为是领导能力和装甲战方面的专家。他的职业生涯——险些被莱文沃斯的无能教员毁掉——被战争挽救。由于几十年后对自己在学校的经历仍然耿耿于怀，他把这篇文章发给几位朋友，并在下方亲手写下诸如"这就是1940年莱文沃斯培养其毕业生以打败希特勒装甲部队的教学方式"[87]。他认为主任教员对待自己的方式"不可原谅"，而且他指出，这位严重羞辱了他的步兵上校1944年在法国指挥了一个团，但最终只以上校军衔退休。

乔治·C.马歇尔在其备忘录中对理论性方法及其危害进行了探讨，他表示："基本无法针对更宏大的问题进行训练，因为莱文沃斯体系过于枯燥，而且作为一种规则，它只研究某些久远的问题，比如葛底斯堡的地图。"[88]这种方法并不令人满意，因为毕竟"这个世界是由人人都能进入的开放国家组成的"[89]。马歇尔呼吁某种独创性和创造性，而这显然是莱文沃斯的教学所缺乏的。

在室内进行图上演练和在野外开展同样课程的区别无论如何强调都不过分。一个接一个地解决图上问题的军官会产生错误的自信，以为地图会为他们提供所有需要的信息。在战争中，他们会待在总部，而不是待在外面了解部队和前线的情况，这显然与地图和收到的电报所显示的完全不同。[90] 在真正的危机中，合适的地图通常不会恰好在手边。[91] 即使在美国本土举行的大规模演习中，参演军官也得不到详细的地图。[92]

但是，图上演练、图上机动和图上作业训练占据了指挥与参谋学校"百分之七十的总教学时间"[93]。莱文沃斯院校要求其军官掌握"参谋军官的精神"，这已经被同时代的人注意到，并迫使当时的副院长休·德拉姆上校在其年度报告中进行辩解——但无法令人信服。[94] 然而，为了更加强调真实的指挥决策而对课程进行的调整"实际上更多是表面文章，而不是真正的变革"[95]。

与当时糟糕的美国陆军文化一样，"学校解决方案"再次被莱文沃斯各院校作为每次演习的正确方法和唯一结论。[96] 像对待中学生一样对待军官学员——尽管后者往往已经具备丰富的经验——导致了军官们的冷嘲热讽。其中一位军官创作了一首诗，清晰地表达了他们的观点：

> 这里躺着琼斯中尉的尸骨
> 这个学院的产品
> 在他的第一次战斗中
> 他就像灯一样熄灭了
> 因为他采用了学校解决方案！[97]

尽管有人始终认为，学员有时也参与学校解决方案的制订，但在前学员的回忆录或信件中并未记录任何能够表明学员发挥了实际

第四章 条令的重要性和如何管理：美国指挥与参谋学校与被忽视的步兵学校

作用的事例。[98]实际上，甚至一篇关于1936年指挥与参谋学校教学的军官学员研究论文也对学院把重点放在解决方案上持批判态度。[99]作者并不是唯一一个要求"更多思想自由"的人。[100]

在一个新的评分系统下——过去曾经、以后还会多次调整——学员必须找到"符合标准的答案"才能获得梦寐以求的"E"（代表"优秀"）。[101]任何违背学校原则发挥创造性都会影响学员成绩，可能会得到"S"（代表"令人满意"），也可能得到令人憎恶的"U"（代表"不令人满意"）。结果，"（这种评分系统的）的总体影响就是抑制了（学员）主动性"[102]。

这种僵硬而虚假的氛围在乔·科林斯——我们在第二章已经认识——讲述的在他不幸被分配到西点担任教员期间发生的一件事中得到了最好的描述。科林斯在莱文沃斯培训时，曾有"几次"，时任院长斯图尔特·海因策尔曼（Stuart Heintzelman）少将（美国陆军军官学院1899届）坐在教室里，公开质疑教员提出的"学校解决方案"①[103]。海因策尔曼会向教员道歉，告诉全班学员他自己的方案，但会提醒大家"在以后的考试中还是得听从教员的教导"，否则学员们可能会得到"不令人满意"的评分。正如查诺韦思之前所指出的，科林斯评论道："我们大多数学员都听从了他的建议，按照教员的游戏规则来玩，就像在开玩笑一样。"[104]所谓"灵活处理可能的解决方案"的声明和诸如"学校的职能不是传播教条，而是教会学员思考"之类的观点，仍然主要来自教员，但在现实生活中则被证明是不正确的。[105]后一条观点是海因策尔曼本人提出的，而

---

① "学校解决方案"，意即学校提供的标准答案。——译者注

这显然与他在课堂上给学员的建议相矛盾。这类前后不一的情况清楚地表明，在评价学校的表现时必须十分注意教员的说法。即使在艾森豪威尔写的关于"莱文沃斯课程"的偏颇的专栏文章中，他也建议不要与教员意见相左或争执。[106] 没有发现任何鼓励学员思考的行为。

除了参加讲座、上课和解决地图问题外，学员们还需要准备并提交一篇个人研究论文。这篇论文也可以与一名队友或一组军官学员一起完成（当时称为"小组研究论文"）。整个教学和课程结构让人联想起一座位于偏远农村、建有高耸的象牙塔的地方院校。

不出意料，德意志帝国军队的战役，尤其是坦能堡战役和贡比涅战役，往往是学员和教员们兴趣的中心。尽管 1919 年一份来自教员的备忘录写道"由于心理上的原因不得使用目前采用的德国教科书"，但这个相当有趣的声明在十年后被遗忘了，德国的战争和军队再次流行起来。[107]

与以前一样，德国军官翻译的野战条例和战争与战术专著在 20 世纪 30 年代主要作为教学资料使用。它们的使用方式显示出人们其实对其知之甚少。本研究中提到的大多数美国军官都在 20 世纪 30 年代早期至中期在指挥与参谋学校学习过。在这一时期——大战后的十多年里——几乎没有任何讲座或个人研究论文涉及当时的德军。[108] 相反，在旧德国军官著作的基础上，第一次世界大战被一遍又一遍地复盘。[109]

学员和教员都没有接受过任何资源评估方面的培训，他们为撰写论文而收集的情报也非常有限。尽管如此，他们的一些研究成果还是提供给了陆军部的 G-2 部门，这说明当时美国陆军渴望获得相关信息。然而，这些信息往往只是被草草归档，而没有认真加以研究。

第四章 条令的重要性和如何管理：美国指挥与参谋学校与被忽视的步兵学校

关于其中一篇小组研究论文的最终结局的例子是：M. B. 李奇微，"德国第8集团军从贡比涅战役结束到坦能堡战役的作战（重演）"，个人研究论文，编号88，1935年，指挥与参谋学校。我们已经通过马修·李奇微的西点经历了解到了他的情况，在那里他作为新生遭受磨难。后来，尽管对法语知之甚少，但他仍被命令在学院教授法语，此时他对自己的职业生涯充满恐惧。这个教学岗位并未给他的职业生涯敲响丧钟，但在西点待了六年之后——这位体育爱好者同时担任运动员管理员——李奇微在驻中国的第15步兵团担任连长。该团当时由乔治·马歇尔中校指挥。李奇微"放弃"了参加奥运会五项全能队的机会，以接受最受他尊敬的上级之一、陆军少将弗兰克·R. 麦考伊（Frank R. McCoy）的请求，协助玻利维亚—巴拉圭和解委员会的工作。1934年至1935年，他进入指挥与参谋学校学习，在那里他和许多军官一起完成了上述"小组研究论文"，相比其他论文的标题，（这篇论文）听起来还不错。[110]

然而，李奇微在他的论文中保留了一份副本。所谓的"重演"，在指挥与参谋学校的行话中，只不过是一出规模宏大的剧场演出，以序曲、四幕和一个大纲的形式上演，历时三天。从幽默的笔记和整个场景来看，显然所有参与者在准备、登台、演出时都有很多乐趣。然而，其军事价值几乎为零。该剧最后的结论是：凭借"不可估量、无形但重要的力量——指挥官保罗·冯·兴登堡的意志"，战役最终取得成功。[111] 整项活动几乎不能被看作喜剧，因为这是巨大的时间浪费，而且众所周知，指挥与参谋学校的教员缺乏幽默感。[112] 其他个人和小组研究论文在资源评价和军事意义方面也同样价值甚微。

指挥与参谋学校的评分系统让很多学员感到困惑，而且在教学法方面意义不大。学员的成绩并不清晰,没有明确的层次,学员的分数一直计算到小数点后第二位。[113] 在莱文沃斯培训时乔治·C. 马歇尔完成了某些图上作业,因此得到了最高分 100 分;而费伊·W. 布莱布森(Fay W. Brabson)少尉的分数只有 95.17 分,排名第 47。[114] 这种评分制度在并不优秀的地方假装优秀,而且,如果副院长或某位系主任不能直接明了地对学员解释他取得的成绩或存在的不足,还会使学员对自己的个人表现产生严重的不安全感。[115] 对军事问题具有多年专业知识和经验的军官经常因为被像对待"研究生"一样打分而心怀不满。[116]

在 20 世纪的前 20 年里,莱文沃斯学校在种族主义讲座方面超过了德国的战争学院。这似乎是必然的,因为西点学员已经通过指定阅读书目接触到了种族主义思想。[117] 在莱文沃斯,退役将领甚至上尉都能定期向全班同学展示他们扭曲的世界观,这并不罕见。[118] 勒罗伊·埃尔廷奇(LeRoy Eltinge)上尉(美国陆军军官学院 1896 年届)在莱文沃斯军事艺术系担任高级讲师整整五年,因此能够用名为《战争心理学》(Psychology of War)的小册子掩盖了自己各种可能的种族主义、性别主义的观点。这本小册子就是他讲座的来源,在莱文沃斯使用多年并多次再版。为了影响高层,他在该书第一条脚注中写道,"这些讲座的材料并非原创",但他所有的种族主义谬论都没有出处。[119] 他在"种族心理学"一章的开篇就对"纯正盎格鲁-撒克逊人"的优越性提出了自己的见解。[120] 他接着宣称,黑人"用一种不同的大脑思考",因此,"作为一名军人,我们无法从其身上发掘最大的潜力"。[121] 在埃尔廷奇看来,犹太人"鄙视艰苦的体力劳动",他们"不具备成为一名优秀士兵的素质"。[122] 在他

第四章　条令的重要性和如何管理：美国指挥与参谋学校与被忽视的步兵学校

的附录"战争起因"中，埃尔廷奇再次强调了他的种族主义论断，并继续为奴隶制辩护，还要求军官学员说明如果他们的女儿或姐妹嫁给一个黑色、黄色或红色皮肤的男人，他们会有什么感受。[123] 他用更深刻的论断向听众保证，中国人的心智"在幼年就停止了发展"、消耗大于产出的文明的两个明显标志是"妇女在政治上的影响越来越大"和"上等阶级妇女不愿生育"。[124] 种族主义讲座在陆军战争学院更加常见。[125] 因此，"这些理论很可能已经成为我们（美国）高级军官的思想武器的一部分"。[126] 然而，把引起种族主义信仰和情绪的原因归咎于美国军官所受的教育未免有些夸张。毫无疑问，它们在一定程度上存在于美国社会，而且有证据表明，许多军官——尤其是那些出生在南方的军官——都是伴着这样的观点长大的。[127] 但是，当时的军事教育制度"强化"而不是反对这些观念。[128] 种族主义的谬论和观点仍然可以在前将领的自传中找到，即使是在美国有色人种士兵已经毫无疑问地一再证明了自己的战斗能力的"二战"之后很久。[129] 在美国过去的战争中，他们早就已经证明了这一点。

毫无疑问，种族主义在当时的德国军官团中也非常猖獗。[130] 但我想说的是，直到20世纪30年代，这种教育并不属于德国陆军院校开展的官方的德国军官教育。如果考虑到所有美国军校中用于课程学习的时间都很少因而招致大量的抱怨——结果却在某位普通上尉讲授的"意识形态"讲座上浪费一个小时，这样的情况实在令人惊讶。

而在下面关于德国战争学院的一章中，引用曾就读德国军事院校的美国陆军军官的说法就是，现在应该听取那些曾经体验或考察过美国军事教育体系的德国军官的意见。莱文沃斯学院和西点通常很少受到来访的德国军官的重视,而美国陆军战争学院,特别是陆军工业学院则享有较好的声誉。后者成立于1924年,讲授如何"在工业动员相关问题中培养逻辑思维"。[131] 课程的一部分是密集地参观生产企业和工厂,并由总工程师和主要管理人员进行讲座。

维尔纳·冯·布隆贝格(Werner von Blomberg)中将——10年后成为国防部长并领导德国陆军沿着灾难性道路走向国家社会主义——在20年代末访问美国军事教育机构后指出,莱文沃斯向其学员军官讲授的是 *Papierwissenschaft*——纸面知识,"缺乏现代战术的运用"[132]。布隆贝格的评价具有特殊的分量,因为他曾长期担任陆军教育部门首长。他不仅访问过美国,还访问过其他许多国家,因此能够进行对比。然而,他的结论是,"尽管我对该院的评价有所保留",但还是应当派一名总参谋部军官前往莱文沃斯,以便与美国人建立联系并最终进入工业学院。被派往莱文沃斯只是一种实现最终目标的手段——进入梦寐以求的工业学院。事实上,汉斯·冯·格赖芬贝格(Hans von Greiffenberg)上尉确实在不到两年后进入了指挥与参谋学校。但显然,这所学校让他深感失望并且未能让他进入工业学院或战争学院就读,因此他从未从莱文沃斯毕业。然而,他在指挥与参谋学校的短暂经历在十多年后将产生深远的影响。[133] 格赖芬贝格在指挥与参谋学校的同学之一是保罗·M.罗比内特,他后来成为特别研究部——军事历史主任办公室的一个主要部门——的主任,负责撰写第二次世界大战中的美国陆军史。由于他们之间的友谊,格赖芬贝格接受了罗比内特希望其在美国陆军官方历史上介绍"德国方面关于战争的观点"的请求,即所谓的"绿皮书"。格赖芬贝格曾是德国陆军参谋长弗朗茨·哈尔德的

第四章　条令的重要性和如何管理：美国指挥与参谋学校与被忽视的步兵学校

下属，因此在确保其前任领导配合这项历史项目方面发挥了重要作用。[134] 作为由德国军官协助美国陆军开展研究的众多控制小组的组长，哈尔德的中心地位确保了经过"净化"的德国国防军军官团的形象将进入历史书籍并在此后几十年里长盛不衰。[135]

另一所对美国陆军军官而言比其他职业军事教育院校更为重要的学校很少成为德国观察人员关注的焦点——位于佐治亚州本宁堡的步兵学校。[136] 比他们的德国同行年长4岁至6岁的美国少尉离开西点开始指挥自己的排——甚至是连——但却没有深入掌握战术和当时美国陆军武器库中武器的效能。[137] 没有经验丰富的士官们的帮助，他们最多完成最简单的作战，也只能仅限于此。短短几年以后，许多人有机会进入当时美国最好的军事院校——步兵学校。即使在乔治·C.马歇尔接任全权负责课程计划的副校长之前，这所学校已经为参加培训的年轻甚至年长军官带来了巨大的帮助，虽然它原本应当是进入指挥与参谋学校的踏脚石，但实际上已经超越了后者。[138] 当时它被准确地描述为"步兵的心脏和大脑"。没有其他任何一所军校能够讲授连、营和团一级急需的步兵武器和战术实用知识。[139] 但参训军官在经验方面仍然比其德国同行落后四到八年。这里"经验"被定义为关于现代战争的指挥、战术和武器的知识。

但是高度教条的资料、大量的书面工作、学校解决方案，以及教员的强势地位——无论其资质如何，仍是学员每天都要经历的事情，就像指挥与参谋学校一样。[140] 图上练习而不是现地教学以及用几页篇幅撰写一份简单的部队机动命令阻碍了教学，造成了"不可原谅的时间浪费"，并使军官们愈发迟钝。[141] 对学员来说，和莱文沃斯学校一样，地图和战斗问题"设计过于精细，几乎没有为学员留下想象力和主动性的空间"[142]。即使是步兵武器，它们的使用也"效率低下"[143]。

然而，援助正伴随着乔治·C.马歇尔到来。在一群极不专业的美国军官团前往欧洲参战，导致美国在短短19个月的战争中遭受空前伤亡的情况下，乔治·C.马歇尔决心纠正他曾经经历的错误。在他看来——现在可以说，他进行了一项正确的历史性评价——许多美国军官的能力不足是由于他们年龄偏大、思维僵化、缺乏现实的和实用的训练。[144]马歇尔对指挥官的体能状态非常敏感，因为"根据我在战争中的经验——我认真观察了29个师中的27个——大量高级军官遭受失败、职业受挫，其原因更多来自他们体能耗尽，而不是其他任何原因"[145]。

▲ 1925年的本宁堡军官宿舍。与当时许多陆军驻地一样，本宁堡并不出名，军官配偶不得不忍受恶劣的生活环境。20世纪30年代的大规模建设改善了学院和驻地的条件。（经本宁堡同意后重印，原图出自小肯尼斯·H.托马斯（Kenneth H. Thomas Jr.），阿卡迪亚出版社，2003年，南卡罗莱纳查尔斯顿）

第四章 条令的重要性和如何管理:美国指挥与参谋学校与被忽视的步兵学校

▲ 本宁堡驻地局部。第 29 步兵师驻扎于此。照片左侧为 1925 年左右开始的亟需重建工程。许多部队仍住在帐篷中(右上)。(佐治亚州本宁堡步兵博物馆提供)

在 1927 年 11 月被任命为步兵学校副校长和学术系主任以后,马歇尔时代到来了。他的任期一直持续到 1932 年 11 月,这一时期被恰如其分地称为"本宁堡复兴"[146]。1927 年这所军校刚刚成立九年,其建立背景是美国军官在步兵战术上的缺点在第一次世界大战中暴露无遗。

有时候,一个人的悲剧却是他人的好运。马歇尔确实是个勤奋的人,但由于他的第一任妻子不久之前刚刚去世,他更加严格要求自己,以便让自己远离悲伤。在他"最不安的时刻"接到了新的任命,接着把以前所未有的精力投入工作。[147] 马歇尔精简了步兵学校的所有教学程序,并使之"德国化"。用他自己的话来说,他"对教学进行了一次翻天覆地的改革",并将其提高到新的水平。[148] 教员根据其教学能力或被聘用、或被解雇,所有人都被要求授课时不得照本宣科,现地演习常常取代图上作业。[149] 每名学员都可能被

"强制性要求"对时事进行三分钟的即席发言,这让聪明的学员时刻都不敢懈怠。[150] 从现在开始,教学应在"现实和实用的基础上"进行。[151] 更重要的是,马歇尔试图向年轻军官们灌输和培养一种自由精神:敢于质疑,畅所欲言,必要时坚持己见。毫无疑问,这种做法之所以成为可能,都是因为时任校长坎贝尔·金(Campbell King)准将是马歇尔的好友。

正课结束以后,马歇尔为军官们所做的工作仍在继续。后来成为巴顿将军麾下的一位军长的吉尔伯特·库克(Gilbert Cook)少校在他的宿舍分发"心理学、社会学或军事历史方面的书籍,供大家阅读和讨论"[152]。马歇尔已经意识到并试图向他的部属证明,阅读是军官最重要的活动之一。

从他的文章中可以清楚地看出,马歇尔长期以来一直计划改进军官教育,并且有自己的独特见解。当他在中国指挥第15步兵团时,他不得不对付一个"曾在本宁堡排名第一"、"并非傻瓜"但是"被灌输了一个荒谬体系"的年轻军官。[153]

马歇尔在他的改革中得到了一位德国战争老兵、步兵学校交换生阿道夫·冯·舍尔(Adolf von Schell)上尉特别的帮助。舍尔住在马歇尔的家里,作为一名能够接触到神秘的马歇尔的外国人,他成了后者的密友。作为一名官方的军官学员,由于具有丰富的"一战"作战经验以及个性原因,舍尔很快就受到邀请进行讲座。[154] 本宁堡聪明的领导和教员们很快意识到,舍尔"教给我们的东西远比我们能够教给他的要多"[155]。根据这些讲座的部分内容,这位德国军官完成了一本著作,并在美国陆军中大受欢迎。[156] 由于这位德国军官在教学方面获得了显著声誉,步兵学校教员也随之效仿,提

第四章　条令的重要性和如何管理：美国指挥与参谋学校与被忽视的步兵学校

出了一个采用类似模板的图书项目，其中包括了舍尔的一个战争故事。这则故事是关于一个步兵单位的：他们在恶劣的天气里在一个谷仓里找到休息地点，但这里非常接近（敌军）重炮的打击范围。[157]这时军官命令连队理发师给他修面理发，以身作则安抚自己的部队。这本出自步兵学校的小书在德国军事期刊上获得了好评，最终被翻译并在德国发行。[158]这本书编写了许多战争故事，每个故事末尾都有一个"经验教训"部分。该书的德语译本出版仅两年后，埃尔温·隆美尔的著作《步兵，突击！》（*Infanterie greift an!*）也出版。这本书采用了与前者非常类似的结构，因此很可能后来的沙漠之狐已经把前者作为一个范例，在每章的末尾都印上了自己的军事经验和战术教训。[159]

认识舍尔的美国军官充满兴趣、着迷地研究着他在战前和战争期间在国防军中的飞速晋升。这位德国军官成为一名受到高度赞扬的军事学院教员，并出版了另一本著作。[160]杜鲁门·史密斯中校曾是步兵学校教员，当时马歇尔任该校副校长，而舍尔是该校一名学员。1938年，杜鲁门·史密斯在德国担任武官。他向马歇尔报告说："希特勒今天任命阿道夫·冯·舍尔为整个德国汽车工业的沙皇……我偶然听说当时希特勒想把他提升为少将，但舍尔担心军官团可能会嫉妒，因此婉拒了他的要求……只选择晋升为上校……我个人认为，1931年在本宁堡时你手下（这位学员军官）将成为德国陆军未来的总司令……你也许有兴趣知道，为了报答你在本宁堡给予他的善意，冯·舍尔给我提供了各种机会。我们对装甲兵的了解可能比任何其他武官都多……"[161]

在给马歇尔贺信的复信中，舍尔表示感谢并谦虚地表示，他确实拒绝了晋升少将的要求。他进一步解释说自己的晋升是因为"有机会告诉希特勒先生一些必要的事情——而我正好在场"[162]。

然而,这位德国军官最终承担了新的职能——陆军机械化总监,在战场和官僚内斗中,成为与海因茨·古德里安一样冷酷无情的对手。古德里安认为,任何与车轮或履带有一点点关系的东西,都要服从于创造更多装甲师的工作。[163] 由于古德里安担任快速部队总监,因此双方的矛盾几乎是自动发生的。这种重叠的任命或职位描述是第三帝国官僚主义内部运作的一个特点。[164] 必然发生的摩擦大大妨碍了德国的战争活动。冯·舍尔试图将古德里安驱逐到一个无足轻重的职位。但是,尽管他得到了弗里德里希·弗罗姆(Friedrich Fromm)少将的支持——弗罗姆少将当时主要负责军队重整军备的工作,并与威廉·凯特尔进行着官僚斗争——古德里安还是占了上风。尽管如此,舍尔还是实施了一项以自己名字命名的计划——"舍尔计划"——并将德国的汽车和车辆生产简化到惊人的程度。他完全有可能是从 1937 年对美国军事设施的参观中得到了某些想法,那时他可以自由地向美国客人评论武器和战术。他基本上把全部德国装甲战术都告诉了美国人。[165] 但是,这些信息显然没有被美国主人利用。

回到德国后,当古德里安在波兰、法国和对俄罗斯最初阶段的进攻中领导部队时,舍尔得到了一些喘息的机会;但当古德里安装甲兵大将被解除职务、以装甲部队总监的身份回国后,舍尔再次面临挑战。1943 年 1 月 1 日,冯·舍尔接掌了新成立、需要补充的第 25 装甲师——位于挪威——并担任中将。[166] 这一任命可以被视为明显的降级,因为师通常是由较低军衔的少将指挥——而中将通常指挥

第四章　条令的重要性和如何管理：美国指挥与参谋学校与被忽视的步兵学校

▲ 1930—1931年步兵学校教员合影。在这个优秀群体中，包括哈罗德·罗·布尔（Harold Roe Bull）14，后排中间），后成为"二战"期间艾森豪威尔的作战军官；沃尔特·比德尔·史密斯（32，左侧），后任艾森豪威尔的参谋长；杜鲁门·史密斯（48，中间），任驻柏林武官多年，并利用报告和个人关系影响德美军事关系，直到1959年；乔·劳顿·科林斯（53，左侧 W. B. 史密斯下方），"二战"期间著名的极富进攻性的第7军军长；约瑟夫·沃伦·史迪威（Joseph Warren Stilwell）（65，中间）美国陆军中少数取得将官军衔的特立独行的人之一；乔治·卡特利特·马歇尔（66），上述诸人的导师，讨厌摄像；奥马尔·纳尔逊·布拉德利（Omar Nelson Bradley），"二战"期间第12集团军群司令。步兵学校对军官团职业化的贡献远远超过其他任何陆军教育机构。（弗吉尼亚莱克星顿乔治·C.马歇尔基金会提供）

▲ 陆军少将阿道夫·冯·舍尔在被派往（美国）步兵学校学习时仅仅是一名上尉，但教给马歇尔"很多对我的职业非常重要的东西"。美国人被舍尔的教学能力所吸引，这在德国军官中并不罕见。图为1940年3月的舍尔。在担任德国汽车运输部门负责人仅两年之后，每天14至16小时的工作以及与海因茨·古德里安之间的官僚内斗已经让他付出了代价。冯·舍尔原先乌黑发亮的头发已经变得灰白，并且渐渐稀疏，形容憔悴。（联邦档案馆提供，图片编号146-1994-031-08，摄影：海因里希·霍夫曼）

第四章　条令的重要性和如何管理：美国指挥与参谋学校与被忽视的步兵学校

军——而且战争的主战场在东线。舍尔的敌人成功地玷污了他的声誉，因为他在战争结束前一直停滞在中将军衔，这也是极不寻常的。

战争结束后，马歇尔得到预警，舍尔可能会被移交苏联并当作战犯审判。正如他的性格一样，马歇尔从未承认，但很可能帮助舍尔进行了干预，后者最终被释放。从马歇尔文件中的通信记录里可以很好地再现事实。[167]

马歇尔——作为一个从不否定别人优点的人——在给舍尔的一封信中承认，德国军官给他带来了"很多对我的职业非常重要的东西"[168]。步兵学校在教学中引入了一项所有德国军校中都很普遍的东西——突然性要素。在完成了17英里的越野骑行之后，马歇尔命令参加训练的学员军官绘制一份覆盖所经过地形的地图，以帮助他们"用脚思考"，这对任何军官而言都是一种无价的能力。[169] 马修·李奇微讲述了他在步兵学校经历的类似的突然场景，这些想定可能来自（德国）战争学院的教室："曾经有很多次，在步兵学校，我遇到了类似的问题。一幅地图被扔到我面前，有人告诉我：'你在这儿，敌人在这儿。战术形势就是这样（总是很糟糕）。你的营长阵亡。现在由你来指挥。你该怎么做？'"[170]

马歇尔下达了长期有效的命令："任何学员针对某个问题的解决方案，如果与'被批准的'解决方案有显著不同，同时确有一定道理，那么都将在课堂上公布。"[171] 他对教员和"学校解决方案"的态度与莱文沃斯校长的态度截然不同。在马歇尔从教室后面视察的一堂战术课上，一位年轻的、标新立异的中尉查尔斯·T."巴克"·拉纳姆（Charles T. "Buck" Lanham）（美国陆军军官学院1924届）不同意"学校解决方案"，而是提出了自己的方案，结果遭到了教员的诋毁。马歇尔介入后,"干脆利落地推翻"了教员的解决方案,表扬了拉纳姆的方案。[172] 与指挥与参谋学校精心编排的地图问题和军事演习相比,现在的学习环境可以说有着天壤之别。[173]

从军官们的论文中可以明显看出,在这所学校学习的几年对他们的生活产生了决定性的影响。它不仅源于现代化的课程设置、教学方法和贴近现实的训练,而且还源于他们从乔治·C. 马歇尔那里得到的关于个人和职业问题的明智建议。他给学员、步兵学校和美国陆军留下了不朽的遗产。与顶多算是毁誉参半的莱文沃斯形成鲜明对比的是,步兵学校"得到了毕业生们毫不吝惜的赞美"[174]。

在马歇尔离开将近十年以后,步兵学校仍然在陆军职业军事教育机构中名列前茅。一位资深观察人员指出,步兵学校"紧跟时代潮流,紧张而艰苦,不断培养出优秀的初级领导人"。[175] 学员们同样也对学校不吝赞美。[176] 在他们看来,"显然,本宁堡的教员比西点的教员挑选得更加认真"[177],后者采用的是与指挥与参谋学校相同的基本体制。

用通常极为挑剔的约翰·A. 海因吉斯(John A. Heintges)的话说,"步兵学校就是完美的化身"[178]。他的战友巴克·拉纳姆对指挥与参谋学校持批判态度,却将自己在本宁堡的经历描述为就像"一股电流"穿过的地方,人们可以畅所欲言。[179] 如果与西点和莱文沃斯进行对比,我们就可以发现,显然,在教学和教学法上可以保持积极的传统,就像可以保持消极的传统一样。

这里的步兵学校用比指挥与参谋学校更加简洁的方式说明了一些观点:

当美国高级军队指挥官称赞美国陆军的院校系统的时候,他们

第四章　条令的重要性和如何管理：美国指挥与参谋学校与被忽视的步兵学校

很可能心里想的是步兵学校而不是指挥与参谋学校。美国陆军指挥官的能力显然是在马歇尔在任及以后的步兵学校、而不是指挥与参谋学校里学到的。指挥的层级——团、师或军——似乎并没有指挥文化那么重要。马歇尔一针见血地指出："你只要给优秀领导者一点帮助，他就能够取得成功；而你就算给一个平庸之辈再多帮助，他们仍会失败。我所到之处都能看到这一点……这取决于领导力。"[180] 那些在进入指挥与参谋学校前曾在步兵学校培训的人能够深刻地体会到两所学校的巨大差异和马歇尔原则的正确性。

由于第二次世界大战期间美国陆军大多数高级指挥官都曾就读于莱文沃斯学校，所以人们曾经认为这所学校在塑造其能力方面发挥了重要作用。然而，150名未来的将军曾经就读步兵学校，还有50多名曾任该校教员。[181] 在这里，我们仅仅统计了马歇尔在校期间的情况，而且，由于本宁堡显然保持了它的教学水平，所以上面的数字其实还要增加。[182]

在下一章中，我们将研究"德国化"的步兵学校和指挥与参谋学校，与"真正的"德国战争学院的对比。

注　释

1. Ridgway, *Soldier*, 27.

2. Nenninger, *The Leavenworth Schools and the Old Army*, 23–24.

3. Schifferle, "Anticipating Armageddon," 141.

4. Nenninger, *The Leavenworth Schools and the Old Army*, 27.

5. Booth, *My Observations*, 85, 92. 布思一直梦想成为一名军官，甚至放弃了成功的商业生涯以获得委任。他是那些没有通过就读莱文沃斯学校以捞取资本的人员之一。1899年在菲律宾的战斗中，他和一名中尉一起行动，后者接受了命令要绘制该地区的地图。地图在六个小时后就完成了，布思对地图的准确性感到惊讶。在问中尉从哪里学来的这项技能后，他被告知在步兵与骑兵学校，然后当即决定去那所学校上学。布思确实进入了1902年的班级，这是美西战争后的第一届。最终他荣誉毕业，然后又调回学校当了几年的教员。20世纪20年代中期前后，荣誉毕业的做法被放弃了。

6. Nenninger, *The Leavenworth Schools and the Old Army*, 35.

7. Booth, *My Observations*, 87.

8. Abrahamson, *America Arms for a New Century*, 33.

9. 关于瓦格纳，见下书简介部分: T. R. Brereton, *Educating the U.S. Army: Arthur L. Wagner and Reform, 1875–1905* (Lincoln: University of Nebraska Press, 2000)。

10. Nenninger, *The Leavenworth Schools and the Old Army*, 45. 美国陆军教学法落后了30年，这种观点在前教员的回忆录中反复出现: Mott, *Twenty Years*, 18。

11. 关于德国渊源和一些解释分析可见 Christian E. O. Millotat, *Das preußischdeutsche Generalstabssystem. WurzelnEntwicklung-Fortwirken*, Strategie und Konfliktforschung (Zürich: vdf, 2000), 87–88.

12. 关于上述影响的分析来自库尔特·布伦内克（Kurt Brennecke）

第四章 条令的重要性和如何管理：美国指挥与参谋学校与被忽视的步兵学校

上将。转引自 Hackl, ed. *Generalstab*, 248–249。

13. Jason P. Clark, "Modernization without Technology: U.S. Army Organizational and Educational Reform, 1901–1911" (paper presented at the Annual Society of Military History Conference, Ogden, Utah, April 18, 2008), 2. 克拉克少校的准确分析采用了非常外交化的语言。

14. Robert M. Citino, *The Path to Blitzkrieg: Doctrine and Training in the German Army, 1920–1939* (Boulder, Colorado: Lynne Rienner, 1999), 64–67. 他的著作的副标题具有误导性，因为在美国这些词语在德国军队中并不存在。这一事实在许多关于德国军队的英美文献中被忽视或误解。奇蒂诺提供了专业的翻译，这是英美学者所罕见的，它分析了一系列地图问题中典型的德国军事演习（Kriegsspiel）。对这样一个德国演习，*Kriegsspiel—Oberstleutnant* 的作者弗里德里希·冯·科琴豪森（Friedrich von Cochenhausen）坚持认为，他所附上的解决方案只是解决演习问题的一种可能方法，而不是唯一的方法。科琴豪森是编辑著名的国防区考试期刊的军官之一，这将在本章后面加以讨论。

15. Coffman, *The Regulars*, 183.

16. *Letter from Captain Walter S. Wood to George C. Marshall, October 29, 1934, with enclosure of field problem for Reserve and National Guard officers*, George C. Marshall Papers, Box 1, Folder Illinois National Guard, Correspondence, General, 1 of 31, October 29–31, 1934, George C. Marshall Library, Lexington, Virginia. 伍德曾是伊利诺伊州国民警卫队第 130 步兵师的一名教员。

17. Cockrell, "Brown Shoes and Mortar Boards," 172.

18. Clark, "Modernization without Technology," 8.

19. Schifferle, "Anticipating Armageddon," 187–188.

20. Luvaas, "The Influence of the German Wars of Unification," 611.

21. Pogue, *Education of a General*, 96. 贝尔于 1903 年至 1906 年任莱文沃斯学校的校长，之后任陆军参谋长。

22. Simons, ed. *Professional Military Education in the United States: A Historical Dictionary*, 50–51.

23. Clark, "Modernization without Technology," 7.

24. Nye, "Era of Educational Reform," 131. 不同的观点可参见 Cockrell, "Brown Shoes and Mortar Boards," 44。科克雷尔（Cockrell）声称："军事历史被认为是如此重要，以至于在校期间，几乎 50% 的教学时间都被其占用了。"关于指挥与参谋学校的课程，只有作者一人这样说。学者和前学员们都认为军事历史被忽视了。当基于历史战场的地图问题被算作军事历史时，科克雷尔的说法才有意义。然而，我不能接受这样的论点。科克雷尔的整个论文颇具描述性，其中一个章节非常巧妙和有价值，他评估了美国指挥官在第二次世界大战意大利战场上应用莱文沃斯学说的情况。

25. Cockrell, "Brown Shoes and Mortar Boards," 79.

26. Miles, *Fallen Leaves*, 229.

27. Mark Ethan Grotelueschen, *The AEF Way of War: The American Army and Combat in World War I* (New York: Cambridge University Press, 2007), 351. 作者指的是美国远征军的高级指挥官和参谋，但此说法对莱文沃斯的教员来说也是正确的。

28. Nenninger, *The Leavenworth Schools and the Old Army*, 140.

第四章 条令的重要性和如何管理：美国指挥与参谋学校与被忽视的步兵学校

这一事实在 Groteluschen, *The AEF Way of War*, 350. 中得到强调。

29. Nenninger, "Leavenworth and Its Critics," 201.

30. 转引自 Schifferle, "Anticipating Armageddon," 178。

31. William G. Pagonis and Jeffrey L. Cruikshank, *Moving Mountains: Lessons in Leadership and Logistics from the Gulf War* (Boston: Harvard Business School Press, 1992). 帕戈尼斯（Pagonis）中将负责替诺曼·施瓦茨科普夫（Norman Schwarzkopf）将军为沙漠风暴行动集结的庞大军队提供装备、食物和补给。帕戈尼斯的书及其领导力课程在商界非常受欢迎。很明显，"甚至"后勤也需要领导力。

32. *Letter from J. H. Van Horn to George C. Marshall, May 16, 1938*, George C. Marshall Papers, Box 4, Folder Vancouver Barracks Correspondence, General, 1936–1938, May 8–16, 1938, George C. Marshall Library, Lexington, Virginia. 类似的恐惧也出现在 *Letter from John McAuley Palmer to George A. Lynch, May, 25, 1938*。

33. 关于不同的观点，见 Nenninger, "Leavenworth and Its Critics"（203）。很重要的一点是，要将莱文沃斯的前教员或管理人员的意见与其他人区别开。前者的态度往往很积极正向，这一点不足为奇。

34. 同上，203。

35. Cockrell, "Brown Shoes and Mortar Boards," 193.

36. Kirkpatrick, "The Very Model of a Modern Major General," 271.

37. Schifferle, "Anticipating Armageddon," 217.

38. *Letter from Walter B. Smith to Lucian K. Truscott, December 15, 1943*, Walter B. Smith Papers, Box 27, Folder 201 File, 1942–1943,

Dwight D. Eisenhower Library, Abilene, Kansas.

39. "Does A Commander Need Intelligence or Information?," undated article draft, Bruce C. Clarke Papers, Box 1, Combined Arms Research Library, Fort Leavenworth, Kansas.

40. *Letter from Edward H. Brooks to Paul M. Robinett, January 2, 1942*, Paul M. Robinett Papers, Box 11, Folder General Military Correspondence, January 1942, B11/F35, George C. Marshall Library, Lexington, Virginia.

41. *Letter from Dan Hick [?] to Paul M. Robinett, July 23, 1941*, Paul M. Robinett Papers, Box 11, Folder General Military Correspondence, June–July 1941, B11/F40, George C. Marshall Library, Lexington, Virginia.

42. *Letter from Paul M. Robinett to LieutenantColonel John A. Hettinger, December 23, 1940*, Paul M. Robinett Papers, Box 10, Folder General Military Correspondence, November–December 1940, B10/F11, George C. Marshall Library, Lexington, Virginia.

43. *Schedule for 1939–1940—Regular Class*, (Ft. Leavenworth, Kansas: Command and General Staff School Press, 1939)。

44. Schifferle, "Anticipating Armageddon," 82.

45. 同上，161。有关莱文沃斯的更多启发性的数字和数据可见希弗勒（Schifferle）不可或缺的研究。

46. Timothy K. Nenninger, "Creating Officers: The Leavenworth Experience, 1920–1940," *Military Review* 69, no. 11 (1989): 66–67.

47. 一个例子是加里森·"加尔"·霍尔特·戴维森（Garrison

第四章　条令的重要性和如何管理：美国指挥与参谋学校与被忽视的步兵学校

"Gar" Holt Davidson），美国陆军军官学院1927届学员。他并未入读指挥与参谋学校或陆军战争学院。他在北非和西西里成为巴顿的总工程师，后来在整个第7集团军担任同样的职位。在参加过朝鲜战争后，戴维森于1954—1956年担任指挥与参谋学校的校长，后又在1956—1960年担任西点军校的院长。在西点，他设计了一些影响深远的亟需课程改革，并且给了学员更多的学术选择。戴维森退役时为中将，从未为捞取资本就读任何一所学校。

48. Bland and Ritenour, eds., *"The Soldierly Spirit,"* 516–517. Letter from General Malin Craig to George C. Marshall, December 1, 1936.

49. Booth, *My Observations*, 84–85.

50. Pogue, *Education of a General*, 96.

51. Harmon, MacKaye, and MacKaye, *Combat Commander*, 52–53.

52. Larry I. Bland and Sharon R. Ritenour Stevens, eds., *The Papers of George Catlett Marshall: "The Right Man for the Job"—December 7, 1941–May 31, 1943*, 6 vols.,(Baltimore: Johns Hopkins University Press,1991), 3:350. Letter from George C. Marshall to Major General Harold R. Bull, September 8, 1942.

53. Cockrell, "Brown Shoes and Mortar Boards," 128.

54. Chynoweth, *Bellamy Park*, 115.

55. Hofmann, *Through Mobility We Conquer*, 90. 关于查诺韦思性格及问题的准确描述可参见Theodore Wilson, "Through the Looking Glass: Bradford G. Chynoweth as United States Military Attaché in Britain, 1939," in *The U.S. Army and World War II: Selected Papers*

from the Army's Commemorative Conferences, ed. Judith L. Bellafaire (Washington, D.C.: Center of Military History, U.S. Army, 1998)。

56. Schifferle, "Anticipating Armageddon," 142–144.

57. *Letter from Major General Stephen O. Fuqua, Chief of Infantry, to Lieutenant Colonel George C. Marshall, November 25, 1932*, George C. Marshall Papers, Box 1, Folder Fort Screven, Correspondence 1932, Nov 17–25, 1932, 1 of 4, George C. Marshall Library, Lexington, Virginia. 马歇尔推荐了几位曾在本宁堡任职的军官，但他们被告知，只有那些绩效等级为"卓越"的军官今年才能被指挥与参谋学校录取；"优秀"等级已经不够了。

58. *Letter from George C. Marshall to Captain Walter S. Wood, November 8, 1934*, George C. Marshall Papers, Box 1, Folder Illinois National Guard, Correspondence, General, 1 of 33, November 2–15, 1934, George C. Marshall Library, Lexington, Virginia.

59. *Letter from Major Clarke K. Fales to George C. Marshall, Sept. 25, 1934*, George C. Marshall Papers, Box 1, Folder Illinois National Guard, Correspondence, General, 1 of 28, September 1934, George C. Marshall Library, Lexington, Virginia.

60. *Letter from Malin "Danny" Craig Jr. to Paul M. Robinett, February 26, 1934*, Paul M. Robinett Papers, Box 11, Folder General Military Correspondence, January 1934, B11/F24, George C. Marshall Library, Lexington, Virginia.

61. Schifferle, "Anticipating Armageddon," 147.

62. 同上，95。另见论文第四章关于指挥与参谋学校的教员部分。不过，我对这些数字的解释与作者略有不同。那里提供的有关教员素质的评价大多来自教员或管理人员自身。更多关于"二战"前教员发展的有价值的数字和统计数据，也参见其上述章节。

63. 转引同上，100。

64. Cockrell, "Brown Shoes and Mortar Boards," 80.

65. Allan Reed Millett and Peter Maslowski, *For the Common Defense: A Military History of the United States of America*, Rev. and expanded ed. (New York: Free Press, 1994), 357.

66. 转引自 Grotelueschen, *The AEF Way of War*, 44。

67. Schifferle, "Anticipating Armageddon," 164; Collins, *Lightning Joe*, 56. 一个不同的观点，可参见 Nenninger, "Leavenworth and Its Critics," 203–207。本文作者是莱文沃斯研究的主要专家之一。然而，在他引用的那些对学校持积极看法的人中，有些人也表达了消极的情绪，尤其是柯林斯和巴顿，这两位在文中都有提及。还必须区分当代资料来源和回忆录，以及后来成为莱文沃斯教员从而转而支持"派系路线"的军官。这一点将在最后一章进一步讨论。

68. Harmon, MacKaye, and MacKaye, *Combat Commander*, 50. 各种被收集到的描述，可参见 Coffman, *The Regulars*, 179–181。

69. Cockrell, "Brown Shoes and Mortar Boards," 99–101. 科克雷尔对军官们的压力进行了很好的讨论，并像许多其他学者和莱文沃斯的毕业生一样，对学员因压力而自杀的传闻进行了暗示。然而，这些自杀事件似乎确实只是谣言，并将在彼得·希弗勒即将出版的关于莱文沃斯的书中详细论述。我很感激作者抽出时间和我讨论这件事。

70. A Young Graduate [Dwight D. Eisenhower], "The Leavenworth Course," *Cavalry Journal* 30, no. 6 (1927).

71. Larry I. Bland, Sharon R. Ritenour, and Clarence E. Wunderlin, eds., *The Papers of George Catlett Marshall: "We Cannot Delay"—July 1, 1939—December 6, 1941*, 6 vols. (Baltimore: Johns Hopkins University Press,1986), 2:65. 这里乔治·C. 马歇尔破例同意步兵营长的观点。

72. Coffman, *The Regulars*, 176–177.

73. Lewis Sorley, *Thunderbolt: From the Battle of the Bulge to Vietnam and Beyond: General Creighton Abrams and the Army of His Times* (New York: Simon & Schuster, 1992), 25.

74. Pogue, *Education of a General*, 97.

75. *Letter from George S. Patton to Floyd L. Parks, January 26, 1933*, Floyd L. Parks Papers, Box 8, Dwight D. Eisenhower Library, Abilene, Kansas. 上述信件明确表明巴顿对指挥与参谋学校的推崇是有限的。巴顿掌握了文书工作和合理的学习计划，最终荣誉毕业。几年前，巴顿已经给他的朋友德怀特·艾森豪威尔寄去了笔记和建议。

76. Holley, "Training and Educating PreWorld War I United States Army Officers," 26.

77. Bland, Ritenour, and Wunderlin, eds., *"We Cannot Delay,"* 64. 在1939年9月26日的同一份备忘录中，马歇尔向助理参谋长G-3（安德鲁斯）高度赞扬了他在莱文沃斯的战术教员莫里森。虽然莫里森给他留下了深刻印象，但在其他方面却名声不佳。参见

第四章 条令的重要性和如何管理：美国指挥与参谋学校与被忽视的步兵学校

Clark, "Modernization without Technology," 13.

78. Bland, Ritenour, and Wunderlin, eds., *"We Cannot Delay,"* 192. Letter from George C. Marshall to Brigadier General Lesley J. McNair, April 9, 1940.

79. 同上。由于证据不足，马歇尔晚年对莱文沃斯看法的改变仍然无法令人信服。参见 Nenninger, "Leavenworth and Its Critics," 207。

80. Chynoweth, *Bellamy Park*, 124.

81. Pogue, *Education of a General*, 98.

82. Schifferle, "Anticipating Armageddon," 239. 这些调查很少，必须谨慎评估，由于军官可能不信任调查的匿名性，因此可能不愿意发表可能危及他们职业生涯的负面意见。就读指挥与参谋学校并成功完成学业是军官职业生涯中至关重要的一步。对于"你自己是否遵守学校的规定？"这样的问题，必须特别小心，其中76%的人可以预见地回答"是"，19%的人回答"有条件的是"，只有5%的人回答"没有"。参见 Nenninger, "Creating Officers: The Leavenworth Experience, 1920–1940," 64。

83. Hofmann, *Through Mobility We Conquer*, 232.

84. *How an Early Bird Got an "F,"* Bruce C. Clarke's Papers, Box 1, Combined Arms Research Library, Fort Leavenworth, Kansas. 这篇文章出现在《工程兵杂志》（*Engineer Magazine*）第9页，但在克拉克论文中的复件里没有日期。

85. 同上。奇妙的是，60年后的美国陆军装甲部队条令的说法与此基本一致：David Zucchino, *Thunder Run: The Armored Strike to*

Capture Baghdad (New York: Grove, 2004), 65。

86. 克拉克对他的营长印象深刻（后者也晋升到了较高军衔），他在 ARMOR 上发表了一些关于他的逸事，显示了他的这位前下属的了不起的品格。

87. *How an Early Bird Got an "F."*

88. Bland, Ritenour, and Wunderlin, eds., *"We Cannot Delay,"* 182.

89. 同上，181–182。

90. Ambrose, *Citizen Soldiers*, 166–167.

91. Citino, *The Path to Blitzkrieg*, 58.

92. Porter B. Williamson, *Patton's Principles* (New York: Simon and Schuster, 1982), 10–11. 1941 年 11 月，在南卡罗来纳州的演习中，时任中尉的威廉森成为巴顿整个装甲部队的代理 G-4（后勤和补给官）。他的上司因为害怕无法应付巴顿而辞职，留下了这个要职给这名初级军官。不过，威廉森经常订阅《国家地理》，因此在所有地形和地理问题上都远远领先于包括巴顿在内的其他军官。

93. Nenninger, "Creating Officers: The Leavenworth Experience, 1920– 1940," 63.

94. Schifferle, "Anticipating Armageddon," 203.

95. Cockrell, "Brown Shoes and Mortar Boards," 203.

96. Kirkpatrick, "Orthodox Soldiers," 113.

97. 转引同上，103。这首诗是在海岸炮兵学校的档案中被发现的。

98. Schifferle, "Anticipating Armageddon," 259–264. 参见作者关于学院解决方案的较为乐观的研讨。

99. Major J. P. Cromwell, "Are The Methods of Instruction Used at this School Practical and Modern?, 1936. 转引自 Cockrell, "Brown Shoes and Mortar Boards," 159–163。

100. 同上, 162。

101. Chynoweth, *Bellamy Park*, 121 查诺韦思的记忆可能失去了一些小细节。这个等级应该是"SX",翻译成莱文沃斯的术语为"特殊的": Nenninger, "Creating Officers: The Leavenworth Experience, 1920–1940," 61。

102. Chynoweth, *Bellamy Park*.

103. Collins, *Lightning Joe*, 56–57. 海因策尔曼从1929年到1935年担任指挥官。

104. 同上, 57。

105. Nenninger, "Leavenworth and Its Critics," 227.

106. A Young Graduate [Dwight D. Eisenhower], "The Leavenworth Course," 591.

107. Schifferle, "Anticipating Armageddon," 101.

108. 莱文沃斯堡合成兵种研究图书馆负责人缺乏法律和程序知识,极大地妨碍了我的研究。尽管我事先说明了自己的研究并请求帮助,但我对特别档案的访问突然被禁止了,因为我被贴上了"平民"的标签。我被艾森豪威尔总统图书馆我的"私人"档案管理员戴维·海特所救,他给我提供了档案法,让我通过施加压力获取信息。我要感谢他超越职责提供的帮助。对于一个囊中羞涩的研究生来说,去莱文沃斯堡的旅行如果没有任何结果,将会是一场财务灾难。

109. 少数与当代相关的话题: Cpt. J. L. Tupper, "The German

Situation" (This is an orientation subject), Group Research Paper No. 42, Group VI, 1931–1932, G2 File, CGSS; Lt. Col. Ulio, "Is the Present Russian Army an Efficient Fighting Force? Could Russia Prosecute a Long War Successfuly?," Individual Research Paper, No. 78, 1931, G2 File, CGSS; Cpt. Bonner F. Fellers, C.A.C., "The Psychology of the Japanese Soldier," Individual Research Paper No. 34, 1935, CGSS; Cpt. Hones, "The German Infantry School," Individual Research Paper No. 120, 1931, G2 File, CGSS。

110. 15名军官为这部巨作贡献了自己的力量,其中包括马克·韦恩·克拉克少校,他后来担任在意大利的第5集团军司令,以及沃尔特·比德尔·史密斯,他后来担任艾森豪威尔在第二次世界大战中的参谋长。

111. 原文中此处是大写格式。

112. Chynoweth, *Bellamy Park*, 68.

113. 多年来评分系统发生过多次改变。第一次世界大战后,字母分级成为一种时尚。参见 Nenninger, "Creating Officers: The Leavenworth Experience, 1920–1940," 61– 62。

114. Pogue, *Education of a General*, 96.

115. A Young Graduate [Dwight D. Eisenhower], "The Leavenworth Course," 593.

116. Coffman, *The Regulars*, 282.

117. Joseph W. Bendersky, *The "Jewish Threat": AntiSemitic Politics of the U.S. Army* (New York: Basic Books, 2000), 25. 本德斯基(Bendersky)写了一本很重要的著作。然而,他没有将美国军官团的

第四章 条令的重要性和如何管理：美国指挥与参谋学校与被忽视的步兵学校

种族主义观点纳入当时社会的一般观点和信仰的范畴，他成了 G-2（情报）军官关于著作的牺牲品。他们一般不代表当时美国军队所提供的最优秀和最聪明的人员。关于美国军队种族主义的更多信息可以在以下文献中找到：Coffman, *The Regulars*, 124–131, 295–298。

118. Brown, *Social Attitudes*, 212. 更多的例子请参见本书第5章。

119. LeRoy Eltinge, *Psychology of War*, revised ed. (Ft. Leavenworth, Kansas: Press of the Army Service Schools, 1915), 5. 埃尔廷格在第一次世界大战中服役，并晋升为准将。文中引用的例子只是他粗鄙之词中的"亮点"。

120. Brown, *Social Attitudes*, 213.

121. Eltinge, *Psychology of War*, 43.

122. 同上, 43。

123. 同上。Appendix "Causes of War," p. 8.

124. 同上。Appendix "Causes of War," p. 32 + 23.

125. Joseph W. Bendersky, "Racial Sentinels: Biological AntiSemitism in the U.S. Army Officer Corps, 1890–1950," *Militärgeschichtliche Zeitschrift* 62, no. 2 (2003): 336–342.

126. Brown, *Social Attitudes*, 213.

127. 一项关于平民精英中的种族主义的简短而又深入的研讨可参见 Allsep, "New Forms for Dominance," 230–236。关于陆军中的种族主义，可参见 Coffman, *The Regulars*, 124–132.

128. Bendersky, *Jewish Threat*, 7。

129. 例子参见 Collins, *Lightning Joe*, 111, 358. Miles, *Fallen Leaves*, 292–294. Albert C. Wedemeyer, *Wedemeyer Reports!* (New York: Holt,

1958)。参见魏德迈的全部前言，其中显示了一种近乎精神分裂症的完全扭曲的世界观。魏德迈是美国军队的一个谜。作为一名少校，他负责起草应对欧洲可能爆发的战争的战略"胜利计划"，他的工作非常出色。在整个战争期间，他因其聪明才智和勇气而受到美国陆军军官团的高度评价。他是极少数要求降职的美国军官之一（当时他是一名准将），为的是可以指挥一个团与德国人作战。

130. Hürter, *Hitlers Heerführer: Die deutschen Oberbefehlshaber im Krieg gegen die Sowjetunion, 1941/1942*, passim. 关于德国陆军军官团中的种族主义问题出版了很多著作，但许尔特（Hürter）的著作有着特殊的意义，因为他引用了大量当代的信件和日记，这些信件和日记都来自他样本中的将军，从这些人的成长和社会化来看，他们是当时德国将领的代表。参见 Andreas Hillgruber, "Dass Russlandbild der führenden deutschen Militärs vor Beginn des Angriffs auf die Sowjetunion," in *Das Russlandbild im Dritten Reic*h, ed. Hans-Erich Volkmann (Köln: Böhlau, 1994). Wette, *The Wehrmacht*, 17–89; Mulligan, *The Creation of the Modern German Army*, 172–173, 208–209。

131. Coffman, *The Regulars*, 283–284.

132. Fröhlich, "'Der vergessene Partner.' Die militärische Zusammenarbeit der Reichswehr mit der U.S. Army 1918–1933," 86.

133. Smelser and Davies, *The Myth of the Eastern Front*, 64–73. See also chapter 1 of this study.

134. *Letter from Paul M. Robinett to the Chief of Military History, Sept. 23, 1974*, Paul M. Robinett Papers, Box 5, Folder B5/F28, General Correspondence, HalderKeating, 1962–1974, George C. Marshall

第四章　条令的重要性和如何管理：美国指挥与参谋学校与被忽视的步兵学校

Library, Lexington, Virginia.

135. Bernd Wegner, "Erschriebene Siege: Franz Halder, die 'Historical Division' und die Rekonstruktion des Zweiten Weltkrieges im Geiste des deutschen Generalstabes," in *Politischer Wandel, organisierte Gewalt und nationale Sicherheit, Festschrift für Klaus-Jürgen Müller*, eds. Ernst Willi Hansen, Gerhard Schreiber, and Bernd Wegner (München: Oldenbourg, 1995); Smelser and Davies, The Myth of the Eastern Front, 56, 62–63.

136. 步兵学校的故事记载于 Peggy A. Stelpflug and Richard Hyatt, *Home of the Infantry: The History of Fort Benning* (Macon, Georgia: Mercer University Press, 2007)。

137. Collins, *Lightning Joe*, 44.

138. Anonymous [A Lieutenant], "Student Impression at the Infantry School," *Infantry Journal* 18 (1921). 关于步兵学校最初的文章表明，起步之初并不容易，但其精神似乎已经不同于指挥与参谋学校。其中一个原因可能是实践训练。

139. Coffman, *The Regulars*, 263.

140. Bland and Ritenour, eds., *"The Soldierly Spirit,"* 583–585. Letter from George C. Marshall to LieutenantColonel Guy W. Chipman, March 16, 1938. 奇普曼（Chipman）（美国陆军军官学院1910届）和马歇尔战前曾一起服役。由于即将成为伊利诺伊州国民警卫队的一名教员，奇普曼特地向马歇尔请教教学问题。参见 Bland, Ritenour, and Wunderlin, eds., *"We Cannot Delay,"* 190–192. Letter from George C. Marshall to Brigadier General Lesley J. McNair, April 19, 1940,

[Washington, D.C.]。

141. Bland, Ritenour, and Wunderlin, eds., "We Cannot Delay," 190–192. Letter from George C. Marshall to Brigadier General Lesley J. McNair, April 9, 1940 [Washington, D.C.].

142. Anders, *Gentle Knight*, 122.

143. Bland and Ritenour, eds., *"The Soldierly Spirit,"* 583. Letter from George C. Marshall to LieutenantColonel Guy W. Chipman, March 16, 1938.

144. "年轻和活力是关键资产"也是他的老朋友和导师约翰·J. 潘兴将军的观点，他曾在第一次世界大战中指挥美国远征军：Timothy K. Nenninger, "'Unsystematic as a Mode of Command': Commanders and the Process of Command in the American Expeditionary Force, 1917–1918," *Journal of Military History* 64, no. 3 (2000): 748。也可参见 Simons, ed. *Professional Military Education in the United States: A Historical Dictionary*, 350。

145. Bland, Ritenour, and Wunderlin, eds., *"We Cannot Delay,"* 192–193. 1940年4月8日，马歇尔在参议院军事委员会面前发表了这一证词，当时他主张制定新的晋升指导方针。他提出的议案获得通过。

146. Kirkpatrick, "The Very Model of a Modern Major General," 262.

147. Pogue, *Education of a General*, 248.

148. 同上，249。

149. Omar Nelson Bradley, *A Soldier's Story* (New York: Holt, 1951), 20.

第四章　条令的重要性和如何管理：美国指挥与参谋学校与被忽视的步兵学校

150. Anders, *Gentle Knight*, 122.

151. Bland and Ritenour, eds., *"The Soldierly Spirit,"* 320.

152. Pogue, *Education of a General*, 260.

153. 同上, 250–251。

154. Fröhlich, "'Der vergessene Partner.' Die militärische Zusammenarbeit der Reichswehr mit der U.S. Army, 1918–1933," 91.

155. Anders, *Gentle Knight*, 131.

156. Adolf von Schell, *Battle Leadership: Some Personal Experiences of a Junior Officer of the German Army with Observations on Battle Tactics and the Psychological Reactions of Troops in Campaign* (Fort Benning, Georgia: Benning Herald, 1933).

157. Lanham, ed. *Infantry in Battle*.

158. Bland and Ritenour, eds., *"The Soldierly Spirit,"* 479, 489–490.

159. 隆美尔的著作可以找到无数英文版本：Erwin Rommel, *Infantry Attacks* (London: Stackpole, 1995)。

160. Hofmann, *Through Mobility We Conquer*, 203; Adolf von Schell, *Kampf gegen Panzerwagen* (Berlin: Stalling, 1936).

161. *Letter from LieutenantColonel Truman Smith to George C. Marshall, November 20, 1938*, George C. Marshall Papers, Box 43, Pentagon Office, 1938–1951, Correspondence, SkinnerSterling, Folder Smith, Tom K.—Smith, W. Snowden, 43/1, George C. Marshall Library, Lexington, Virginia. 杜鲁门·史密斯总是将舍尔的名字错误地写成"Adolph"。

162. *Letter from Oberst Adolf von Schell to George C. Marshall,*

January 5, 1939, George C. Marshall Papers, Box 47, Pentagon Office, 1938–1951, Correspondence, General, UsherWedge, Folder Von Neumann—Von Schilling, 47/24, George C. Marshall Library, Lexington, Virginia. 有意思的是，最初那些反抗纳粹和希特勒的德国军官将他写成"希特勒先生"，甚至否认他是德国总理。在第一年的政治和军事胜利之后，这种情况很快就改变了，几乎每个军官都会在信中称他为"元首"。

163. Kroener, *Generaloberst Friedrich Fromm*, 250–251. 在纳粹官僚体制标准的自吹自擂式语境中，冯·舍尔的头衔是 *Generalbevollmächtigter für das Kraftfahrwesen*，被直译为"全权负责所有汽车事宜"。

164. Förster, "The Dynamics of *Volksgemeinschaft*," 183.

165. Hofmann, *Through Mobility We Conquer*, 203–209。关于冯·舍尔的图片可见第 145 页。

166. Kroener, *Generaloberst Friedrich Fromm*, 593.

167. *Correspondence regarding Help for Adolf von Schell*, George C. Marshall Papers, Box 138, Secretary of State, 1947–1949, Correspondence, General, Sun Li JenWebb, Folder Von SchellVroom, 138–39, George C. Marshall Library, Lexington, Virginia. 在 1959 年这位伟大的美国人去世之前，舍尔一直和马歇尔保持联系，并给他寄去了一封热情洋溢的感谢信。

168. Bland and Ritenour, eds., *"The Soldierly Spirit,"* 552. Letter from George C. Marshall to Lieutenant-Colonel (*Oberstleutnant*) Adolf von Schell, July 7, 1937, Vancouver Barracks, Washington.

169. 同上，321。

第四章 条令的重要性和如何管理：美国指挥与参谋学校与被忽视的步兵学校

170. Ridgway, *Soldier*, 199.

171. Collins, *Lightning Joe*, 50.

172. Coffman, *The Regulars*, 264.

173. Schifferle, "Anticipating Armageddon," 234–237.

174. Kirkpatrick, "Orthodox Soldiers," 103. 更多的描述，可参见 Coffman, *The Regulars*, 264–265。

175. Bland and Ritenour Stevens, eds., *The Papers of George Catlett Marshall: "The Right Man for the Job"—December 7, 1941—May 31, 1943*, 349–350. Letter from Major General Harold Roe Bull to George C. Marshall, September 14 and October 1, 1942. 布尔在马歇尔执掌步兵学校时是一名教员。因此，根据军队的文化，他可能粉饰了学校的信息。然而，他的报告不太可能不说实话。众所周知，马歇尔不喜欢闲聊的人，任何不准确的地方都会给布尔带来不利的影响，而布尔此时已经走上了快车道。布尔还报告在指挥与参谋学校，一些指挥官事实上可能在为那些平庸的军官"打掩护"，尽管很明显这种做法正在减少，而且学校在从空军获得"合格教员"方面仍然存在问题。显然，指挥与参谋学校现在仍然面临着30年前同样的问题。

176. Eisenhower, *Strictly Personal*, 74.

177. Collins, *Lightning Joe*, 44.

178. *John A. Heintges interviewed by Jack A. Pellicci, transcript, 1974*, Senior Officers Oral History Program, Volume 2, U.S. Army Military History Institute, Carlisle, Pennsylvania. 海因特格斯（Heintges）是我所知的唯一一个到前线与德军作战的德裔军官。两名德裔美

军军官声称,"二战"期间,陆军部人事部门故意将所有具备部队领导资格的德裔军官派往太平洋战区。起初我不敢相信这样的说法,但从那以后,我核对了每一个我认识的德国血统的美国军官,他们确实都在太平洋。太平洋战区的高级指挥和参谋部甚至被称为"麦克阿瑟的德国人",这样的政策当然没有得到参谋长的承认。他一再表示,他对所有德裔军官的忠诚毫不怀疑。海因特格斯只有以非凡的毅力,通过曲解规则、寻求帮助,才能到达北非。很明显,此后确有德裔军官来到欧洲,但不是作为作战指挥而是作为情报军官或翻译。对纳粹表示同情的美国初级军官通常被排在最后:Benjamin A. Dickson, *Algiers to Elbe—G2 Journal,* Monk Dickson Papers (West Point, New York: West Point Library Special Archive, unpublished), 1–2。

179. Coffman, *The Regulars*, 265.

180. 乔治·C. 马歇尔在杜鲁门委员会前的证词,1941年3月1日。Bland, Ritenour, and Wunderlin, eds., *"We Cannot Delay,"* 482–483.

181. Pogue, *Education of a General*, 249.

182. 步兵学校需要与彼得·希弗勒提供给指挥与参谋学校同样高质量的数据分析。相关工作非常困难,因为许多文件已被销毁。

第五章
进攻的重要性和如何领导：德国战争学院

战争所需的能力只能在和平时期学习。[1]

——阿道夫·冯·舍尔上尉（后官至中将）

由于被认为是对欧洲的威胁，德国总参谋部以及总参谋部军官的教育都被《凡尔赛条约》所禁止。但是，德国人耍了一点小聪明，他们将总参谋部重新命名为 *Truppenamt*（部队局），其 T4 部门负责总参谋部军官的教育。参谋军官们也相应地换成了新的称呼——*Fuhrergehilfen*（"领导助理"）。这种做法将协约国内部管制委员会（Inter-Allied Control Commission）糊弄了好几年。对《凡尔赛条约》最彻底的"规避"莫过于这种对总参谋部和军官教育选拔的"明废暗存"的做法。[2] 大多数德国军官都知道自己在从事非法的活动。[3] 虽然来访的美国军官没有意识到总体情况有多严重，但他们知道《凡尔赛条约》就在眼皮底下遭到破坏。美国代理武官艾伦·金伯利（Allen Kimberley）少校一语中的。他在 1924 年表示，德国的大脑远未被解除武装。[4] 事实上，观察人员注意到德国人已经"把整支军队变成了一所唯一的、极为高效的学校"[5]。

德国高级军事教育系统的任务仍与 19 世纪中叶战争学院改革

期间的任务相同:"带有军事大学特征的战争学院的宗旨是,提升武装部队总体的学术精神。"⁶

虽然职业军事教育的理念并未改变,但由于保密的需要会不时进行调整。⁷然而,德国军官显然并不总是把这当回事。1928年,美国陆军武官阿瑟·L.康格(Arthur L. Conger)上校不断要求德国最高指挥部允许自己参访一所军官学校。他被允许参观第3师的学校,而这所学校当时已经接管部队局T4部门的部分职责。康格被允许"毫无保留地看到一切",但被要求"不能告诉任何人他参观了这所学校"或"承认知道这样一所学校的存在"。⁸这位美国军官能够进行这次参观的唯一可能原因,是因为德国军队将其看作"一个观念开放、品行正直的军人和德国真诚的朋友"⁹。实际上,将近二十年前,康格曾是汉斯·德尔布吕克(Hans Delbrück)的学生,后者现在被视为现代军事历史学科的创始人,当时在柏林大学任教。¹⁰

然而,军官学校的这一幕也是德国陆军与来访美国军官之间良好关系的众多例子之一。康格显然做出了承诺,因为他被允许参与一场兵棋推演并参观了军校,但他辜负了德国军官的信任,并为华盛顿的陆军部撰写了一份详细的报告。¹¹

这位美国武官指出,教学以1866年的科尼格里茨战役为基础,从基本战术开始并转向战略。他还注意到,课堂气氛"轻松愉快"¹²。类似情况在当时重建的战争学院的班级中同样存在。指挥与参谋学校(与德国战争学院)的差别是显而易见的,因为前者完全是刻板的中学的氛围。

这两所学校还有其他不同。如前所述,基本上每一名德国军官只要符合军衔、年龄或衔龄——通常为中尉,晋升该军衔至少五年——并且能够通过国防区考试并获得规定分数就可以入学。然而,团长的推荐信几乎与考试成绩同等重要。[13] 曾经有在国防区考试获得高分的军官由于"品格缺陷"而不能被派往战争学院学习。[14]

该制度的一项不足是,每年只有一定数量的学生可以进入战争学院学习,因此必然会有一定比例的学生无法通过竞争性考试。[15] 如果上级允许,那么其他人可以再次参加考试,因此可能损失一年或更长时间。通常,失败过一次的军官至少可以再得到一次机会。

但是存在这种可能:某一年由于在考试中取得优异成绩的人很多,结果很多优秀的军官未能如愿,而另一年由于竞争没有那么激烈,结果许多平庸的军官成功入学。然而,德国体制要比美国更加完善,因为军队有更多的选择,年轻军官的命运也不完全掌握在直接上级的手中。考试是完全匿名的,只有取得优异成绩以后,编号文件才会被送回国防区司令部,以获得团长对相关军官的表现评估报告。

国防区考试并不要求具备复杂或神秘的知识,而是要求对军事问题有正确的理解。逻辑思路、表达能力与展现才华同样重要。[16] 德国高级军官们不仅用这种考试来判断初级军官是否具备才干,而且也能借此获知年青一代对当前军事问题的看法。[17]

和所有其他与德国军官团有关的事务一样,国防区考试是透明的。上一年度使用的军事问题解决方案会被公之于众——这很符合德国军事文化——每份前言中都强调了一点,即印发的解决方案不应被视为权威答案,它们只不过是负责发布的军官认为的最好答案。[18] 对于与军事不直接相关的多重任务，这些小册子并没有提供任何解决方案。例如，关于历史和体育考试的答案，年轻军官就必须找到其他方法来做好准备。

一次正规的国防区考试包括多个部分，并将持续多日，最长可达一周。[19] 毫无疑问，整个考试最重要的部分是第一部分"应用战术"。候补生会收到一份关于某支部队的详细的战术态势，通常是一个配属有其他单位（以便让情况更有趣）的团级单位，通常还会配发相关地图。他必须理解相关态势，并尽可能简明准确地起草命令。德国的教育体系一贯看重智慧和创造力，但这两种特征并非取得优异成绩的必要条件。需要指出的是，即使与评分军官的解决方案不一致也不重要。代表性的解决方案是"经过深思熟虑的"，命令必须"表述清晰"，或者具有"明确的判断"。"观点新颖但思路清晰"也很重要，此外，还反复强调"大胆"和"果断"。[20]

下达给假想单位各分队的团级命令不得超过一页，大约是美国陆军同级单位类似命令的长度的五分之一。而德国军官依旧抱怨这样的命令仍然太长，而且过于烦琐。[21]

不要忘了，参加考试的人大多是中尉。他们被要求全面指挥一个加强团，而这项工作通常是由比他们年长 15 岁的上校来完成的。如果战术形势极度危险，现实中没有时间下达书面命令，那么申请者应当起草这种情况下应当下达的简要口头命令。

考试时间通常限定在两至三小时之内，接着年轻军官们将会得到同一部队的新的态势情况，后者通常是由该部队同敌军交战后的情况演变而来。第三部分是另一种变化后的战术态势。显然，这种考试是为了弄清申请者是否只是在前几部分比较幸运，还是的确是

第五章　进攻的重要性和如何领导：德国战争学院

担任指挥官的合适人选，以及他在进攻、防御或撤退时的思维是否始终灵活。还要指出，申请者必须使用当时各国军队中可用的现代装备，即使这些装备当时的德国军队由于《凡尔赛条约》的限制而尚未拥有。[22] 因此，申请者需要有丰富的想象力和创造力，以及对现代武器及其能力的扎实知识。对一名中尉而言，这显然是一种精神上的挑战。军队——无论敌军还是友军——早在1924年就已经开始使用飞机和坦克。[23] 由于《凡尔赛条约》的规定，魏玛德国国防军不得不保留三个骑兵师，因此作为一种必需，申请者还必须能够应对大规模的骑兵部队。在这些考试和兵棋推演中，德国军官仍然不得不研究骑兵问题，骑兵战术也受到强调。这样的做法往往被错误地解释为旧贵族骑兵军官仍在坚持过时的部队。然而，由于德国被迫保留这三个骑兵师，因此德国最高统帅部决定充分利用这一点。纳粹德国国防军成立仅几年之后骑兵兵种就被废除，这充分说明绝大多数德国军官对骑兵在现代战场上作战效能的真实看法。尽管德军中有一些传统主义者，也有一些年事已高、心胸狭窄的军官，但他们不可能像美国那样决定性地阻碍现代发展。[24] 而美国陆军有一位极端保守、嗜马如命的骑兵主任约翰·K. 赫尔（John K. Herr）少将，以及他在步兵中的同事、与其死板程度相差无几的步兵主任斯蒂芬·O. 富卡（Stephen O. Fuqua）少将。[25]

国防区考试的下一个任务是处理正规战术问题，通常主要是关于行军和后勤方面的问题。申请者必须再次了解他所领导的团的战术态势，并起草渡河或向某点运动的命令，或是为某支部队提供补给的命令。

现地技能部分主要针对识图能力和利用地形。申请者必须描述地图上的某些特征，并根据所得到的战术态势对其进行评估。他常常会被要求在地图上标出部队计划部署的地点和原因。

这项任务完成后通常是关于武器和装备方面的内容，但1924年的国防区考试额外增加了一个"诸兵种工程"，此后所有考试都保留了这部分内容。[26] 在这一部分，申请者被设定为步兵第1团的团长，受命立即渡河进攻敌人。就这项任务来说，特别重要的是选择正确的渡河地点，掌握工兵和合适的装备，并向其下达正确的命令。显然，一名军校学员、未来军官不必沉浸在数学和工程学中才能完成这样的任务，即使是团级领导层次也是如此。国防区考试中有关物理、化学和数学的部分只由技术部门的军官需要完成。[27]

接下来的武器和装备任务可能是最不寻常的任务之一，因为下级军官在大多数情况下都会被问到个人观点和判断。这表明，德国最高指挥部不仅重视甚至是最初级的军官的意见，而且也要求其具备创造性。这一部分也几乎不可能提前准备。正如前面已经描述过的，已经通过国防区考试的军官们通常会教导年轻战友如何应对考试，德国有一套完整的补习课程产业，初级军官——就像参加职业资格考试的律师一样——会花费大量金钱反复强化自己的专业。但对于军官被问及自己的意见并且要在逻辑上为其辩护的情况，这样的补习课程是没用的。不同部门的军官会遇到不同的问题。例如，在1924年的国防区考试中，骑兵军官遇到的问题是："骑兵团的通信技术手段是什么？它们在运动战中是否足够？提出改进建议。"[28] 在1921年国防区考试中，摩托化部队的军官遇到的问题是，新的95式越野车是否能够作为军用车辆使用，以及是否应建议所有部门使用。[29]

第五章 进攻的重要性和如何领导：德国战争学院

在纯军事部分之后，申请者还会接受综合知识（一般知识或公共知识）测试。1921 年的国防区考试仍然提供了可以自选的历史题目，但这种做法并未在后续考试中保留下来。取而代之的是增加了"公民教育"部分，如 1929 年要求申请者根据新旧宪法描述和比较帝国法律。[30] 在此后所有国防区考试的"公民教育"部分，军官们总是会被提问关于宪法的各种知识。由于根本不知道会被问到什么问题，因此申请者必须精通宪法。1931 年——距仅仅两年后发生的灾难相隔不远——的国防区考试提到了这样一个问题："民治原则是如何在宪法中实现的？"[31]

国防区考试的各个部分并不同等重要；相反，它们有不同的系数。[32] 战术问题的系数最高，为 4，而公民教育问题的系数为 2。然而，由于考试中的激烈竞争，哪怕是一项得分很低的任务（可能值 18 分），军官也不能掉以轻心，因此他必须精通德意志帝国和魏玛共和国的宪法。由此可见，战后任何声称德国高级军官不了解阿道夫·希特勒国内政策的法律影响的说法都不值一驳。

接下来的经济地理学部分几乎总是会问一个与铁、煤或水路有关的问题。由于重点比较窄，因此这一部分的准备工作似乎是最容易的。

历史部分的任务可能主要与整个欧洲历史有关，因此年轻军官们也必须在这个问题上打下良好基础。1924 年国防区考试要求回答第一次世界大战后土耳其其快速发展的原因。[33] 1931 年，军官们必须说明《凡尔赛条约》之后德国东部边界的意义及其对德国的危险——对每名军官来说这都是一个简单问题，甚至根本无须准备。[34]

在接下来的数学部分，那些以后要进入技术部门的军官通常要解一个方程或高等几何题目。物理学题目可能与弹道之类的武器学有关，但就像化学部分的考试一样，其形式与德国中等学校的学生在攻读高等学位时参加的考试相同。

军官们可以用各种方式证明他们的语言技能，在本部分仍然可以从几种语言中任选其一。法语和英语被认为是最简单的，考试要求将两到三个句子从法语或英语翻译成德语，再把五到七个句子从德语翻译成法语或英语。[35] 选择俄语和波兰语则必须把七个句子译成德语。偶尔会有日语和捷克语出现，但只是个例。

最后但并非最不重要的是，从1924年开始出现了体育运动部分，对申请者进行理论和实践考核。这种"任务"是某些军官最不喜欢的部分，他们认为自己具备实施排级和连级训练的多年经验，因此这种考试是"不必要的"。[36]

首先，每位申请者必须具备独立游泳者徽章，这是德国成人最低级别的游泳徽章，它用以确认该运动员能够在深水中游泳十五分钟，并完成一次一米跳水。那些拥有徽章的人可以自动加五分。没有徽章的人则不得分，而且必须回答1929年的一个问题，即他将如何教会自己连队的士兵学会游泳——假如他自己都不能自如地游泳的话。[37] 第二年申请者则必须详细说明如何在运动和武器训练中向自己的士兵传授近距离战斗的思想。[38]

在大约10年时间内，体育运动部分的第一个实践项目——对军队测试而言非常合适——是手榴弹投掷，这里只测量投掷距离。那些能够将手榴弹投掷45米的人将被评为"良好"并获得7分。再多10米将被评为优秀，可以得9分，这也是最高的分数了。不足15米的则被认为水平不够，只得1分。

第五章　进攻的重要性和如何领导：德国战争学院

在跳远比赛中，"良好"的军官可以达到 4.5 至 4.7 米，得 7 分；5 米以上则为优秀，得 9 分；不足 3.5 米被认为水平不够，得 1 分。几年以后对距离的要求有所降低。1924 年的时候，军官需要再远 30 到 60 厘米才能进入下一更高等级。[39]

申请者需要进行 3000 米长跑，一次在野外，另一次在煤渣跑道上。对于后者，少于 15 分钟可以加 1 分，低于 11 分 40 秒就会达到令人垂涎的"优秀"，加 9 分。速度的增加以 30 秒为一个档次。因此，每快 1 分钟就可以得到 2 分。野外比赛同样分数的时间要求相应大约慢 30 秒。

随后是几项标准体操类运动：单杠、双杠和跳马。在这些方面，所有前学员都会非常出色，因为他们已经在这些器材上训练多年。20 世纪 30 年代，这些国防区考试更具有实践性，而且军事特色突出的练习改为采用德国体育局的民用标准。[40] 我无法找到对采用新标准的原因的解释，但很可能是由于当时德国陆军的扩军导致需要更多军官。由于申请人数众多，因此运动考试被外包给了地方机构。

1935 年，当《凡尔赛条约》的所有限制被废除、"新"德国国防军出现之后，高等院校的选拔过程几乎没有什么变化。[41] 参加国防区考试的军官的资格现在调整为具有 8 年左右服役经历的中尉。迅速扩充的德国国防军迫切需要更高级别的参谋军官。这种需求在国防区考试的战术任务中得到了体现。现在，考试要求申请者指挥一个加强师，而不是前些年的加强团。[42] 考试的所有内容都是必选的，除了语言翻译以外没有其他选择。官方预备课程此时已经开设，大约在考试前 6 个月开始。[43] 符合条件的军官人数增加了，但

指挥文化 COMMAND CULTURE

▲ 1938 年 3 月，位于柏林莫阿贝特莫克霍伯伯大街著名的战争学院的新建筑。与"一战"时期建筑的华丽风格不同，这座建筑采用的是纳粹时期军事建筑的简约风格。（联邦档案馆提供，图片编号 183-H03527）

第五章 进攻的重要性和如何领导：德国战争学院

入选下一更高级别课程——即现在已正式恢复的战争学院——的军官名额仍然严格控制，为申请者总数的10%至20%。[44]这些数字的问题是，它们完全来自前总参谋部军官的著作，并已经进行了概括。比较这8份声明或研究——它们一定程度上是具体的，分别针对不同要点——显而易见，选拔军官的过程没有任何一年是相同的，而是在入选军官数量、社会背景、淘汰率、被问的问题等方面各有不同。对战争学院的多年情况进行分析更是如此，这将在下文进行讨论。1934年和1935年的考试就是一个很好的例子。1934年和1935年的考试——在总参谋部看来——来自第七军区的申请者比例过高，而该军区基本涵盖了巴伐利亚。因此总参谋部考虑对下次考试进行"调整"，以避免总参谋部受到"巴伐利亚入侵"。[45]由于在接下来的几年里来自第七军区的名额恢复正常，所以没有有案可查的人为干预的迹象。但有可能，名额确实是在人为干预后恢复了正常，只不过没有记录在案。

显然，国防区考试对申请者进行了非常全面的考核。考试是德国军官教育的一个组成部分，因为候选者必须提前数年准备考试，并且必须精通各个领域，但战术仍然是最重要的部分。无论上级和下级都希望那些正在提前准备的人和那些已经通过考试的人给年轻战友进行一次全面指导。这样，他们不仅能展现德国军官应有的战友情谊，而且还能获得更多的教学经验。在日常团务工作中取得优异成绩、丰富个人知识、教育年轻战友这三件事给军官们带来了极大压力。[46]指导士兵和下级军官的能力被认为是德国军官的基本素质。访问德国军校的美国军官指出："德国军官候选者的训练目标就是时刻保持警惕，并能在一群下属、同级或上级面前逻辑清晰地表达自己的观点。"[47]

在研究德国军官教育问题的历史著作中,德国国防区考试的准备活动的重要性一直被低估或完全忽视了。如果想要进步,德国军官就必须随时做好准备,在不同院校培训的间隙提高自己的知识水平。因此,少尉最好在进入战争学校之前就做好功课,中尉则应当在参加国防区考试之前,上校则是在被选中参加更高级别的兵棋推演之前。这种对学习和准备工作的"高度的使命和责任感"也受到了访问德国军校的美国军官的注意。[48] 在军官学校时对待学习自由放任的态度并未给德国军官带来任何不利影响,因为他们已经在那里学到了高度的责任感。美国军官即使在战时也会在简报会上迟到[49],而从未听说德国军官有这种行为。

缺乏能力或准备的德国军官会立即被他的战友和课程或学校的领导发现。德国军官不会像他们的美国同行那样像蚕茧一样浑浑噩噩度过几年时间,后者经常"几乎丧失了学习的习惯",只有在接到进入指挥与参谋学校的命令时才会临时抱佛脚。[50] 因此,由于准备充分,普通德国军官进入令人垂涎的战争学院或之前的高级军官学校学习时并不觉得负担过重。[51]

德国和美国的另一个显著区别是军校教员和校长的选拔。只有经验丰富的战争老兵才会被派往陆军学校或战争学院,他们必须展示出色的教学天赋。[52] 军官通常是在每年的 *Lehrerreisen*——教员之旅——中选拔,届时,陆军人事办公室的代表和高级指挥官们将对他们进行评价。他们还被要求进行试讲。

为了不使他们远离军队、获得关于军队实际情况的最新信息,(这些教员的)任教时间通常只有三年,与军官学员在校时间相同。

第五章 进攻的重要性和如何领导：德国战争学院

▲ 1935年11月4日，新成立的战争学院里一场高水平兵棋推演的活跃气氛。这是刚刚建成的新楼里的第一节课。来自外交部的文职官员经常受邀就现实问题进行分析。德国军官最喜欢的就是进行兵棋推演以挑战智力，越复杂越好。与美国指挥与参谋学校的演习形成鲜明对比的是，德国的兵棋推演没有剧本，充满突发情况，并将持续到一方被完全击败才会结束。有时这种活动会持续多日。（联邦档案馆提供，图片编号108·2007-0703-502）

也没有任何规定要求只有前毕业学员才能成为教员，虽然多数教员可能确实是前毕业学员。但是，在其回到战争学院成为教员之前，他们已经在现实中积累了经验，形成了对军事问题的个人观点。

德国军官们一再指出，美国军校只让前学员担任教员，而不给他们在实际部队中获得完全不同的专门知识的机会，这种做法不可避免地导致了"经历过于狭窄"[53]。

莱文沃斯的军官学员由多位死板遵循学院教义的教员负责讲

课,而对德国军官来说,最重要的人是他们精心挑选的主讲教员,他负责教授战术,"在处理任何课程时都享有最大限度的自由"[54]。他也会在课程结束后为军官学员撰写效率报告。

在德国,这不是一个像在(美国)指挥与参谋学校那样的关于可用性、可行性和便利性的问题,而是德国最高指挥部最重要的问题,即让专家和老兵指导军官。尽管期望很高,选拔也很严格,德国陆军甚至在他们高级军事学院里也不乏优秀的教员。[55] 因此,埃尔温·隆美尔将为年轻的德国军官讲授战术,海因茨·古德里安则将讲授摩托化输送流程。他们都是各自领域的专家。在波兰战役之后,杰出的团长和师长将轮流指挥国防军学校,在法国战役之后当学院院长们返回战场时也发生了同样的情况。

教员把自己看作学员的战友。对教员而言,最大的成功不是成为补习学校的老师,而是牢记自己的军校学员时代。[56] 从学员军官提供的材料来看,他们做得非常出色。(美国)指挥与参谋学校的教员很少受到赞扬,但德国院校中对教员的赞扬几乎是普遍现象,既来自来访的外军军官,也来自德国本国的学员。

用战争学院院长的话来说,它"不是一所学校,而是一所大学"[57]。像莱文沃斯那样检查学员军官是否掌握队列规定的事情(在德国的战争学院)是不可想象的。[58] 一位曾经在德国战争学院学习的军官注意到"被派往战争学院学习的军官都是急性子学员",他们不接受任何不能直言不讳的教员的低水平教学。[59]

在德国的军事院校里,并不存在因为军衔或资历而带来的优越感,教员会和学员一起运动,一起进行滑雪旅行,或者放学后聚在一起喝杯啤酒、聊聊天。[60] 在平等的基础上举行社交活动和聚会非常常见，而且被认为是学校工作不可分割的一部分，因为军官们可以在教室以外的不同环境中得到考察。[61]

按照战争学院的传统，大家可以公开地在由学员军官创办的讽刺期刊《啤酒报》上调侃教员。[62] 在指挥与参谋学校也有一份类似的被称作《马蹄铁》的粗劣刊物——但它的讽刺程度甚至不到德国同类刊物的一半。在美国院校里，教员们通常不鼓励学员进行有趣或讽刺的尝试，这些教员被认为呆板、缺乏幽默感。[63]

作为战友，德国军官不需要依靠对方的盲从就能在学员和教员这两个角色之间游刃有余，同时仍能在课堂讨论和兵棋推演中保持思想敏锐，并对彼此展现应有的尊重。[64] 在顺利完成战争学院的课程后出版的最后一期讽刺期刊中，学员们将公布对教员的最终评价。这时出现在刊物中的机智评语仍是以讽刺的形式出现，然而却非常清楚地刻画出了教员的性格。[65]

然而，1935年战争学院正式重开后，并非一切都进展顺利。三年制课程很快被压缩成两年，以便腾出更多时间、招收更多学员，新任陆军参谋长路德维希·贝克（Ludwig Beck）大将要求战术课程——早已成为最重要的部分——应当更加关注师的作战军官部门的参谋业务。[66] 虽然看起来是一个重大变化，但实际上没有什么影响，因为德国军官迄今为止已经掌握了大量的战术知识，而且将来还会掌握更多。因为作战军官是排行第一、负责作战计划的参谋军官，他自然主要处理战术和指挥问题。尽管进行了一些课程调整，但从学时和教学重点上看，战术和军事历史仍然是德国军官最重要的课程。[67]

然而，与之前的军官相比，在国防军扩充之后几年进入军队的军官似乎（能力素质）不太全面，但这种观点只是基于一些年长军官的言论，更有可能反映的是代际冲突。[68] 1936年，美国武官杜鲁门·史密斯少校报告说，他观察到的这群军官"远比不上德国魏玛时期那些高度一致、充满智慧的军官团"[69]。

此外，具有纳粹思想的国防部长维尔纳·冯·布隆贝格大将在1936年颁布了一项法令，规定在战争学院的教育框架内必须有"国家政治教育"[70]。他认为，只有"当国家社会主义世界观作为个人精神财富和内心信念的完整心态"成为军官的一部分时，军官团才能保持其领导地位。[71] 这项命令很可能并非由于受到阿道夫·希特勒的干预才起草的，因为布隆贝格以其"国家社会主义狂热"而闻名，许多支持纳粹的命令都出自这位国防部长之手。[72] 然而，同样重要的是，他的狂热并没有受到其他高级军官的反对。对经受过时间和战争考验的德国军官而言，军官团中的纳粹主义增加了准宗教的内容，而这些内容已经是国家社会主义神秘黎明的一部分。这种混合并非吉兆。

没有记录显示战争学院的课程计划确实根据陆军部长的命令进行了调整，但我们只能从前军官的叙述中了解细节，而他们完全有理由故意失忆，因此没有关于这一点的最终结论。但是，任何国家社会主义教育只能以地方人员利用下午时间进行课外讲座的形式进行。这对整个军官教育的影响是有限的。战争学院的环境基本没有改变；只是由于时间短了一年而变得更加紧张。据称，从1937年起，战争学院的教育开始"受到限制"[73]。一些军官也因为各种原因发出了同样的抱怨。历史学家是因为对有助于更加广泛的教育的课程受到削减而遗憾，而军官们抱怨的是他们无法继续"实施作

第五章 进攻的重要性和如何领导：德国战争学院

战"，也无法深入学习介于战略与战术之间的极为重要的内容。尽管众所周知遭到了削减，但据说在战争学院里，天赋、基础以及战友情谊仍然完好无损。

战争学院没有所谓的"学校解决方案"，这保证了学院始终保持着相互理解的氛围——每个人都能从他的战友那里学到一些东西。学员的解决方案会像教员的解决方案一样被讨论和批评。因为在德国院校中，演练贯穿各个阶段，"其中某位学员的解决方案常常被当作下一阶段的起点"[74]。这种教学方法适应了战争中不存在完美解决方案的事实。事情总会不断出错或崩溃，情报会有问题，敌人的行动不可预测，某个连可能会迷路，等等。因此，对军官而言，最重要的是教会他灵活的思维方式——无论在什么情况下，他都能应付自如，在战争的嘈杂和混乱中泰然自若地指挥，这本身就能使形势平静下来。也许他"在指挥时面对的是未知情况"，但他确实能够尽己所能实施指挥。[75]

战争学院的课程和演练都尽可能地把这种经验教给学员。当军官们为自己在兵棋推演中的岗位提前一个整天做好准备以后，教员却可能突然宣布其中一人死于炸弹或炮弹，所有职位都被重新分配，学员们必须马上调整。所谓的 *Füherausfall*——领导者阵亡——是德国所有军事院校教学中最具恶名的一部分，但它能够使学员时刻保持警觉。创造性不仅在教员设计兵棋推演时很非常重要，军官学员为了通过演习也必须展现出这一点。[76]

在另外的案例中，学员们会收到大量的情报报告和说明，随后某个战术情况就变为一场兵棋推演，他们必须在压力下判断哪些内容是可靠的、虚假的，哪些是一个18岁列兵由于恐惧而编造出来的。[77]

在新的情报和情况迅速涌入后，军官们常常还要判断从上级那里得到的最初任务是否仍然有效。[78] 演练假定该军官与上级总部失去联系，现在必须自行决定是按照原来的命令行事，还是因为环境已经发生了变化，需要为自己和所辖部队确定一个新的任务。这一实例清楚地表明，主动性和决断力是德国军官教育的重要特征。

除了夏季以外，每周都有一场兵棋推演或野外战术演习。每年年底，整个年级的学员都要前往德国某个偏远的地区进行一场大规模的兵棋推演。每年军官学员会被派往军械司令部见习三个月，以了解某个兵种，例如：步兵军官前往炮兵部队，骑兵军官前往步兵部队，等等。在20世纪30年代后期不断扩充的军队中，这段宝贵的时间被大大压缩了。[79] 在大规模的秋季演习中，军官们回到自己的部队，以免丧失任何实践能力。

在战争学院课程的最后阶段，安排的是最为重要的8—14天的"毕业旅行"。学员们将前往德国某个未知的地点，投入一场全面模拟真实战役的大规模兵棋推演，这种推演包括指挥所快速移动、模拟参与者暂时阵亡，每天从早上6：30开始一直持续到第二天凌晨01：00。[80] 因此，这场毕业旅行将让军官学员直到最后一刻也不敢松懈，同时也会给每名学员展现自身水平的机会。

德国军事文化——与美国相比——高度重视年轻军官。初级军官受到很高评价，因为他们本身就是令人羡慕的德国军官团的成员，而且他们随时都可以走上讲台，而这一点即使高级地方人员也很难做到。[81] 德国高级军官们意识到，这些年轻人在战争中可能因为上级阵亡而突然受命指挥一个连甚至一个营，并根据"任务式指挥"原则以高度的独立性指挥部队。而美国的初级军官在晋升到一

第五章 进攻的重要性和如何领导：德国战争学院

定级别或不得不被安排到重要位置之前，都会被视为无知之辈，甚至更多被看作负担而非资产。学员缺乏感恩的情况始于西点对未来军官的欺凌，又因为他们在莱文沃斯学校被看作一年级新生而延续下来。1883年一位美国高级军官在一本军事杂志上写道："对军队领导者来说，军队职业一直是一项艰巨的工作，而对下级和普通官兵来说，则是一种有点懒惰的职业。"[82]虽然该文作者预期这种态度会发生改变，但显然从未改变。

在战时或大规模演习中，年轻的美国军官能够展示自己的价值，也曾有中尉碰巧成为某个装甲军的后勤军官或担任其他重要职位，但紧急情况结束后，他们又会恢复原来军衔或被降衔，并得到与其较低职务对应的待遇。由于德国陆军对初级军官评价很高，他们的个人观点受到重视，他们的不同主张得到容忍甚至鼓励。因此他们经常被上级征询意见，在由几个师实施的大规模演习结束后，他们会在出席会议的将军发言之前对演习结果进行评判。相比之下，美国陆军文化从历史上看就在对待持不同观点者和标新立异者方面存在很大问题。[83]塞缪尔·斯托佛（Samuel Stouffer）所做的著名的有关于第二次世界大战中美国陆军的社会心理学研究将当时的氛围描述为"鼓励一致性、压制主动性"[84]。斯托佛和他的同事证明，"符合官方认可的军事道德规范"是军官晋升的一个考虑因素，而"那些与官方规范保持一致的"军官最有可能获得晋升。[85]此外，60%的军官和80%的士兵认为"认识上级"比"知道什么"更重要。[86]

作为一名年轻军官，德怀特·艾森豪威尔写了一篇赞成骑兵机械化的文章。[87]这篇文章使步兵主任大为不悦。他命令艾克不仅要停止这种异端活动,而且要公开改变他的观点。艾森豪威尔受到军事法庭审判的威胁。[88] 他的上级期望这位下级军官成为马屁精。六年以后,艾森豪威尔的战友、后来的密友亨利·哈雷·"海普"·阿诺德(Henry Harley "Hap" Arnold)(美国陆军军官学院 1907 届)发表了一篇文章,试图游说陆军航空队进行改革,结果差点被送上军事法庭。[89]

当年轻的海因茨·古德里安撰文赞同机械化和坦克的时候,同样的情形也发生在德国。路德维希·贝克大将——时任陆军参谋长——不喜欢年轻的海因茨,于是去找军事杂志的出版方和编辑,让他们拒绝古德里安的论文。这种行动基本不会取得成功,古德里安从来没有受到威胁,他的职业生涯也没有停滞不前。

德国和普鲁士军官团是具有最伟大的不服从文化的军官团——也许法国除外。在普鲁士和德国军官团中,许多故事和事件使得军官——即使是在战争中——"以荣誉和具体环境为理由"不服从命令的美德得以延续,并将文化背景与普鲁士和德国军官团结合起来,因此这里有必要对其进行重新研究。[90]

勃兰登堡公国甚至在普鲁士成为王国之前就已是后者的核心地区。1675 年腓特烈·威廉选帝侯仍在与"三十年战争"中瑞典军队的残余雇佣军作战。这些雇佣军仍然占据着几个城市,横征暴敛并掠夺农村。这位选帝侯并不是自己国家的主人。他手中只有几个大部分由老兵构成的团。由于他的军队人数仍然远远不及控制拉特诺(Rathenow)城的雇佣军,所以取胜的唯一机会就是发动突袭。选帝侯的龙骑兵在夜间突袭了这座城市——这是近代早期为数不多的夜间袭击之一——并将雇佣兵赶了出去。雇佣兵溃不成军地撤退了。毫无疑问，他们的计划是到达下一个城市，占领并加固它。选帝侯的部队只能等天亮后再去追赶他们；同时由于只有一条路所以无法赶到敌人前面或者抄近路。追击部队的前锋指挥官是黑森-霍姆堡亲王腓特烈二世，他得到选帝侯的明确命令不要与敌军交战，除非选帝侯——其时正在主力部队中，由此可见统治者现身战场的普鲁士传统——下达命令。然而，勃兰登堡适合作为战场的地方却很少，因为那里的土壤要么是沙质的，要么是潮湿的，要么两者兼有。1675 年 6 月 18 日清晨，霍姆堡亲王在费尔贝林镇附近发现了一处合适的战场，于是率领骑兵前锋对雇佣军发起了进攻。[91] 虽然关于这场战斗的记录非常全面，但亲王发动攻击的原因却从未公开。有些人说他只不过是一个追逐荣誉的人，但当时的情况是，（如果不提前发起进攻）雇佣军有可能占领并加强附近的鲁平城。此后较弱的勃兰登堡军队几乎不可能驱逐他们。用另一场夜间袭击把他们赶出去也不可能，因为行动将不再具备突然性。

这场战役进行得非常艰难，因为亲王只有骑兵部队对付雇佣军的合成部队。[92] 当选帝侯带着主力抵达并马上投入战斗时，亲王的部队已经遭受了巨大的损失。但对勃兰登堡军队来说，这仍然是一场险胜，同时也是这个国家独立的开始。

选帝侯的重孙腓特烈大帝也不得不忍受军官不听调遣的同样情形。在七年战争期间的佐恩多夫（Zorndorf）战役中，1758 年 8 月 25 日，（普鲁士军队）第一次与俄国军队发生交战。当时形势非常危急，腓特烈大帝不得不策马进入战场，亲自夺下一个已经溃败的团的旗帜，用实际行动稳住了这个团。在最年轻的普鲁士将军弗里德里希·威廉·冯·赛德利茨（Friedrich Wilhelm von Seydlitz）的指挥下，有五十多个中队的骑兵始终没有投入战斗。一名侍从副官出现并告诉赛德利茨，国王认为现在使用骑兵进攻是明智的。[93] 赛德利茨回答还不是时候。侍从副官不久再次出现。这次国王的命令更加紧急、更不礼貌，但赛德利茨毫不动摇地给予了同样的回答。当侍从副官再次出现时，他告诉年轻的骑兵将军，如果再不立即进攻，国王就会处死他。赛德利茨回答："请告诉国王，战役结束之后我的脑袋任他处置，但现在我还要用到它。"[94] 赛德利茨在他选择的时间发动了进攻，挽救了当天的战局——最后，首先对其提出赞扬的是腓特烈大帝本人。

三年后，在同一场战争中，发生了一件更著名的不听命令的行为。腓特烈大帝因为他的夏洛滕堡被敌人劫掠而愤愤不已，于是下令普鲁士最负盛名的重骑兵团——宪兵第10胸甲骑兵团的指挥官约翰·弗里德里希·阿道夫·冯·德·马维茨（Johann Friedrich Adolf von der Marwitz）上校，对与普鲁士敌人结盟的萨克逊选帝侯的哈勃图斯堡进行劫掠。老派贵族冯·德·马维茨大惊失色，回答国王说，这一命令只适用于国王的自由营，而不适用于国王最古老、最高贵的骑兵团。自由营只在战时组建，由自由职业的军官领导。他们和他们的部队被所有正规作战军官和部队蔑视。冯·德·马维茨当场辞职，最终还是由昆图斯·伊奇卢斯（Quintus Icillus）自由营洗劫了城堡。冯·德·马维茨后来被召回，但不再担任团长。他最后获得了少将军衔。当他于1781年去世时，一位亲戚在他的墓碑上写下了著名的铭文："他见证了腓特烈的英雄时代并与他并肩作战。当服从命令不能带来荣誉时，他宁可选择耻辱。"[95] 最终，在费尔贝林（Fehrbellin）战场附近为他建立了一座

第五章 进攻的重要性和如何领导：德国战争学院

纪念碑。

失去了腓特烈大帝领导的普鲁士陆军1806年在耶拿和奥尔斯特德两场战役中被拿破仑军队击败。普鲁士人被迫与拿破仑结盟，为他在俄国的疯狂冒险提供军队。约翰·达维德·路德维希·约克·冯·瓦滕堡（Johann David Ludwig Graf Yorck von Wartenburg）伯爵、中将指挥的一个普鲁士军在灾难性的大撤退中与法国主力失去了联系。[96]1812年12月30日，在没有征求普鲁士国王腓特烈·威廉二世意见的情况下，他主动与俄国人签署了《陶罗根公约》，有效地结束了与法国的"联盟"，为对抗法国暴君铺平了道路。普鲁士国王最初判处这名普鲁士军官死刑，但在与拿破仑正式决裂后授予了他许多勋章和奖励。作为一名普鲁士连长的儿子，虽然约克·冯·瓦滕堡在东普鲁士长大，他却被视为一名难以相处和思想固执的军官，年轻时甚至一度丢掉了中尉委任。

拿破仑战争期间和之后广泛开展的军队改革并没有彻底消除普鲁士军官团不服从命令的传统。在命运多舛的1888年，即"三帝之年"，深受爱戴的威廉一世去世，他的儿子腓特烈三世继位，同年因喉癌死去，皇位由他不太正常的儿子威廉二世继承。然而，腓特烈三世有足够的时间创造军事历史。在一场高级别兵棋推演中，他给一位总参谋部的年轻少校下达了一道命令以测试其能力。服从命令会使这位年轻军官陷入危险的境地。当少校毫不犹豫地传达命令时，一位将军拦住了这位军官，提醒他说："陛下把你任命为总参谋部少校是为了让你知道什么时候应当违抗命令。"

早在1938年7月，时任德国陆军参谋长路德维希·贝克大将就提醒战友"当知识、良知和责任感都反对执行某项命令的时候，军人的服从是有限度的"[97]。贝克不久就辞职了,以抗议希特勒的侵略政策。他参与了反对独裁者的阴谋,并从一位战友那里得到自杀的机会,以逃避在"人民法庭"面前受审的屈辱。

"背着上级领导"这条短语起源于德国而不是其他任何一支军队并非偶然。[98] 所有这些实例都是普鲁士军官团内部的集体文化知识,它在官方讲座、军官食堂或战友之间的通信中,以各种各样的形式无数次地加以解读和复述。德国军官被期望表现出独立性,而这正是德国军官团的传统之一。这种独立往往会导致不服从命令的性格,这也是一个普遍被人承认和认可的事实。[99]

普鲁士或德国军官的思想通常毫不僵化。在其职业军事教育中,条令对德国军官而言并没有像对美国同行那么重要,这种情况被美国军队和英美史学研究误解,因为有许多研究德国陆军所谓"条令"的著作。[100] 实际上,*Doktrin*(条令)这个词很少出现在德国陆军手册、训练文件,或德国军官的信件和日记中。对他们来说,条令只是一种人为的指导方针,可以随时违反,即使初级军官也可以在必要时违反。[101] 由于没有学校解决方案,因此也就没有解决战场问题的固定条令。[102] 而对美国军官而言,事实证明他们很难偏离所学的条令。只有遭到惨重伤亡和顽强抵抗的情况才会使美军指挥官自主决定对德军采取行动。即使基于不完善的条令导致作战缺陷变得非常明显美军也不会迅速纠正,因为军官们担心,"变革带来的冲击可能比遵守一种不算最好但熟知的作战条令带来的代价更为严重"[103]。

唯一一个违反德国军事文化格言"不存在学校解决方案"的人是埃里希·冯·曼施坦因。20世纪30年代早期,他担任作战第一处处长（chef der Ersten Operationsabteilung），基本上相当于陆军司令部司令（Chef der Heeresleitung）——这个词实际上指的是陆军总司令（the Oberbefehishaber des Heeres）——库尔特·冯·哈默施泰因-埃克沃德(Kurt Freiherr von Hammerstein-Equord) 男爵手下的一个小角色。[104] 但"年轻的"冯·曼施坦因已经给他留下了深刻印象，因为在高级指挥官的兵棋推演结束后，他试图把自己的解决方案强加给战友。这引起了很大矛盾，因为曼施坦因正在与经验丰富的军官们打交道，其中许多比他年长，级别也更高。和曼施坦因一样，哈默施泰因-埃克沃德也来自第3步兵近卫团的圈子，当时属于这个圈子的军官控制着部队局的大部分岗位。哈默施泰因-埃克沃德非常喜欢曼施坦因，所以放手让他自由发挥，甚至根本不检查他准备的最后讨论文件。[105] 因此，曼施坦因可以在那段时间成就或毁掉别人的职业生涯。几年之后，当曼施坦因监督陆军第1军的军事演习时也发生了同样的事情。[106] 毫不意外，他的僵化态度延续到了第二次世界大战。无疑，他拥有高于平均水平的战略规划能力，但他的个人领导能力排名较低。他本人总是要求上级给予自己行动自由，但他仍然牢牢地控制着下属，尽管他的总部远离前线。[107]

整个德国的职业军事教育体系为著名的"任务式指挥"铺平了道路。这个概念在美式英语中被不恰当地翻译为"任务式命令"（mission-type orders）。英国采用的"指导性控制"（directive control）译法也好不到哪去。[108] 在其他语言中，准确的翻译同样难以捉摸。[109]

"任务式指挥"经常被误解为一种发布命令的技术，而实际上它是一种指挥的理论。[110] "任务式指挥"的基本概念是上级实施指导,但并不严格控制。"任务战术"(task tacitcs 或 mission tactics)可能更接近原意,但仍不够准确。[111] 最好的翻译可能是"以任务为导向的指挥系统",它更好地强调了这种理论中的"任务式指挥",但整个思想体系可能由实例才能更好地说明。[112]

在一个假设的案例中,一名美国连长接到进攻并肃清某个村庄的命令。他被告知用第一排侧翼包抄,第三排正面攻击。四辆坦克会被配属到他的连队以支援正面进攻,这将是主要进攻方向。几个小时后,该连成功完成任务,连长无线电回报并请求进一步的命令。

一名德国连长接到在下午四点前肃清村庄的命令。在进攻发起前,他会确保"即使是掷弹兵也知道在进攻时自己应当做什么"[113]。如果排长和班长倒下,这名士兵将接替他们的位置。美国士兵渴望得到同样的信息,但却没有得到。事实证明,他们"没有获得足够的机会去了解命令的'原因'"是美国士兵与军队指挥机构之间的一个重要问题。[114]

德国连长可能把配属的坦克部署在村庄附近的高地上,以提供火力掩护,或者把坦克开到居民地周围,阻止"村庄守卫者逃跑"。他可能通过正面强攻、渗透或夹击等他认为最合适的方式占领村庄。在占领村庄之后他会追击残敌,并将那些目前暂时并不需要的部队前推,因为他知道,按照"任务式指挥"的精神,上级的总体想法是进攻,他的行动都被包含在这份下午四点前肃清村庄的简单命令里。由于接受过相关训练,因此德国军官根本"不需要详细的指导"[115]。

其中一个最好的例子是库尔特·蔡茨勒(Kurt Zeitzler)上

校——时任第 1 装甲集群参谋长——在 1940 年进攻法国之前的讲话。他对快速部队的下级指挥官及其参谋军官说："先生们，我要求你们的部队彻底越过德国边境，彻底越过比利时边境，彻底越过默兹河。我不在乎你们怎么做，那完全取决于你们。"[116] 相比之下，美国军队在北非登陆的命令就像西尔斯·罗巴克百货公司的商品目录那么长。[117]

海因茨·古德里安中将——曾配属于克莱斯特装甲集群的第 19 装甲军军长——向其部队发布过一道更加著名的体现"任务式指挥"精神的命令。他告诉部队，说他们全都拥有"一张前往最后一站的车票"，这指的是法国海岸的各个城镇。[118] 他们如何到达那里完全取决于自己。

即使是在对普鲁士和德国陆军进行了数十年的研究之后，美国军队仍然对"任务式指挥"的概念表示"难以理解"，大多数军官甚至在进入更高级别军事教育院校后也没有进一步接触这一概念。[119] 只有极少数美国指挥官，如乔治·C. 马歇尔、乔治·S. 巴顿、马修·B. 李奇微和特里·德拉·梅萨·艾伦（Terry de la Mesa Allen）理解这一概念，尽管美国军校从来没有教过他们。[120]

更令人惊讶的是，陆军部从曾经在（德国）战争学院培训的美国军官那里收到过详细报告。所有这些军官都完成了德国战争学院的全部课程，除了动员计划之外没有任何禁止他们接触的内容。[121] 其中最显赫的人物——因其后来的职务和军衔——阿尔伯特·C. 魏德迈（Albert C. Wedemeyer）在回忆录中声称，他在（德国）战争学院接受了"作为战略家的真正的教育"，但这一说法受到了合理的质疑，因为那所学校没有明确的战略课程。[122] 然而，魏德迈正确地指出,他获得了"对国际事务更深入、更广泛的认识",因为(德国)战争学院的许多军事演习都是以某场政治危机的发展或外交部官员的讲座作为导入方式的。[123]

虽然相关研究已经正确地指出,(美国)指挥与参谋学校和(德国)战争学院都"要求通过运用原则解决具体问题",但这是两所院校之间最低程度的相同之处,因为原则本身已经证明完全不同。[124] 在莱文沃斯,条令原则占据统治地位,而在(德国)战争学院,创造性原则占据主导。这些院校之间所谓的"重要的相似性"完全可以忽略,至少在哈特尼斯(Hartness)上尉和魏德迈所写的详细报告中正是如此;相反,不同之处则受到强调。[125] 应该牢记,在当时糟糕的美国陆军文化中,如果过分批评指挥与参谋学校,那么两名军官都不得不担心自己的职业生涯会停滞不前。他们关于德国军校优点的报告副本被送往指挥与参谋学校,但显然没有被教员读过。[126]

作为主要区别,哈特尼斯和魏德迈指出了入学考试的可取之处是:那些考入(德国)战争学院的人已经证明自己是"优秀分子"。美国军官指出,另一个巨大的优点是:他们的德国同行被交换到不同的部门以获得经验。"这是一项非常有益的措施,我们完全可以采用"。此外,他们多次强调教员的优秀素质,并指出每个问题都被视为"部队领导问题"。[127]

两位上尉赞扬了实践性教学方法和描述、研究实际战争情况的方式,而不是"一种超脱现实的、思辨式的解决方案",后者"可能是一种适当的产品,但却不是从生命和鲜血中得来的建议"。[128] 字里行间可以清楚地看出对莱文沃斯学校解决方案的批评。但在报告后半部分的提法更有决定性:"由于没有两种战术情况是完全相

第五章 进攻的重要性和如何领导：德国战争学院

同的，因此不可能制订一种无论现在和将来都能用来解决困难问题的固定方案……在讨论问题时没有什么'已获批准'的解决方案，因为每个问题都会有几个令人满意或可行的解决方案。"[129] 毫无疑问，这两位美国军官更喜欢作为高级职业军事教育机构的德国战争学院。

虽然美国人从德国复制了这所学校———一个中级的职业军事教育机构，但他们根本没有将其榜样的精神注入其中。希望入学培训的美国军官常常搞不清楚怎样才能具备进入指挥与参谋学校的资格。这所学校本身更多是以"积累职业生涯必备经历的地方"而闻名，而不是以其优秀的教学质量。

对德国军官来说，从他们成为军官团成员的那一刻起，"去哪里""学什么"都是一清二楚的。因为他们知道，只有勤奋学习、掌握知识才能有所成就，所以他们一生都在学习，因此不会被必须通过的考试或战争学院的课程压垮。而在最终进入指挥与参谋学校的时候，美国军官经常忘记如何学习。回顾所有分析莱文沃斯学校为何令人筋疲力尽的原因的文章就会发现，这绝不仅仅是因为某门困难的课程。造成在校期间压力的另一个原因是，如果学员想要取得优异的评分，就必须按照"学校解决方案"来回答问题。因此，即使是最聪明、最具战术天赋的军官也会始终处于缺乏安全感的状态，因为他永远不知道教员会提出什么解决方案。在莱文沃斯，学员领先于教员的情况并不罕见。但教员们既未考虑也不承认这一事实。教员没有运用经验丰富的军官学员的智慧，而是像对待中学生一样对待他们。

这种对待同僚军官的行为在德国陆军中是受到厌恶的。负责为学员讲授战术和军事历史课程最主要内容的主讲教员（*Horsaalleiter*）必须像战友一样对待他们，否则他将会在本届学员中颜面扫地。1933年之后，主讲教员虽然是在独裁统治下讲课，但他完全可以自由决定如何表达和教学。而在民主国家授课的美国教员在允许讲授的内容上反而总是受到限制。不过，这些限制并非来自政府，而是来自美国陆军。在进行历史性评估以后，这些众所周知的刻板印象往往不再适用。

主讲教员通常只比他所教的军官高一个军衔并年长几岁。他们经过精心选拔，不仅需要考察其品格，还要考察教学能力。而后者几乎从未在对莱文沃斯教员的讨论中出现过。

民间词语常被用来描述这两所不同学校的氛围，它们可以用来进行深入比较。（美国）指挥与参谋学校可以被看作一所中学，它会让"普通"军官以某种方式通过考试，但（德国）战争学院类似于一所精英大学的博士生座谈会。学员可以畅所欲言，教员也明白可以向学员学习。（德国）战争学院的军官就像是精挑细选的一个群体，其中许多都是各自领域的专家；而在（美国）指挥与参谋学校虽然也有许多能力很强的军官，但他们的专业能力被学院教员轻率地置之不理。

美国院校最大的失败是"学校解决方案"，这种情况在除步兵学校以外所有美国军事院校和教学过程中普遍存在。军官们只能接触到唯一一种处理问题的正确方法。这样一种教学方法在职业军官教育中不应存在，也不应为其辩护。它把资深军官变成了乡巴佬，结果可想而知。平庸的军官完全依赖条令，因为他们不知道还有其他方法。优秀的军官很难改变现状并变得更有创造性。结果就是缺

第五章　进攻的重要性和如何领导：德国战争学院

乏领导能力，面对充满想象力的敌人只有缺乏想象力的应对方案，并且应对战争的方法迟钝、平庸。

在（德国）战争学院，每个问题都通过对部队的领导加以解决。就像在战争中一样，如何在某种态势下指挥部队是至关重要的。参谋业务是次要的。任何解决方案都会像主讲教员提出的解决方案一样进行讨论。这使得所有军官在任何战争条件下——甚至可能与课堂问题相差甚远——都能提出许多可能的行动方案。在战争中条令是没有任何地位的，因为它限制了军官的思想。当德国军官离开（德国）战争学院时，已经拥有了领导能力和出色的战术才能。这些就是德国军官团表现优异的领域，这就是为什么德国陆军是一个如此强大的敌人。战后德国总参谋部军官把自己描绘成战略天才的文章纯属虚构。

在曾就读（德国）战争学院的美国军官的心目中，迄今为止哪所学校更为优秀是毫无疑问的。在成功完成（美国）指挥与参谋学校的学习多年以后，美国军官的下一个跳板是陆军战争学院，它在学术氛围中讲授如何部署最大规模的部队。能否就读这所学院——其学员通常都是中校或上校级别——将部分决定他们是否能进入准将这一将官级别最低军衔。幸运的人将入读工业学院，这使他们更加紧密地接触美国的工业战争机器。业内领先的工业家将就武器生产和费用的问题进行讲座，高级军官将参观生产军事装备的工厂。

德国方面不存在这样的院校。德国军官定期参加高级指挥演练和兵棋推演，访问历史上或可能的战场并进行研讨，并且不断接受表现评估。在这些演习中，他们还将参加国家官员和高级指挥官的讲座。

尽管两国军官在各自的高等职业教育中都将获得宝贵的理论知识，但可以想象，他们已经被按照演习或者学院无法改变的方式分别"铸造"成了军官，他们的指挥文化已经在初、中级职业军事教育的早期阶段建立起来。

注 释

1. 转引自 Hofmann, *Through Mobility We Conquer*, 150。

2. Erfurth, *Die Geschichte des deutschen Generalstabes von 1918 bis 1945*,127. 埃尔福特（Erfurth）是总参谋部的一名将官，拥有历史学博士学位。他领导的美国陆军历史部是德国军官建立的第一批研究中心之一，负责撰写"二战"历史。由于德国军官成功地将一切责任推给了希特勒，几十年来发表的数千篇研究报告极大地改变了史学。参见 Wegner, "Erschriebene Siege: Franz Halder, die 'Historical Division' und die Rekonstruktion des Zweiten Weltkrieges im Geiste des deutschen Generalstabes." Wette, The Wehrmacht, 229–235。

3. Nakata, *Der Grenz-und Landesschutz in der Weimarer Republik*, 220.

4. 转引自 Citino, *The Path to Blitzkrieg*, 123。

5. Gordon, *The Reichswehr and the German Republic, 1919–1926*, 175. 戈登（Gordon）曾是一名美国陆军军官，并能与几位德国主

第五章　进攻的重要性和如何领导：德国战争学院

要人物进行交流。他们的观点严重影响了整本书。戈登甚至坚持认为，总参谋部军官的教育和总参谋部军官团的存在是合法的（第180页）。然而，《凡尔赛条约》第160条第3款、第175条和第176条明确做出了相反的规定。

6. Detlef Bald, *Der deutsche Generalstab 1859–1939. Reform und Restauration in Ausbildung und Bildung*, Schriftenreihe Innere Führung, Heft 28 (Bonn: Bundesministerium der Verteidigung, 1977), 37.

7. Millotat, *Generalstabssystem*, 118–120.

8. Citino, *The Path to Blitzkrieg*, 94.

9. Fröhlich, "'Der vergessene Partner.' Die militärische Zusammenarbeit der Reichswehr mit der U.S. Army 1918–1933," 14.

10. Bucholz, *Delbrück's Modern Military History*, 34.

11. Colonel A. L. Conger, Third Division Officers' School, March 7, 1928, 见下书的附录部分：Citino, *The Path to Blitzkrieg*, 93–94, 102–103。

12. 同上，98。

13. Model, *Generalstabsoffizier*, 32. 莫德尔的叙述是关于德国军官教育的最好著作。除了当时可用的出版物外，他还从原始文件、对前总参谋部军官的采访以及德国军官为美国陆军历史部撰写的研究报告中提取资料。而后者和莫德尔的书一样，都受到高度赞扬，因为他本人就是一名总参谋部军官。

14. 德语术语是"*charakterliche Fehler*"。汉斯·施佩特（Hans Speth）上将的观点转引自 Hackl, ed. *Generalstab*, 261。这种观点是可信的，因为施佩特有着不同寻常的洞察力，1931年时他负责第四国防区的"国防区考试"。

15. 相同的情况也发生在少尉候补考试中：Moncure, *Forging the King's Sword*, 238–239.

16. Model, *Generalstabsoffizier*, 27.

17. Citino, *The Path to Blitzkrieg*, 74. 不幸的是，奇蒂诺（Citino）只探讨了国防区考试武器部分的内容，而没有研究应用战术方面的内容。

18. Bearbeitet von einigen Offizieren [prepared by some officers], *Die Wehrkreis-Prüfung 1924* (Berlin: Offene Worte, 1924). 参见前言。然而，军官们常常是"部队局"的成员。

19. Teske, *Die silbernen Spiegel*, 36. 特斯克在1936年至1938年这一关键时期接受了总参谋军官的培训，并入读德国战争学院。他发现自己处在一个历史性的连队里。在他的同学中，有刺杀希特勒的三个主要参与者：克劳斯·格拉夫·申克·冯·施陶芬贝格（Claus Graf Schenk von Stauffenberg）、默茨·冯·奎恩海姆（Mertz von Quirnheim）和埃伯哈德·芬克（Eberhard Fink），还有美国交换生阿尔伯特·魏德迈。特斯克相当冷静和批判性的叙述（不幸的是，他对他的同学几乎没有表现出坦诚）与他在战争学院毕业时出版的向希特勒和纳粹"致敬"的著作形成鲜明对比。

20. Afflerbach, *Falkenhayn*, 14.

21. Teske, *Die silbernen Spiegel*, 45.

22. Citino, *The Path to Blitzkrieg*, 101.

23. Bearbeitet von einigen Offizieren [prepared by some officers], *Die Wehrkreis-Prüfung 1924*, 18–19, 22, 24.

第五章 进攻的重要性和如何领导：德国战争学院

24. Williamson, *Patton's Principles*, 22.

25. 赫尔 1938 年 3 月 23 日至 1942 年 3 月 9 日担任骑兵主任。关于他的破坏性影响和某些与精神病有关的言论，参见 Hofmann, *Through Mobility We Conquer*, 236, 289, 293. Harmon, MacKaye, and MacKaye, *Combat Commander*, 57。也可参见 Herr's weird book: John K. Herr and Edward S. Wallace, *The Story of the U.S. Cavalry, 1775–1942* (Boston: Little, Brown, 1953)。富库 1928 年 3 月 28 日至 1933 年 5 月 5 日担任步兵主任。1936 年至 1939 年在担任驻西班牙武官时继续其破坏工作、他对西班牙内战期间坦克的使用发表了误导性的报道，而几乎从未亲自观察过一场战斗：George F. Hofmann, "The Tactical and Strategic Use of Attaché Intelligence: The Spanish Civil War and the U.S. Army's Misguided Quest for a Modern Tank Doctrine," *Journal of Military History* 62, no. 1 (1998)。

26. Bearbeitet von einigen Offizieren [prepared by some officers], *Die Wehrkreis-Prüfung 1924*, 49–55. *The Bewaffnung und Ausrüstung* was later renamed *Waffenlehre* (weapons craft).

27. Teske, *Die silbernen Spiegel*, 37.

28. Bearbeitet von einigen Offizieren [prepared by some officers], *Die Wehrkreis-Prüfung 1924*, 56.

29. Bearbeitet von einigen Offizieren [prepared by some officers], *Die Wehrkreis-Prüfung 1921* (Berlin: Offene Worte, 1921), 52.

30. Bearbeitet von einigen Offizieren [prepared by some officers], *Die Wehrkreis-Prüfung 1929* (Berlin: Offene Worte, 1930), 66.

31. Bearbeitet von einigen Offizieren [prepared by some officers],

Die Wehrkreis-Prüfung 1931 (Berlin: Offene Worte, 1932), 81.

32. 参见埃里希·布兰登贝格尔上将的声明，转引自 Hackl, ed. *Generalstab*, 211。

33. Bearbeitet von einigen Offizieren [prepared by some officers], *Die Wehrkreis-Prüfung 1924*, 66.

34. Bearbeitet von einigen Offizieren [prepared by some officers], *Die Wehrkreis-Prüfung 1931*, 81.

35. Bearbeitet von einigen Offizieren [prepared by some officers], *Die Wehrkreis-Prüfung 1921*, 76.

36. Teske, Die silbernen Spiegel, 37.

37. Bearbeitet von einigen Offizieren [prepared by some officers], *Die Wehrkreis-Prüfung 1929*, 66.

38. Bearbeitet von einigen Offizieren [prepared by some officers], *Die Wehrkreis-Prüfung 1930* (Berlin: Offene Worte, 1931), 70.

39. Bearbeitet von einigen Offizieren [prepared by some officers], *Die Wehrkreis-Prüfung 1924*, 87.

40. Bearbeitet von einigen Offizieren [prepared by some officers], *Die Wehrkreis-Prüfung 1933* (Berlin: Offene Worte, 1933), 79.

41. *Handbuch für den Generalstabsdienst im Kriege*, 2 vols. (Berlin: n.p., 1939), 1:34.

42. Bearbeitet von einigen Offizieren [prepared by some officers], *Die Wehrkreis-Prüfung 1937* (Berlin: Offene Worte, 1937), 4–6; Model, *Generalstabsoffizier*, 73. 上述模型肯定存在问题，因为他仍在探讨加强团的问题。

第五章 进攻的重要性和如何领导：德国战争学院

43. Model, *Generalstabsoffizier*, 71.

44. 同上，32, 74。这是大多数文献提供的数字。与此相反，埃尔福特表示，在20世纪30年代末，被淘汰者与被接受者的比例几乎逆转了，但他没有提出任何证据证明这一说法。目前还没有关于德国总参谋部军官通过学术标准的研究。即使是那些经过战争学院培训并被选为总参谋部成员的人也不知道最终的人数。只有参与甄选过程的人才知道。关于埃尔福特的说法，请参见 Erfurth, Die Geschichte des deutschen Generalstabes von 1918 bis 1945，171–172。对霍斯特·弗雷赫尔·特鲁斯·冯·巴特拉·布兰登费尔斯（Horst Freiherr Treusch von Buttlar-Brandenfels）将军的研究表明，在1935年之前，有30%到40%的申请者被淘汰了，而在1935年之后，只有10%到15%的申请者被淘汰。这些数字与成功完成战争学院学业后被遴选至总参谋部的人数有关。参见 Hackl, ed. Generalstab, 183。彼得·冯·格罗本（Peter von Groeben）少将的著述中有另一组不同的数字——30%到40%，有时50%的申请者在从战争学院毕业之后未能进入总参谋部，参见 Hackl, 313。重要的是要记住，那些就读战争学院的人全被进一步淘汰，只有一小部分人最终会到达总参谋部。

45. 埃里希·布兰登贝格尔上将的言论可参见 Hackl, ed., *Generalstab*, 210。很明显，美国历史学家通过玫瑰色的眼镜看待普鲁士和巴伐利亚的军事关系。参见 David N. Spires, *Image and Reality: The Making of the German Officer, 1921–1933*, Contributions in Military History (Westport, Connecticut: Greenwood, 1984), xi。

46. 奥古斯特-维克多·冯·夸斯特（August-Viktor von Quast）

少将的言论见 Hackl, ed., *Generalstab*, 269。汉斯·施佩特上将的言论见 Hackl, 261。

47. *Military Attaché Report, Subject: Visit to the German Armored (Panzer) Troop School at Wünsdorf, October 4, 1940*, RG 165, Records of the WDGS, Military Intelligence Division, Box 1113, Folder Correspondence 1917–1941, 2277-B-43, National Archives II.

48. *M.I.D. Report, GERMANY (Combat), Subject: The German General Staff School* (Kriegsakademie), Record Group 165, Records of the WDGS, Military Intelligence Division, Box 1113, Folder 2277-B-44 [Hartness Report], National Archives II, College Park, Maryland.

49. Harmon, MacKaye, and MacKaye, *Combat Commander*, 126–127. 哈蒙（Harmon）当时是一名师长，他要求迟到的军官支付 50 美元的罚款。他在回忆录中推测自己的"严厉"也许是错的。如果一名德国军官因懒惰而迟到，那他很有可能被降职。

50. 同上，50。

51. Teske, *Die silbernen Spiegel*, 50.

52. Model, *Generalstabsoffizier*, 38.

53. Andreas Broicher, "Betrachtungen zum Thema 'Führen und Führer,'" *Clausewitz-Studien* 1 (1996): 121.

54. *M.I.D. Report, GERMANY (Combat), Subject: The German General Staff School* (Kriegsakademie). 哈特尼斯上尉多次强调德国教员的卓越教学能力。他的同僚魏德迈上尉也这样强调。

55. Erfurth, *Die Geschichte des deutschen Generalstabes von 1918 bis 1945*, 126.

56. 汉斯·施佩特上将对自己 1936–1939 年间作为军事学院主讲教员的描述可见 Hackl, ed., *Generalstab*, 262–264。也可参见 Teske, *Die silbernen Spiegel*, 45。

57. *M.I.D. Report, GERMANY (Combat), Subject: The German General Staff School* (Kriegsakademie).

58. Pogue, *Education of a General*, 97.

59. 彼得·冯·格罗本少将的言论可见 Hackl, ed., *Generalstab*, 308。

60. *Memorandum for the Adjutant General, Subject: German General Staff School* (Kriegsakademie), Record Group 165, Records of the WDGS, Military Intelligence Division, Box 1113, Folder 2277-B-48 [Wedemeyer Report], National Archives II, College Park, Maryland.

61. Model, *Generalstabsoffizier*, 81–82.

62. Diedrich, *Paulus: Das Trauma von Stalingrad*, 96–97.

63. Chynoweth, *Bellamy Park*, 123.

64. *M.I.D. Report, GERMANY (Combat), Subject: The German General Staff School* (Kriegsakademie).

65. Diedrich, *Paulus: Das Trauma von Stalingrad*, 99. 本书部分摘自 1931—1932 届的班刊及其对其战争史教员的评价，即弗里德里希·保卢斯少校。他们以第二次布匿战争期间不敢攻击汉尼拔的罗马领事昆图斯·费边·马克西姆斯（Quintus Fabius Maximus）的名字给他起了个绰号，称之为"Cunctator"（拉丁语意为拖延者、犹豫者）。保卢斯后来指挥第 6 军，尽管他很清楚第 6 军在各个方面都供应不足，但还是"领导"第 6 军占领了斯大林格勒，在那里被包围，最后被摧毁。他迟迟不肯下令突围，不肯向上级清楚报告自己的险情,这说明,他十多年前获得的这个绰号是当之无愧的。

66. Model, *Generalstabsoffizier*, 77.

67. Williamson Murray, "Werner Freiherr von Fritsch: Der tragische General.," in *Die Militärelite des Dritten Reiches: 27 Biographische Skizzen*, eds. Ronald Smelser and Enrico Syring (Berlin: Ullstein, 1995), 154.

68. Model, *Generalstabsoffizier*, 79–80.

69. Mark Frederick Bradley, "United States Military Attachés and the Interwar Development of the German Army" (master's thesis, Georgia State University 1983), 52.

70. Bald, *Der deutsche Generalstab, 1859–1939*, 88.

71. 同上, 88。

72. Richard R. Muller, "Werner von Blomberg: Hitler's "idealistischer" Kriegsminister," in *Die Militärelite des Dritten Reiches: 27 biographische Skizzen*, eds. Ronald Smelser and Enrico Syring (Berlin: Ullstein, 1997), 56.

73. Bald, *Der deutsche Generalstab 1859–1939*, 103.

74. *M.I.D. Report, GERMANY (Combat), Subject: The German General Staff School* (Kriegsakademie).

75. Citino, *The Path to Blitzkrieg*, 184.

76. 同上, 18, 24。

77. Teske, *Die silbernen Spiegel*, 45.

78. Oetting, *Auftragstaktik*, 263.

79. Teske, *Die silbernen Spiegel*, 48.

第五章　进攻的重要性和如何领导：德国战争学院

80. 可参见 Hackl, ed., *Generalstab*, 330 所转引的汉斯·格奥尔格·里歇特（Hans Georg Richert）上校的言论。

81. Boog, "Civil Education, Social Origins, and the German Officer Corps," 123.

82. 转引自 Luvaas, "The Influence of the German Wars of Unification," 618。这一言论来自韦斯利·梅里特（Wesley Merrit）少将（美国陆军军官学院 1860 届毕业生）的晋升令。

83. 从美西战争直到今天，这样的例子不胜枚举：*Transcript of telephone conversation with John McAuley Palmer, Oct. 15, 1947, OCMH (Office of the Chief of Military History) Collection*, Box 2, U.S. Army Military History Institute, Carlisle, Pennsylvania。

84. Stouffer et al., ed. *The American Soldier: Adjustment during Army Life*, 57.

85. 同上，259。

86. 同上，264。也可见 "'Bucking' for Promotion" 全章，它能够为这一问题提供更多启发。

87. Dwight D. Eisenhower, "A Tank Discussion," *Infantry Journal* (November 1920).

88. *Letter from Dwight D. Eisenhower to Bruce C. Clarke, September 17, 1967, Gettysburg, Pennsylvania*, Bruce C. Clarke Papers, Box 1, Combined Arms Research Library, Fort Leavenworth, Kansas.

89. Coffman, *The Regulars*, 277.

90. Boog, "Civil Education, Social Origins, and the German Officer Corps," 122.

91. 对学习军事史和进行参谋乘车作业的人来说，费尔贝林战役具有特殊的意义。它不仅教授了从领导决策到巧妙使用火炮的军事历史的各个方面，而且是德国唯一一个几乎完好无损的战场。德国不像其他国家一样拥有战场保护法。

92. Robert M. Citino, *The German Way of War: From the Thirty Year's War to the Third Reich* (Lawrence: University Press of Kansas, 2005), 14–22. 关于这场战斗奇蒂诺提供了一个稍有不同的版本，但他的书包括战斗地图和勃兰登堡的军事历史的详细叙述。作者的书对于理解"德国战争方式"是无价的。

93. 侍从副官是年轻、受过教育、充满活力的参谋，由腓特烈大帝授予广泛的职责和权力。

94. 像往常一样，当谈到传奇事件时总有一些不同版本，参见 Christopher Duffy, *The Military Life of Frederick the Great* (New York: Atheneum, 1986), 167。

95. 即使马维茨没有自己辞职，也很可能什么事都不会发生。虽然弗里茨脾气暴躁，但他通常尊重军官们的意见。

96. 约克当时既不是伯爵，也不是"冯·瓦滕堡"。后来随着仕途日益顺利后，他的头衔和勋章应接不暇。我在这里用他后来的名字是为了更好地识别。

97. Förster, "The Dynamics of *Volksgemeinschaft*," 193.

98. 同上，201。

99. Oetting, *Auftragstaktik*, 198.

100. 例子请参见 Timothy A. Wray, "Standing Fast: German Defensive Doctrine on the Russian Front during World War II—Prewar to March

第五章 进攻的重要性和如何领导：德国战争学院

1943." (Fort Leavenworth, Kansas: U.S. Army Command and General Staff College, 1986), http://purl.access.gpo.gov/GPO/LPS58744; Timothy T. Lupfer, *The Dynamics of Doctrine: The Changes in German Tactical Doctrine during the First World War*, Leavenworth Papers (Ft. Leavenworth, Kansas: Combat Studies Institute, U.S. Army Command and General Staff College, 1981); Citino, The Path to Blitzkrieg. 在奇蒂诺的书中，这条原则只出现在副标题（德国军队的条令与训练）中，不幸的是，在关于冯·泽克特的章节中，他根本不是以条令为导向的。然而，作者以一种非常灵活展现渊博知识的方式讨论了德国军队的发展。

101. 关于这一点的讨论，请参见经典之作：Hans von Seeckt, ed. *Führung und Gefecht der verbundenen Waffen* (Berlin: Offene Worte,1921)。在作者看来，它在卡尔·冯·克劳塞维茨和孙子的著作中占有重要地位。

102. Oetting, *Auftragstaktik*, 283.

103. Millett, "The United States Armed Forces in the Second World War," 65.

104. 曼施坦因的职位不应与"作战参谋长"混淆。库尔特·冯·哈默施泰因-埃克沃德1930年至1934年间曾任陆军总指挥部主任。这里提到的一些兵棋推演被不吉利地称为Truppenamtsreisen，字面意思为"部队局之旅"，参见Karl Volker Neugebauer, "Operatives denken zwischen dem Ersten und Zweiten Weltkrieg," in *Operatives Denken und Handeln in deutschen Streitkräften im 19. und 20. Jahrhundert*, ed. Günther Roth (Herford: Mittler, 1988)。有趣的是，这些兵棋推演的对手是捷克

斯洛伐克、波兰和法国。然而，这些国家都不具有攻击性。

105. Manstein, *Soldatenleben*, 109, 127, 241.

106. Wrochem, *Erich von Manstein*, 41.

107. 更多关于曼施坦因的领导问题以及对他作战能力的重新评估，参见 Muth, "Erich von Lewinski, called von Manstein: His Life, Character and Operations—A Reappraisal." See also Marcel Stein, *Field Marshal von Manstein, the Janus Head: A Portrait* (Solihull: Helion, 2007).

108. Nick van der Bijl and David Aldea, *5th Infantry Brigade in the Falklands* (Barnsley: Cooper, 2003), 70. 作者以简短而有趣的讨论为特色。在福克兰群岛战役中，由于缺乏"指导性控制"和使用对比鲜明的"限制性控制"，英国军队的下级指挥官和部队有时会遇到不必要的困难。

109. 更多的法语和英语译法参见 Millotat, *Generalstabssystem*, 41。作者很不情愿批评德国的总参谋部系统及其成员。

110. Oetting, *Auftragstaktik*, 320.

111. Hofmann, *Through Mobility We Conquer*, 149. 后一翻译建议来自阿道夫·冯·舍尔，一位在佐治亚州本宁堡步兵学校学习和讲学的德国交流军官。下面是关于舍尔的更多信息。另见 Citino, The Path to Blitzkrieg, 13 中的简明且合理的解释。在 Oetting, *Auftragstaktik* 中有更多的例子来说明指挥的概念。

112. Van Creveld, *Fighting Power*, 36. 范克里韦尔德也列举了一系列关于任务式指挥的经典案例。

113. Teske, *Die silbernen Spiegel*, 71. 掷弹兵是对于列兵的老式说法。

114. Stouffer et al., ed. *The American Soldier: Adjustment during Army Life*, 65.

115. *Memorandum for the Adjudant General, Subject: German General Staff School* (Kriegsakademie).

116. Kielmansegg, "Bemerkungen zum Referat von Hauptmann Dr. Frieser aus der Sicht eines Zeitzeugen," 152. 基尔曼斯埃格（Kielmansegg）是第1装甲师的后勤军官，他在现场听到了上述言论。基尔曼斯埃格对弗里泽尔的言论进行了评价，由此作者才写成了自己的著作：Frieser, *The Blitzkrieg Legend*.

117. Harmon, MacKaye, and MacKaye, *Combat Commander*, 80.

118. Oetting, *Auftragstaktik*, 246.

119. Hofmann, *Through Mobility We Conquer*, 152.

120. Astor, *Terrible Terry Allen*, 81; Van Creveld, *Fighting Power*, 37.

121. 哈兰·纳尔逊·哈特尼斯上尉，美国陆军军官学院1919届，1935年至1937年；阿尔伯特·科迪·魏德迈上尉，美国陆军军官学院1919届，1936年至1938年；H. F. 克莱默（Kramer）中校，1937年至1939年；理查德·克莱尔·帕特里奇（Richard Clare Partridge）少校，美国陆军军官学院1920届，1938年至1939年。大部分人都修完了两年的课程，而由于战争的爆发，帕特里奇受到的教育缩短了。哈特尼斯在第二次世界大战中成为准将，并于1948年至1950年成为指挥与参谋学校的副校长，最终以少将军衔退役。

魏德迈1945年以中将的身份指挥驻华美军，后来升为上将。克莱默在第二次世界大战中作为少将指挥第66步兵师。帕特里奇在第二次世界大战中指挥了第358步兵师，后来以少将军衔退役。

哈特尼斯、魏德迈和帕特里奇在他们的同僚中享有很高的声誉，被认为是开明的思想家和实干家。参见 Dickson, *Algiers to Elbe: G-2 Journal*, 5–6; Collins, *Lightning Joe*, 185。

122. Wedemeyer, *Wedemeyer Reports!*, 49. 魏德迈在1951年过早地离开了军队，因为他对军队的发展方向感到不满，也因为对美中政策的不同意见。他的评论必须在这种背景下看待。Nenninger, "Leavenworth and Its Critics," 216. 嫩宁格一如既往地提供了最详尽的叙述之一，但忽略了魏德迈对教学法和学校文化差异的强调。

123. Citino, *The Path to Blitzkrieg*, 157–164.

124. Nenninger, "Leavenworth and Its Critics," 216.

125. 同上，215–216。

126. *Memorandum for the Adjudant General, Subject: German General Staff School* (Kriegsakademie). 见报告所附的查尔斯·曼利·布斯比（Charles Manly Busbee）中校（美国陆军军官学院1915届）的信件，他在总参谋部G-2工作。信中说有一份副本转交给了指挥与参谋学校。布斯比只是"建议"魏德迈的报告也应转发给陆军战争学院"存档"，对这些无价报告的漠不关心显露无遗。

127. *M.I.D. Report, GERMANY (Combat), Subject: The German General Staff School* (Kriegsakademie). 哈特尼斯（Hartness）提供了两个章节专门讨论教员的质量和与学员的积极接触（17—19）。

魏德迈："指导员是经过精心挑选的，不仅因为他们有着辉煌的军事记录，而且因为他们已经证明了自己的教学能力。"(p. 2)

"教员是能力超群的军官……"(p. 12)

"几乎所有教学都来自领导部队的经验。"(p. 12)

"教员和学员之间的关系不存在专断和压制。"(p. 13)

"一般来说,德国的野战命令不像美国的那样严谨,也不像美国的那样具体。"(p. 78)

"在专题教学中,我认为最重要的一点是呈现图上问题的方法。我发现它们既逼真又实用。"(p. 139)

"学员们的行为举止与他们在战场上的完全一样。"(p. 139)

"德国人强调,指挥官不仅要知道如何做出决定,而且要知道何时做出决定。"(p. 139)

128. 同上,8。许多外国观察家也报道了德国兵棋推演中的"真实"感:Citino, *The Path to Blitzkrieg*, 66。

129. *M.I.D. Report, GERMANY (Combat), Subject: The German General Staff School* (Kriegsakademie). 在报告第 24 页的结论中,哈特尼斯再次明确赞扬了德国人的"无学校解决方案"教学体系。

第三部分

结　论

Conclusions

第六章
教育、文化及其影响

> 如果为了取得商业成功,我必须选择由 1 头狮子指挥的 50 只鹿,或者是 1 只鹿指挥的 50 头狮子,那么前者比后者更让我有成功的信心。[1]
>
> ——圣·文森特·德·保罗

在德国取得压倒性胜利的统一战争以后,美国陆军将其关注对象由法国彻底转向了取胜的普鲁士/德国陆军。美国军官将其优先事项由装备和武器问题转向了被认为赢得了战争的(德国)总参谋部。

显然,任何一支军队都需要一个顶级的计划拟制机构,但这样的组织未必能够保证取得胜利或掌握优势。如果最高级别领导位置上缺少杰出领导的话,那么即使其参谋人员都是训练有素的军官,其表现也只能处于一般水平——甚至会影响战争活动。两位有史以来最伟大的参谋长,老毛奇和乔治·C.马歇尔,都因其具备的一项特征——常识——而广受赞誉,这并非偶然。

德国总参谋部的表现在老毛奇退休之后大幅下滑。他的继任者徒劳地试图模仿这位伟大老者的喜好和外表,但在其基本工作上——为国家元首提供领导能力、战略计划拟制能力以及正确的建议——却不幸遭到失败,直到两线作战遭遇惨败后整个部门陷入崩溃,而这本是每一个清醒的参谋军官都应竭尽全力避免的。

在高度关注这个能量巨大的计划拟制机构的同时,美国军官却忽视了一些为德国出色的战争表现发挥了重要作用的细节。德国拥有一套复杂的、总体上科学的军官教育体系,其重点是指挥、战术、领导能力。德国军官的招收与训练体制对军队具有极端的重要性,与当时美国体制的工作模式完全不同。

在美国,军官只是一台巨大机器上无数齿轮中的一个;而在德国,军官则是一个庞大团队的成员,就像是机器的开关或是总电源。因此,(德国)在选拔军官过程中采取了极为严谨的做法,不惜代价、不畏挑战。事实上,在普鲁士和德国历史上的几次军队扩充过程中,正确的观点是,与其建立一支由平庸的军官团领导的庞大军队,倒不如建立一支受到出色领导的小规模军队。[3] 在大规模部队兴起、部署速度而不是战术和战略灵活性显得愈加重要的情况下,德国人在扩充军队时被迫进行了一定调整,但关于军官(选拔和培训)的宝贵做法和思想直到 1942 年才发生改变。[4]

让人感到十分矛盾的是,德国的年轻人是在一个高度威权的社会中成长起来的,但却接受了先进的、近乎"自由的"职业军事教育体系的培养。在军官学校时他们就已经使用奖励而不是惩罚来提高年轻人的表现,这些奖励——自由、特权以及娱乐——正合十几岁的年轻人的心意。

对有志成为军官的美国年轻人而言,情况恰恰相反。他们所成长的社会赋予他们世界上最大的自由——只要他们是白种人。但

第六章 教育、文化及其影响

当他们决定成为学员、进入军官学院学习时，将遭受极其严苛、思想狭隘的军事教育体系的折磨。没有美国学员能够逃脱这种四年体制，其等级制度牢不可破，并且"最大的失败在于高年级学员的实际领导能力培养方面。与其前一时期的同行类似，它给心虚的高年级学员披上了权威的外衣，而这种权威他们要么不配拥有，要么不懂如何使用"[5]。

那些熬过第一年的侮辱、贬损，有时甚至是赤裸裸虐待的学员，将自动成为下一年入学的年轻学员的上级，依次类推，循环往复。在20世纪初的（德国）军官学校，无论任何理由的欺凌行为都被严格禁止，因为它会破坏德国军官精神——军官应当是行为楷模和战友——的基石。此外，德国陆军引入了著名的"任务式指挥"。为了有效使用这一原则，新型军官必须培养独立思考和个人责任。允许或者容忍欺凌行为都会违背上述目标。

普鲁士/德国陆军引入的"任务式指挥"和对军官训练进行的教育改革之间的联系被历史学界严重忽视。来访的美国军官完全忽视了德国正在进行关于革命性的"任务式指挥"的讨论，该原则1888年首次正式出现在野战手册中。[6]最初虽然有不同的名称，但"任务式指挥"在19世纪最后10年已经形成，而此时美国军官的最重要任务正是研究德国的军事体制。"任务式指挥"成为德国陆军取得战术优势的"关键因素"[7]。

行为堪为表率的学员将晋升为高年级学员的上级，这充分说明个人表现才是王道，而不是所谓的"体制"[8]。缺少工程学或其他学科知识并不会妨碍学员参加少尉考试或成为军官，只要他能够始终表现强大的领导能力——最重要的是——坚定的决心。因为不能承受过量的数学学习负担,大量或许非常优秀的军官被西点"清退";而在德国,如果学员具备成为军官的其他各种素质,那么他们会被允许过关。所有来访外军军官撰写的报告都注意到了各级德国军官都展现了堪为表率的工作精神,这足以证明军官学校体制在这方面并未给德国军官们带来不利影响。[9]

整个德国体制在学员于高级军官学校学习的最后阶段已经变得非常复杂并且具有高度的选拔意味。那些表现超出预期的学员如果成为军官,那么其授衔时间可以向前追溯。从高级军官学校毕业后,只有极少数优秀分子能够被直接委任为中尉。来访的美国将军埃默里·厄普顿的记述基本正确:"普鲁士——作为主要军事强国中唯一的一个——并不直接委任刚从军校毕业的学员。"[10] 不幸的是,美国陆军从未跟进研究过这种情况。未来的军官在军事院校贫瘠的氛围中绝不可能得到准确评价,而这只有在他亲自在基层部队领导士兵、展现自己的气质之后才有可能。

在没有获得委任的情况下,德国学员要么进入战争学校,要么先前往基层部队然后再进入战争学校。那些提出申请或者被选中成为工程军官或炮兵军官的学员现在将接受上述兵种的额外培训,包括大量的数学学习任务。[11] 希望选择其他兵种的学员则没有如此沉重的学习负担,这与美国军校学员形成鲜明对比,后者无论属于哪各个兵种都要忍受西点过时的课程计划的折磨。

无论何种情况,在成为委任军官之前,少尉们都必须不断地证明自己。最终,团长将决定——通常是在与全团军官进行交流以后——年轻的候补生是否证明了自己具备成为军官的素质。现实环境才是德国军官候补生真正的考验,而不是封闭的军事学院中的人为环境。

与美国军官学院使用过时装备进行训练相反,(德国)学员使用与正规部队相同的装备。[12]这样当他们成为少尉后,就能比部队士兵更好地使用这些武器。如果他们在军官学校的训练中尚未掌握这些技能,那么团长将确保他们很快就会补上相关内容。

在美国陆军,情况恰恰相反,乔治·C.马歇尔不得不指出:"我和步兵主任的观点完全一致,即团长具有强烈的依靠军种院校为其军官提供训练的倾向。"[13]而军种院校的表现则差强人意。

(德国)军官学校并非青年教育的榜样。它们的主要缺点在于,接收过于年幼的学员,这一不足当时就引发过讨论。[14]军队希望给父母和孩子提供充分的时间,以弄清后者是否适合军官职业。但如果一名男孩被发现不适合艰苦的环境,损害其实往往已经发生。

对军队而言,军官学校非常适合培养未来军官;但父母有时滥用了这一体制,他们把孩子送去军校只是因为自己没有能力将他培养成正直的人。这些无意成为军官的男孩受苦最多、抱怨也最多,因为他的整个童年生活都像是没完没了的惩罚。

德国体制的另一个重要缺点是军官团仍然主要从"能够成为军官的阶层"中选拔接班人。因此许多本可成为优秀军官的人仅仅由于自身的社会背景就遭到拒绝或机会渺茫。然而,这种倾向随着时间的推移逐渐被削弱。随着初级军官教育水平的提高,来自产业阶层的军官数量稳步增长。

帝国陆军、纳粹德国国防军和魏玛国防军基本得到了他们想要得到的军官。与美国陆军不同,德国军队中的高级军官对军官候选者的抱怨并不多。恰恰相反——初级军官在德国高级领导者中享有很高声誉。

与（德国）军官学校相反，美国军官学院基本上将学员视为工厂产品而不是独立个人。他们被要求达到一定标准———种极为过时的标准。在满足这一标准后，他们将在四年后被委任成为少尉，虽然此前他们从未指挥过任何真正的部队，而这正是他们马上就要从事的工作。将军官学员看作工厂产品的态度在莱文沃斯指挥与参谋学校同样存在。

对在西点就读的美国学员而言，没有什么左右之分，只有一条窄路可走，没有任何个人主义生存的空间。纪律是用来执行的，而不是讲授的。[15] 因此，对纪律和领导力的误解始终存在。1976年曾有一次遏制欺凌行为的尝试，高年级学员抱怨说"如果不能剥夺新生的食物或者使用言语暴力"，他们"就完全失去了领导的工具"。[16] 显然在美国陆军军官学院的学员团中存在着历史形成的、值得警惕的对领导力本质的误解。

结果，那些能够享受西点时光的成功军官非常罕见。那种"我从来没有遇到过任何自称享受西点学员时光的人"的说法在持批判态度的校友那里并不少见。[17] "单调"是描述这段经历时最常出现的词，这与（德国）高级军官学校"多元"的日常生活形成了鲜明对比。[18]

尽管在德国军官学校（尤其是高级军官学校）选拔军官时，学术能力是次要的，但这些学校的师资力量与民间中学的相同，并试图吸引相同类型的教师。[19] 与之相比，西点教员的学术和教学方法的低劣水平让人瞠目，而且这种情况——即使在巴顿和艾森豪威尔毕业多年之后仍是如此——至少又持续了五十年。任何所谓的"调整"都只是涂脂抹粉、表面文章。[20]

尽管关于"精神自律"与领导部队的能力之间的关系鲜有研究、更无战例，但这种奇特的教学理论持续了几十年，甚至战争老兵已经回到西点担任教员、学员团司令或校长——他们应该更清楚存在的问题——的情况下依然如此。[21] 诸如"通过数学训练以及此后数学原则在机械、装备和工程学方面的运用形成的精确思维的习惯，是军事部门领导者的主要财富"的奇谈怪论一再被美国总统、国防部长、陆军部所接受，丝毫不顾在以往的战争中——特别是在近期的美西战争和菲律宾叛乱中——展现了完全相反的结论。[22]

最后，即使是和平时期，具备适当能力的德国年轻人完全可能在17岁成为少尉，十八九岁成为中尉，这使他们比美国同行们先胜一筹，同样的情况下后者至少要到21岁甚至更为年长。[23]

美国陆军在实施其学员教育的时候，采取了比普鲁士人保守得多的做法。美国学员在20世纪经历的情形，普鲁士学员大约一个多世纪前就已经经历过了。原因有两方面：第一，美国学员教育模仿的是普鲁士模式，而后者被误解了，并且和美国自己的理论混合在一起，例如，四年制院校系统。

第二，虽然时代发生了改变，军官学校也相应发生了改变，但在很多方面美国的军官学院基本一成不变。责任可能主要在于高级教员，以及几任院长缺乏领导力，来访校友宁可重新"强行回到"新生体制也不愿给长长灰色方阵中的后辈引入现代教育手段和领导能力。[24] 在德国，军队在关于教育的各种公开讨论中采取了主动积极的态度，并且将新的理念应用于军官学校。

这一时期的美国陆军由于西点的原因并不拥有优秀的军官。在20世纪前几十年，西点"极大地浪费了青年们的热情"[25]。毕业于该院的将军们的传记作者和某位对其体制进行了分析的精神病学家指出，他们的"对象"从西点几乎什么也没学到，但由于其家庭已经培养了他们坚定的个性，使他们能够在艰苦的军校体制中生存下来而不会对其智力产生损害。[26]例如，艾克的某位传记作者宣称，这位未来的最高统帅"基本态度和信仰早已确立，在西点阅兵场度过的四年根本没有任何影响"[27]。至于克赖顿·艾布拉姆斯，人们知道他的价值观和个性与西点的理念完全一致，但似乎"他的绝大部分价值观在成为学员之前就已经形成了，而不是在军官学院的几年中学到的"[28]。

作者所阅读过的大量军官日记和个人信件证实了这一发现。军官领导力和品格方面的楷模最初是自己的父母，在成为管理者后逐渐变成某位高级军官，甚至是一位讲授特殊技能的老士官。[29]与（德国）军官学校的同行——监护教员——相比，西点战术军官的影响非常少见，（德国）军官学校的监护教员在学员中深受尊重，通常与学校其他军官受到同样的崇敬。[30]

即使是在一项研究已经准确描述了西点破坏性的教育体制之后，前学员们仍在试图用一些根本不具有学术性的说法文过饰非，比如"部队统一的观念和在面对困难开展共同斗争时产生的精神让学员们在整个职业生涯中都紧紧联系在一起。这种精神正是两次世界大战期间陆军统一和效能的基础"[31]。

从社会学角度看，毫无疑问，共同斗争能够在个人之间建立联系。然而，它不一定需要依靠遭受欺凌和过度的数学负担。没有任何证据支持"二战"期间陆军因为西点毕业学员而实现"陆军统一"或有特别优秀的"表现"。他们已经证明自己与其他训练机构培训甚至战场提拔的军官一样优秀或糟糕。[32]

陆军中"西点小团体"的存在已经遭到西点毕业生和非西点毕业生的否定。实际上，在将领们的文章中是找不到这样的圈子的。然而，我所研究的军官要么是西点毕业生，要么大致是职业成功人士，因此他们没有理由批评这一点。

但是，在选拔军官进入更高级别指挥部而上级军官是西点毕业生时，他就会倾向于选择一个充分了解的人，因为不这样做风险太高。[33] 因此他选择在陆军军官学院就读四年的西点毕业学员的可能性很高。他也可能会选择一位自己在其他院校培训或任教时熟知的军官。

与其他有关德国军官教育体制的研究成果已经揭示的一样，后来被称为"指挥与参谋学校"的院校的建立说明了美国军官存在着同样的误解。它表明虽然指挥与参谋学校与德国战争学院课程设置的基本内容非常类似，但教育理念和方法则完全不同。[34] 就像舍曼将军曾经警告的那样，美国陆军照搬了德国战争学院，但未能还原其精神。

在职业军事教育的深度课程中，美国军官总体上将遇到比较学术化、理论化的环境。好的方面是，那些几乎不曾拿起书本的人现在不得不这么做；坏的方面是，负担越来越重。指挥与参谋学校的双重影响在那些美国远征军军官身上得到了最好的体现。即使是在第一次世界大战正如火如荼地在漫长的堑壕和堡垒中展开时，莱文沃斯的授课也没有涉及任何从这场静态的消耗战中总结的经验教训，相反，继续强调发动"开阔地作战"。结果就是不断增大的、毫无意义的伤亡。与之形成对比的是，莱文沃斯毕业学员被任命到重要的参谋岗位，并以此身份出色地工作。不过，由于在战地指挥官面前往往过于自负，他们常常被戏称为"被娇惯的宠物"，莱文沃斯毕业学员和其他军官之间的矛盾非常常见。[35] 在第一次世界大战中，"没有一位集团军司令或军长曾在莱文沃斯培训，指挥参战的 26 个师的 57 名军官中，只有 7 名莱文沃斯毕业学员"；然而，这些部队的参谋部门却常常被莱文沃斯毕业学员领导。[36]

在为指挥与参谋学校辩护的言论中，有一种观点经常被提及，"莱文沃斯为陆军提供了通用、专业的语言和共同的价值观体系"以及"共同的观念"。[37] 然而，这些都是军事院校的基本特征，并不是多么值得关注的成就。反复强调军事院校在判断力方面的一致性——就像莱文沃斯所做的那样——迟早会阻碍原创性、开拓性的思维。对军官而言，后者在战争中极为重要。巨大的危险是——按照乔治·S. 巴顿的观点——"如果所有人想的一样，那么相当于无人思考。"[38] 军事院校不但应当传授如何实现统一——它还应当传授如何做到优秀。

在莱文沃斯堡，学校解决方案始终是标准。无用的课程由那些常常缺少专业领域知识，而且常常缺乏教育教学手段的教员们开设。一项经验研究表明，在"一战"前以及 20 世纪 30 年代末，许多被别处淘汰或者不受欢迎的"冗余"军官似乎在这里得到了教员职位——其后果可想而知。条令和等级是如此森严，以至于军官学员常常因为未能给出"正确"的方案而受到侮辱。总体上看，如果军官学员想以优异评分从莱文沃斯毕业的话，那么以任何方式挑战教员都不是个好主意。与西点的情况一样，这里的格言是"合作并毕业"而不是"提问和挑战"。[39]对成年人而言，这不是学习的氛围，特别是对那些已经具备丰富职业经历的军官而言更是如此。

在评价一所院校的价值时，必须要考虑到院校学员的表现。莱文沃斯毕业学员在第二次世界大战中的表现是如此不平衡，以至于无法展示学校教育带来的任何正面影响，实际上，它的教学应当受到质疑。此外，一年制和两年制毕业学员的表现没有区别，"莱文沃斯优秀毕业生在指挥方面并不比其他普通毕业生出色多少"[40]。这些现象不但准确描述了毕业学员在指挥方面的表现，也准确描述了他们在参谋业务方面的表现。

在德国战争学院，各领域的专家——同时通常也是战争老兵并且具备教学天赋——在"首席教员"基础上开展教学。教员职位体现了德国陆军对入选军官的高度重视。[41]因此，学员的战术由埃尔温·隆美尔讲授，而摩托化输送由海因茨·古德里安讲授——早期甚至由卡尔·冯·克劳塞维茨授课。这三位将军都被认为是同辈人中的标新立异者，但他们能够在战争学院自由地讲授他们的观点，而不会被强加任何限制。在兵棋推演和图上作业过程中，学员们被要求在特定态势下接过指挥权；然后，他们还会指挥一个虚拟的步兵营或卡车部门。相比之下，在指挥与参谋学校学术性的作战计划中，许多解决方案必须通过冗长的正式文件提交。

当战争学院讨论图上作业和兵棋推演的解决方案时，教员将自己看作（学员的）战友。这种态度不但能够使所有人畅所欲言，而且"没有学校解决方案"这一观念将深入军官内心——战争中没有最好的方案。战争中充满大量的混乱无序，极度缺乏情报和通信，因此绝对不会出现类似于最佳的"在办公桌上产生的"学校解决方案的东西。[42] 相反，和教员解决方案一样，学员提出的所有方案都会加以讨论。这就使整个班级能够了解到许多未来可用的可行方案，如果他们遇到和教员设定问题类似的情况的话。同时，他们也将懂得决断力和创造性要比冗长、复杂的所谓"最优方案"更重要。后者恰恰描述了"二战"期间美国指挥官通常是如何实施作战行动的。

人们常常注意到，战争学院的学员并不觉得课程作业非常困难，军官们有大量的空闲时间。出现这种情况的原因在于，与在校期间一样，军官们闲暇时的表现也时时在接受评估。至于课程作业的难度，不要忘了，这些能够进入这所著名学院的学员都已经通过了多轮预选。

几十年来，莱文沃斯学校始终毁誉参半，结果导致许多军官没有在这里培训。他们认为给自己的部队留下更好印象要比在一所令人怀疑的院校中浪费两年时间更能促进自己的职业发展。这所学校是通过那些著名高级军官——前莱文沃斯毕业学员——的口头宣传，而不是自身的出色表现赢得了荣誉和地位。即使在当时，进入该校学习也常常只被视作晋升的必备资历，而不是获取重要知识、拓宽职业视野的机会。直到第二次世界大战，大多数军官仍不清楚谁具备入校资格、如何能被录取等问题，因为规则总在改变，而且始终对普通美国陆军军官不透明。

在德国，参加国防区考试——战争学院入学考试——的程序可以在任何地方和军队图书馆查到，官方会持续发布上一年度军队考试的试题。在第一次世界大战前，每位努力争取的军官都会从其团

第六章　教育、文化及其影响

长那里得到至少一次机会。当《凡尔赛条约》签署后、魏玛德国国防军准备秘密重建其总参谋部时，每名军官都必须至少参加一次考试，因为最高指挥部明智地认为更大的可选范围将更为有利。与通常的观点不同，国防区考试中的优异成绩并不一定保证能够进入战争学院。团长的品行评价一样重要。

史学界完全忽视的一个重要事实是，国防区考试和为考试进行的准备是德国军官教育的重要组成部分，虽然只有少数人能够成功考入战争学院，其中只有极少数人能够入选总参谋部。准备考试的过程和在战争学院学到的内容使他们成为优秀军官。他们已经通过准备战争学院入学考试而不仅仅是在校培训实现了职业上的飞跃。如果有较大可能取得优异成绩，那么军官只被允许参加国防区考试；其他选择则会给本团蒙羞。

战争学院在历史研究中曾被误解为"参谋学校"，这是完全错误的，因为只有 15% 的毕业学员最终进入总参谋部。战争学院是一座军事大学，其使命是提高军官团的职业军事教育总体水平，而且从各方面来看，它都出色地完成了这项任务。

成长为德国军官的道路就是一条不断准备、接受选拔的道路。在预科学校，学员必须展现出自己的气质，这样最终才能被送入高级军官学校。在高级军官学校，他必须展现出拥有完成课程所需的领导能力以便参加少尉考试。如果他志向远大，就需要进行专门的准备，以便进入受人羡慕的精选班级（*Selecta* class），从该班成功毕业将使他能够将授衔的时间提前。紧接着，他必须充分准备，在团里的日常事务中不犯任何错误，同时掌握在战争学校——他很快就会被派去学习——表现优异所需的知识。战争学校的表现将部分决定他能否获得中尉（少尉）委任。此后，他还必须在日常工作中证明自己值得获得团长的支持以参加国防区考试。两到三年以后，这位年轻军官必须开始准备国防区考试，这种准备过程持续一年——往往是一年半——以上。整个德国军官教育体系就是一个由相互衔接的台阶构成的综合体系。与复杂的德国教育体制形成鲜明对比的是，美国的军事教育机构彼此独立，对于"最终产品"应当是什么样子缺乏清晰的认识。[43]

20世纪前几十年美国陆军教育体制的唯一亮点是步兵学校，特别是在乔治·C.马歇尔担任副校长期间。除了要了解美国陆军的现有武器以外，军官们还要系统面对战场上的指挥问题——他们此时是上尉和少校。他们必须不断地精简自己的命令、发言、讲话，直到言简意赅、简明扼要，而这在德国陆军中非常常见。马歇尔只要一有可能就会反复强调紧贴现实："书面上令人满意的方案在现实作战中常常会被发现毫不实用。组织和计划拟制如果过多地建立在理论基础上，那么就会导致臃肿的机构、过于庞大的参谋部门和过于冗长复杂的命令。"[44]

马歇尔要求"在我们的管理体制下"尽可能让美国指挥文化和训练吸收德国模式。[45]由于他对德国陆军进行过全面、仔细的研究，因此"1945年美国陆军参谋长乔治·C.马歇尔比希特勒更了解德国陆军"的说法很可能是正确的。[46]

马歇尔-本宁堡经验无论怎么强调也不过分。多年以后，在书信甚至备忘录中，军官们描述了这所学校与众不同的氛围，并仍能记得乔治·C.马歇尔提出的明智建议。马歇尔系统研究了德国人和他们的教育体制，尽其所能将其应用于步兵学校。他毫不反对采纳

第六章 教育、文化及其影响

在该校学习的德国军官的建议。马歇尔此前曾经取得过许多成就,确保盟国在第二次世界大战中取得了成功。本研究进一步明确了马歇尔对美国陆军的职业化、教育和共同观念所发挥的巨大的、积极、决定性的影响。[47]

但马歇尔只能孤军奋战,也只能尽其所能。他不断地被陆军和陆军部庞大的官僚体系所阻碍,这成为第二次世界大战中参战美国士兵们面对的仅次于德国人和日本人的敌人。当这位参谋长遇到官僚主义障碍时,他"只能大声疾呼",这才最终解决问题。[48]

美国陆军的职业军事教育体制为第二次世界大战培养的是一名普通军官。这名军官从理论上掌握了专业基础,因为他已经经过了多所院校的培训,进行了相关学习。他常常希望获得条令和现成的解决方案,试图"管理"而不是指挥。与德国陆军形成鲜明对比的是,标新立异者不是被发现或者被培养出来的;相反,领先时代的聪明的美国军官经常要么被排挤到一个无望晋升的职位,要么因其异端邪说而受到军事审判。在乔治·C. 马歇尔成为陆军参谋长之前,美国陆军军官跳出条条框框进行思考的行为基本不受鼓励。

德国体制总是在不断地寻找下一个弗里德里希·威廉·冯·赛德利茨、格哈德·冯·沙恩霍斯特(Gerhard von Scharnhorst)或是赫尔穆特·冯·毛奇,并设立了一套积极的程序发现而不是限制其发展。在美国方面,这种体制在选拔军官晋升至更高级别时却经常失败。有证据表明,同样的情况在英国和法国方面也是如此,但那就需要开启另外一项专门的研究了。

在讲授战争时,美国的军官学校大多采用将实例、院校解决方案特别是条令混合在一起的基本做法。他们向学员灌输一种观念,即某个问题的解决方案可以在以往制定的条令或手册中找到,而不是在战役领导能力中发现。后者需要前往前线,亲自进行评估,甚至抛弃一切课堂所学(因为它不符合学过的解决方案),然后用不同寻常的创造性的方式发动进攻。

如果要为美国陆军和纳粹德国国防军各找一个最重要的动词、最重要的名词,那么根据我读过的大量手册、规定、信函、日记和自传,我认为,美国陆军应当是"管理"和"条令",而纳粹德国国防军则是"领导"和"进攻"。这样一种对比已经可以说明在战争和领导力方面两种截然不同的理论。

军官学员在莱文沃斯培训期间极少走出校园。图上作业代替了指挥野外的虚拟部队。演练中纸面上的交战只有在教员表明其观点并介绍了学院解决方案之后才有可能"打响"。整套程序培养出的军官都有一种参谋观点,认为地图能够提供一切重要信息,军官不需要亲临前线进行指挥和领导。[49] 这种情况虽然引起了高级指挥官的注意,但却从未得到纠正:"当'参谋学校'变成了'指挥与参谋学校'后,我产生了深深的疑虑。我担心同样的原则能否应用于指挥和参谋岗位。显然,这的确能够实现……"[50] 几乎没有哪位离开军队的标新立异的军官同意上述赞美之词,他们批评了那种显然是在军种院校培养的"美国陆军极为普遍的'参谋指挥'的传统"[51]。

在关于这一问题的一份备忘录中,乔治·C.马歇尔强调指出,"将官必须具备的素质包括领导力、力量和活力。一般的训练、经验和教育不能弥补上述(能力的不足)。具备上述素质的军官必须被挑选出来并大胆擢升,不论他人有何看法。"[52] 这份备忘录完成于1942年12月1日,就在他预见到高层领导能力在"二战"期间

第六章　教育、文化及其影响

将成为美国陆军经常面对的问题以后。

为战时美国陆军的关键岗位发现优秀领导者看起来并非一项简单任务。在指挥官们的信件和备忘录中，只有极少数人经过讨论被认为具备某一特定岗位所需的能力。[53] 特别是那些被认为人数极少，仅有的少数具备领导能力和进攻精神的强硬的战斗指挥官却发现自己在指挥登陆部队或实施突破或者进行营救行动时，一再陷入困境。乔·劳顿·科林斯就被认为就是这样的人，他甚至被从太平洋战区调到欧洲战区，因为那里急需他的能力，而无论正在欧洲作战还是正在美国等候部署的军官都不具备这样的能力。但是，这个问题既不是新出现的，也不令人感到惊讶，因为在 1941 年美国本土进行的大规模演习中，"领导能力和军队的总体信任方面的巨大失败"已经出现。[54]

如果一位两鬓斑白的团长能够展示出比年轻战友更强的坚韧、坚定和领导能力，那么年龄问题——虽然仍有影响——就不应被夸大，但实际上他可能会因为美国陆军的一般年龄限制而不幸被解职。[55] 这种针对特定军衔的激进的年龄限制是马歇尔和莱斯利·麦克奈尔（Lesley McNair）强行推广的，旨在快速剔除军官团中的"朽木"，但这种做法有可能导致美国陆军损失一批优秀战士。[56] 这些措施有多"成功"，可从——也许不太严肃——劳埃德·R. 弗雷登道尔（Lloyd R. Fredendall）少将的感叹中略知一二。他在看到自己指挥的第 2 军新参谋部时感叹："上帝啊，我现在就要在一帮孩子的簇拥下去打仗了。"[57]

由于美国陆军对于管理而不是作战领导能力的过度重视，有能力的指挥官常常发现自己被安排到了参谋岗位上，而作战指挥部里则急需他们这类人才。沃尔特·B.史密斯曾这样说:"大量的优秀战斗指挥官忙着文牍工作,我这么说毫不夸张。"他总是极度希望拥有一个战斗指挥部,但在文牍工作方面表现非常出色,结果始终无法脱身。[58] 托马斯·特洛伊·汉迪(Thomas Troy Handy),弗吉尼亚军事学院1914届毕业生,他在战友中比"比德尔"·史密斯更受尊敬,却不得不在整个战争期间待在陆军部。后来他在自己的鉴定报告中发现了下列文字:"华盛顿剥夺了其担任野战指挥职务的机会。应当毫不迟疑地将其分配至最艰巨的指挥岗位上,无论战时或平时。"[59] 这份绩效评估报告是由德怀特·D.艾森豪威尔撰写的,他很有可能要求汉迪指挥一个师或军,如果后者愿意的话。[60]

同样有趣的是两支军队管理参谋职位的不同方式。在美国陆军,师长可以自行挑选或自带自己以前的参谋班子,但纳粹德国国防军通常只有军长和集团军司令才能享受如此特权。在此级别之下,参谋班子被认为能力相同。[61] 这表明在纳粹德国国防军中个人关系并没有美国陆军中那么重要。在美国,战友关系排在可能的团队优势之前,因为某些军官更受青睐。

并非美国军事教育体制的所有弊病都是美国陆军高级领导者的错,但绝大多数责任确实应由他们承担。某些赋予德国人某种优势的文化特征不可能被模仿或复制,即使确有可能,模仿的结果也未必令人满意。

德国人当然并不具备所谓"拥有军事化社会"的巨大"优势"[62]。就像今天人们所玩的数独游戏一样,20世纪二三十年代,双周或每月发行的军事刊物会为各年龄段的男性刊发大量流行的战术问题,这已经成为一种习惯。[63] 这些杂志的第一章会描写普法战争或第一次世界大战中的英雄事迹。第二章则印有一张小小的地图,上面标记了不同部队,并且会提供一种战术想定,从班组到连一级规模,但通常不超过士官层次,以避开军官职责涵盖的更高领域。为刊物编辑提供该问题最佳指挥解决方案的人将在下一期公布,其解决方案也会被刊登出来。

在德国,"属于军官团"这一荣誉如此重要,以至于下级军官的薪酬自腓特烈大帝时代开始就被习惯性忽视了——虽然社会地位更高,但20世纪初德国军官的薪酬通常只是美国同行的五分之一。[64] 在自传中,几乎所有美国将领都对自己还是初级军官或野战军官时岌岌可危的财政状况满腹抱怨。这种抱怨应当从相对角度加以分析,因为他们的德国同行更糟,甚至在尚未发生世界经济危机前已经如此。

与德国形成鲜明对比的是,美国社会要么害怕一支正规军队,要么根本不知道它的存在。[65] 虽然在精英人士中美国军官团的声誉显赫——他们的社会背景相同——一般民众却有着完全不同的看法。[66] 在美国的某些地区,士兵们是如此遭人厌恶,以至于不被允许进入餐馆或旅店,这迫使国会于1911年采取行动,对那些歧视士兵者处以500美元罚款。[67] 美国观察人士注意到德国军队与平民之间的良好关系,即使是在第一次世界大战——期间德国军官的声誉遭受重创——结束仅仅七年以后。[68]

德国高级指挥官和政客之流成功传播了所谓的"刀刺在背的传说"(通常翻译为"被人背后捅刀的传说")。这一观点宣称,德国军队在战场上赢得了战役,但在后方,在意志薄弱的平民、共产分子、社会民主党人手中输掉了战争,因为后者无法为士兵们提供补给,甚至在破坏战争活动。这个故事被许多德国人顺理成章、充满激情地接受了。因此,大战结束不久,军队、特别是军官团就基本恢复了以往的崇高地位。

在美国,军队仍然处在"隐形"状态。这一时期,五角大楼建成之前的美国军事建筑都带有"完全的地方特征"。[69] 两次大战期间在华盛顿服役的军官都身着便装,因此最高级别美国指挥官们集会起来看起来更像是商人而不是职业军人的会议。[70] 只有在他们被媒体大肆嘲讽为"就像是农村纳税人那样游手好闲"后,乔治·C. 马歇尔才签署命令,要求自即日起工作期间须着军装,直到另有通知为止。[71] 相比之下,德国下级军官禁止穿着军装以外的任何其他服装,直到"二战"结束德国将领们甚至常常终其一生从未穿过任何便装。[72]

有趣的是——也是一个悖论——美国军官在与民间资源保护队(Civilian Conservation Corps,CCC)营地中的美国公民打交道或者在第一次世界大战期间或20世纪30年代军队扩充时期训练新兵时遇到很大困难。[73] 美国军官团中根深蒂固的等级观念和军官在军队岗位上脱离社会的现实根本无助于他们与普通平民或入伍新兵进行交流。那些在军队职位上服役多年然后退役的军官十分担忧自己与平民相处的能力。[74] 这一点实在令人吃惊,因为总的观点是,美国正规军在战时应当成为一支不断扩充的大规模军队的核心,而正规军军官则应当担任教员,教员必须能够与成为新兵的公民们有效沟通。美国陆军并未教过军官们如何教学。因此,军官会试图躲避上课,受到"严重怯场"的折磨,甚至害怕被召去教学。[75]

一位具有处理这类情况的丰富经验的美国军官表示"没有人能

第六章　教育、文化及其影响

够指望所有陆军军官都是天生的教员。有些确实是，但剩下的应该给予学习的机会"[76]。只有很少一部分能够得到这样的机会；相反，很多人认为仅凭西点期间对大一新生吼上三年就已经说明（自己具有）教学能力。在德国陆军，高层强调"军官既是领导者，也是教员"，他应当接受训练以便在两方面都更加出色，甚至在他仍是军校学员时就应当如此。[77]因此，德国军官学校基本不存在欺凌现象，因为这会与上述任务发生根本冲突。

在民间资源保护队的营地里，除了监督工作以外——直到1942年才允许进行军事训练——正规军军官将训练60000名预备役士兵。[78]正规军军官常常不得不在各个营地与自己的岗位之间轮换，因为他们的"威权行为"受到年轻平民憎恨。预备役军官则与年轻志愿者们相处得更好。[79]

自那以后，在美国军官绩效评估报告中将会记录受评军官是否"适合承担与地方部门有关的职责"[80]。整个民间资源保护队计划很可能"总体上对陆军产生了积极影响"[81]。那些能够成功应付民间资源保护队中平民的军官经常发现自己被委派到了国民警卫队单位开展教学工作，很难再回到正规陆军部门，因为那里迫切需要他们这种能力。[82]

一位同时代的人曾这样描述乔治·C. 马歇尔："他对平民具有一种极少数陆军军官才具备的感觉……他不需要调整自己适应平民——他们本身就是其所处环境的一部分……我认为他将平民和军人视为整体的一部分。"[83]那个时期的军官因其具备与平民交往的能力而被挑选出来，说明美国陆军军官团中的大多数人并不具备这种技能。对未来的公民义务兵役制军队的教员而言，这可以被看作

▲ 1939年10月,总参谋长(马歇尔坐在旗帜中间)与他的集团军和军区指挥官举行的一场会议,地点是陆军部大会议室。美国高级将领在陆军部时通常穿着便装,直到媒体批评他们"就像是农村纳税人那样游手好闲"后,乔治·C.马歇尔才签署命令要求身着军装。在德国,下级军官禁止穿着军装以外的任何其他服装,直到"二战"结束德国将领们甚至常常终其一生从未穿过任何便装。(弗吉尼亚莱克星顿乔治·C.马歇尔基金会提供)

一项巨大的缺陷。

问题依旧存在:既然当时美国陆军的选拔、晋升特别是院校教育体制存在那么多不足,那为什么还会出现那么多懂得领导部队、取得出色成绩的勇敢有为、富有进攻精神的指挥官?乔治·C.马歇尔的自传作者福里斯特·波格(Forrest Pogue)给出了部分答案,他正确地指出:"早期的军官不得不自我训练。为此他需要坚信自己,并且具备强烈的求知欲望、成长的能力、自律的性格,以及在自己选择的领域里追求卓越的动力。"[84] 这些性格特征许多来自扎实的家庭培养而不是陆军教育。"强烈的求知欲"在贪婪的阅读中得到了证明。与依靠美国陆军提供的平庸教育不同,"才华横溢的军官应当也确实会自己负责自己的职业教育"。[85] 优秀军官会阅读大量各种类型的书籍,特别是有关军事历史的著作,后者被认为是每位军官必须精通的内容,但却在职业军事教育中被忽略了。从他们的购书清单、图书收藏、往来信件中关于各种图书的讨论,以及退役军官们的个人图书馆可以看出,优质的军官素养与贪婪的阅读能力之间存在着直接联系。例如,沃尔特·克鲁格、马修·B. 李奇微、卢西恩·K. 特拉斯科特、乔治·C. 马歇尔、乔·劳顿·科林斯、德怀特·D. 艾森豪威尔,以及乔治·S. 巴顿的论文和/或自传中就包含了这些证据。

有个问题必须提出:如果德国军官的教育在选拔具备"个性"的人才,允许畅所欲言并且对有害、错误或者非法命令有不服从的传统等方面确实非常成功的话,那怎么可能会有无数军官同谋并支持纳粹政权发动一场灭绝战争?

上述问题的答案给德国军官团带来了更加沉重的负担,甚至比当前学者们研究揭示的还要多。[86] 初级军官接受的教育是:战场在不断发生变化,每场战争都是使用新的作战手段的全新战争。任何不是在民主社会中长大、对特定行为有所限制的人都更容易接受导致东线那种血腥战争的命令。当这些命令是由高级军官起草、纵容或者支持的情况下更是如此。因此,责任就落在了许多纳粹德国国防军高级军官的身上。本研究明确指出,每名德国军官可以做出选择——比其他国家军队的军官更有可能自己做出选择。不单是因为那里有存在一个多世纪的不服从命令和向上级直抒己见的传统,而且更因为这就是军事院校教育他们应该这么做的。

支持独裁者罪恶政策的军官都是资深的高级军官，在很多情况下，他们的个人目标与希特勒的目标是一致的。其中的罪魁祸首是国防部长维尔纳·冯·布隆贝格陆军元帅、陆军总司令维尔纳·冯·弗里奇男爵大将及其继任者瓦尔特·冯·布劳希奇大将。他们率先用带有宗教色彩的宣示取代了德国军官必须遵守的"诚实声明"。那些宣示读起来更像是宗教教义而不是军官指导原则。对纳粹政权的信仰超越了常识。高度意识形态化的内容与倾向于技术专家治国的文化融合在一起，成为德国军官团垮台的原因之一。事实证明，高级军官的榜样作用是非常成功的，1939年至1945年间，40%以上的年轻军官候补生是党员。[89]

大将和陆军元帅军衔的德国高级军官欣然接受了阿道夫·希特勒提供的特别薪酬，这使他们收入翻倍，基本上可以被完全视为"贿赂"[90]。大多数军官并不愿这么看，因为就像古代的骑士和腓特烈大帝的贵族一样，他们认为自己的杰出贡献应该得到奖赏。然而，这种来自前辈的回报应当是公开的，而不是来自独裁者的秘密账户。德国高级军官又一次表明，他们沉迷于"有选择地面对现实"。[91]

除了意识形态影响以外，还有一些自身原因造成的问题。陆军参谋长、大将弗朗茨·哈尔德在希特勒动手之前很久就已经剥夺了德国陆军指挥官们依靠"任务式指挥"进行领导的传统。在这件事情上，这位对独裁者剥夺军官行动自由抱怨最多的人其实因为他的榜样效应为自己敲响了丧钟。

纳粹德国国防军失败的另一个原因是其军官团极度的傲慢。作

第六章 教育、文化及其影响

为一个国家久负盛名的团体受到国人和国际观察人士的敬仰带来了病态的影响。结果就是"绝大多数德国将军始终存在轻视对手的规模和素质的倾向"[92]。

纳粹德国国防军高级军官的这些缺陷抵消了德国军官们在"二战"期间指挥、战术和领导能力方面的优势。后者可以解释为何在战术层面德国陆军是一支极为出色的作战力量，但它始终仍无法赢得战争。

对魏玛德国国防军军官进行学术再评估正当其时。学者们通常仍在重复一些德国军官的观点，即只有精英中的精英才会被选中进入魏玛德国军官团，后者根据《凡尔赛条约》的规定，规模被压缩到四千人。[93] 没有任何历史证据能够证明这一论断。特别是"二战"期间纳粹德国国防军高级将领的表现并不符合这种成功的选拔程序。事实上，根据汉斯·冯·泽克特大将制定的新的选拔标准，一个有着150年悠久历史的德国军官团被彻底打碎了。在魏玛德国国防军之前，随着来自以往被认为不具备军官能力的社会领域的军官数量稳定增长，表现平平的军官的数量也在逐渐增长。[94] 他们证明了"父辈并不能决定儿子的军事能力"的观点。从历史上看，也是具备战斗经验的军官指挥着绝大多数普鲁士的部队。

泽克特的选拔方式扭转了以往的自然进化进程，显著提高了来自贵族和旧的具备军官能力阶层的军官的比例以及来自总参谋部的军官数量。许多人甚至从未担任过团一级指挥官，而这曾被认为是在军官发展过程中展现个人领导能力的重要里程碑。[95] 正是这些军官获得了纳粹德国陆军中的最高军衔，正是他们经常追随希特勒的罪恶政策而不是相反。在第一次世界大战期间，大部队领导者常常由作战指挥官担任,但在第二次世界大战期间,这样的部队常常被参谋军官指挥,后者仅有有限的作战经验和对普通列兵将要经历情况的模糊认识。

虽然一些隆美尔式的军官确实入选了,但很多小规模的魏玛德国国防军军官团选择的是冯·韦德尔(von Wedels)、冯·施蒂尔普纳格尔或者冯·曼施坦因之类其家族几百年前就曾在普鲁士或德国武装部队中服役的军官,任何平民职位对他们而言都是完全不可接受的。因此,除非有学术研究证明相反的情况,否则我的观点就是,纳粹德国国防军军官团经常是通过个人、家庭和曾在同一个团服役等联系而不是通过出类拔萃的表现选拔出来的。[96]人类学证据表明,许多纳粹德国的军和集团军指挥官缺少足够的作战经验,因此无法与前线人员产生共鸣。[97]

纳粹德国国防军军官团的力量在于其军官的创造性、领导能力和战术手段,这些军官指挥的单位从排一直到军。他们被教导要具有创造性、创新性、在必要时无视条令、在任何可能的情况下突袭敌人,从而在战争的混乱中生活、幸存。他们被教导要欢迎这种混乱,用它来打击敌人,而不是用所谓的"学校解决方案"或者先入为主的条令来弄清状况。德国军官能够在使用"任务式指挥"进行简要战术分析后快速下达口头命令,充分信任下级指挥官执行命令,并且只施加最小限度的干预。他们会与自己的部队一同前进,现地观察交战情况,必要时亲自投入战斗——从中尉到少将皆是如此。这些能力使德国军官团长盛不衰、予敌重创,并使自己成为整个欧洲恐惧的对象。然而,这些能力也清晰地显示出了自身的局限性。即使最锋利的爪子也需要聪明的大脑领导。没有高超的战略指

第六章 教育、文化及其影响

导,就算能够赢得无数战役,也无法最终赢得战争。

在军以上级别和高级参谋部里,优秀军官的存在不再是普遍现象。实际上,在东线形势变成一场噩梦之后,德国集团军和集团军群的司令们迫切需要从元首那里得到军事方面的指导。研究表明,德国最高军衔——上将、大将、陆军元帅——的选拔过程与美国一样问题多多。关于美国陆军现任将领的最新评论文章从历史角度看也是正确的。[98] 往往是机会主义、与现任领导保持一致的能力以及拥有适当的人脉等因素才造就了将领。这似乎正是第二次世界大战期间的美国陆军和纳粹德国国防军的真实情况。

虽然整体上美国陆军军官教育、特别是指挥与参谋学校的军官教育发生过多次飞跃,但由于无知或是文化原因,来自德国军官教育的有益经验教训要么被误解,要么未被采纳。选拔程序不够严格,"没有哪位少校会掉队"的文化机制无助于培养优秀军官。[99] 复杂的电脑、卫星、蓝军追踪系统、带有相机的无人机似乎使得坐在位于多哈的装有空调的碉堡中的高级指挥官可以理解通往巴格达的道路上或者费卢杰的街道上正在发生的情况。但实际情况可能根本不同。无论是肩扛几颗星,将军作为指挥官亲临一线对于正确决策的作用是不可替代的。或者用一位第一次世界大战期间美军的团长的说法就是:"对指挥官而言,没有什么比得上亲眼所见。"[100]

其中一个例子是"伊拉克自由行动"的实施。它表明美国陆军已经学到了很多,但在关键领域仍有缺陷。这支军队军官数量过多、特别是高级军官。就像第二次世界大战一样,"战场上人们总有这样一种感觉,坐在办公室里的将军太多,而和部队在一起的将军太少"[101]。更多军官、特别是更多将领意味着更多摩擦,通常还会造成庞大复杂的指挥链。然而，正如德国人无数次展现出的那样，战争中快速决策至关重要。为了实施伊拉克的一次作战行动，某位美国旅长不得不请示师长，后者相应地需要请示其军长——通常在科威特，军长请示联军地面组成部队司令，联军地面组成部队司令请示战区司令——通常在多哈。美国陆军仍然不能信任一位具有二十多年资历的军官独立指挥自己的部队。这种不信任是一个历史性的文化问题，虽然从未有过美国军官团成员（即使是轻微的）不服从文职官员指示的情况，但这种不信任依然存在。

在当前的事例中，步兵第三师师长比福德·C."巴夫"·布朗特三世（Buford C. "Buff" Blount III）少将拟制了一份计划，试图打破巴格达外围的僵局，此时已是这座城市被萨达姆·侯赛因统治的最后几天了。当时人们并不知道这一点。美国陆军当时设想的末日审判是一幅代价高昂的城市作战场景，美国陆军在此场景中丧失了其技术和火力优势。后者成为第一次世界大战以来美国陆军军事思维的主要内容。[102]

布朗特计划使用装甲突击进攻城市地形，这违反了美国陆军条令和第 5 军的计划。后者是在根本没有接触到战场的科威特制订的，被这位战功卓著的师长认为过于温和——该师在第一次世界大战期间获得了"马恩河磐石"的荣誉称号。第一次打击被称为"雷奔"，由第二旅"斯巴达人旅"罗格营实施。其计划是占领部分地面即巴格达部分四车道高速公路网，突袭敌军以使其顾此失彼。由于这是步兵第 3 师目前占据的两个目标之间补给线的入口，因此这个计划对第 5 军而言非常重要。[103]

当罗格营的营长埃里克·施瓦茨（Eric Schwartz）中校从他的

上级斯巴达人旅旅长戴维·珀金斯（David Perkins）上校那里受领命令，攻进巴格达时，他震惊地回答："你疯了吗……长官？"[104]虽然这可以看作是美国军官在上级面前罕见的直言不讳，但它更像是突然受到惊吓后产生的某种评论。它也表明对太多美国军官而言，大胆的、决定性的进攻是如此的不同寻常。

珀金斯察觉到了自己手下的营长的犹豫，决定陪他前往现地。在"雷奔"行动期间，2003年4月5日，敌人是如此接近，以至于他觉得"如果旅长都不得不用自己的9毫米手枪消灭敌人，那我们就真的遇上大麻烦了"[105]。罗格营作战军官迈克尔·多诺万（Michael Donovan）少校也有同样的感觉，当敌人接近纵队的时候，"真见鬼，我是作战官，我正在用步枪向敌人开火"[106]。虽然所有军官都表现出了巨大的勇气，但显然，对某些军衔的美国军官而言，直抵前沿实施指挥仍然被看作很不寻常。

第一次"雷奔"行动被"马恩河磐石"的领导者们认为取得了巨大成功，但那些远在多哈和科威特的人，美国陆军高级领导人和媒体并没有被说服。布朗特和珀金斯没有被吓倒，而是继续拟制计划准备与整个斯巴达人旅一起对巴格达实施大规模装甲突入。这一次，他们决定留在后面。但首先必须让第5军相信此次行动的价值，这才是最难的部分。就像六十多年前的第二次世界大战一样，美国陆军某支部队的指挥官不得不奋力争取实施进攻性行动，"不顾上级的各种反对"[107]。通过美国陆军文化所认为的最佳方式，第5军通过无人机的镜头观察"雷奔"行动，认为自己了解整个过程。[108]在作战行动中经常出现无人机短缺的情况，原因是它们被各高级参谋部调用，以便轻松地掌握伊拉克即将发生的情况。

当布朗特将自己的大规模突入并占领巴格达部分政府区域的计划提交给第5军的时候,出现了更多的反对声音。尽管有一线指挥官的极力推荐,并且指挥官具备超过三十年的服役经历,第5军还是认为该行动过于冒险。第二次"雷奔"行动被降级为一次装甲侦察任务。虽然师长表示服从第5军的命令,但旅长决定故意曲解命令,执行原定计划——一个真正的普鲁士式的作战方案。[109]

4月7日,整个斯巴达人旅突然转向市中心,令第5军大吃一惊,后者原本正在通过蓝军追踪系统——一套通过GPS系统调用关键部队位置并将其以蓝点形式投射到电子地图上——轻松地监控行动的进展。关于是否信息显示有误,负责操作该系统的上尉和民间承包商爆发了一场争论。[110]由于第5军没有任何人在现场,因此谁也不能证实发生了什么。一支第5军前沿分队进入了机场某个"进攻指挥所"进行休整——虽然他们想进攻谁还是个谜,只有更高级的参谋机关才能解释。[111]当来自师长的消息传到第5军,证实斯巴达人旅已经控制了目标市中心,他们同意让珀金斯停止进攻,虽然此时后者正艰难地说服更加冒进的布朗特。将这支部队召回将成为一场巨大的宣传失败。后来,布朗特前往他本应属于的地方——市中心——领导斯巴达人旅的组成部队。[112]就在此次进攻当天,伊拉克的抵抗显然被彻底打垮了。虽然此后还有许多战斗,但这个政权被推翻了。

这一幕展示了一种只能从第二次世界大战的岁月中逐步演化而成的指挥文化。虽然如今美国陆军军官的技术知识远远超过了他们的前辈,但他们的领导能力却差得很远。确实有一些类似于步兵第3师富于进攻精神的军官那样的例外。在第二次"雷奔"行动之前,

第六章　教育、文化及其影响

珀金斯向其军官描述了哪些是他要做出的决定、哪些是他们要做出的决定。这是美国陆军最接近"任务式指挥"的一次，但珀金斯必须证明自己是一位与众不同的军官。各种指挥理论中最有效、最民主的理论自诞生起已有120年历史，它曾被广泛研究但却从未被人理解，更没有在最民主国家的武装部队中找到归宿。[113]

同样，美国陆军仍然缺少"不介意身处交火现场"的高级军官。[114]虽然许多军官可以做到这一点，但对他们而言仍是非比寻常，因为在他们的军事教育中，抵近前沿实施指挥显然不受重视。

即使近年来美国陆军经历了严重的缩编，但其军官选拔程序似乎仍然不够严格。亲历者的叙述和对近几场战争中战役行动的分析表明，仍有太多效率低下甚至平庸无能的军官。当军官由于"在基层部队待得过久"而无法晋升时，当某个美国陆军高级司令部支持一项止损政策而不是竭尽全力反对它的时候，显然，选拔和晋升体制肯定出了问题。

条令在美国陆军中仍然排在常识和创造性之前，占据统治地位。[115]正如早期研究指出的那样，"美国军官将条令看作是宗教信条"，这种态度仍然非常流行。[116]从历史上看，对条令的严重依赖给美国陆军带来的除了挫折以外什么都没有，因为战场的新发展总比应对它们的新条令变化得更快。在第一次世界大战期间发生的情况在第二次世界大战、越南战争、伊拉克战争以及现在的反恐战争中一再发生。军官们希望为新型战争做好准备，"但资料和条令仍然牢牢植根于以往的战争"[117]。

在提出违背条令的大胆的、进攻性的行动时，指挥官们常常得不到上级的鼓励，这种情况在各个层级都真实存在。"学校解决方案"和对未来战事的计算机分析常常会引发惊呼,如果其背景不是战争的话,这种惊呼会显得很滑稽。第5军军长斯科特·华莱士(Scott Wallace)中将告诉《纽约时报》和《华盛顿邮报》记者"与我们交战的敌人与兵棋推演中的敌人略有不同……"[118]似乎是完全忘记了毛奇的格言,即一旦接敌,所有计划将不复存在。华莱士甚至被准军事部队的抵抗所震惊,以至于他建议等待几个星期,等步兵第4师就位后再发动进攻。[119]

如今,在反恐战争中美国陆军能够拥有的最锋利、最具杀伤力的武器不是新的计算机系统、复杂的无人机系统或者是智能火炮弹药,而是一位经过仔细选拔、富有进攻精神的硬派营长或旅长,他曾经深入学习军事历史,深受上级信任,能够实施自己的作战行动,并且在枪林弹雨中监督其执行情况。

最后我们要引用的是马修·B. 李奇微——他陪伴着我们走过了本研究的许多章节——的一段话。1944年突出部战役期间,美国军队在德军进攻前锋面前土崩瓦解、狼狈逃窜。当他接过指挥权的时候曾经说过这段话。10年或20年前这些文字在德国战争学校中也曾被提起:

> 下面我来谈一谈领导力。我告诉他们,他们的前辈们如果听到我所听到的一些关于战斗中我们的部队领导行为的话,他们甚至会(气得)从自己的墓穴里站起来。指挥官的工作就是要待在行动危险出现的地方。在战役期间,我希望师长与前沿的营在一起,我希望军长与处在交战行动中的团在一起。如果有文书工作要做,他们可以晚上再

干。白天他们的位置应当是交火发生的地方。

就是现在、就是这里,美国的力量和声誉岌岌可危,我告诉他们,只有捡起武器、还有我们的勇气,才能保护我们免遭失败。我会确保他们能够拿到武器。其他的取决于他们自己,取决于他们的品格、他们作为士兵的能力、他们的镇定、他们的判断力,还有他们的勇气。[120]

注 释

1. Louis Abelly, *The Life of the Venerable Servant of God: Vincent de Paul*, 3 vols. (New York: New City Press, 1993), 2:375. 圣保罗是一位生活在17世纪的天主教僧侣。与大多数同龄人不同的是,他的生活非常贫困,一生都在帮助穷人。他在世时便因谦逊和智慧而成为传奇人物。这句话改写自上面引用的传记。

2. 转引自 Manstein. The original: "Vorschriften sind für die Dummen."。

3. Afflerbach, *Falkenhayn*, 105, 134.

4. Bernhard R. Kroener, "Strukturelle Veränderungen in der militärischen Gesellschaft des Dritten Reiches," in *Nationalsozialismus und Modernisierung*, eds. Michael Prinz and Rainer Zitelmann (Darmstadt: Wissenschaftliche Buchgesellschaft, 1991); Bernhard R. Kroener, „Generationserfahrungen und Elitenwandel:

Strukturveränderungen im deutschen Offizierkorps, 1933–1945," in *Eliten in Deutschland und Frankreich im 19. und 20. Jahrhundert: Strukturen und Beziehungen*, eds. Rainer Hudemann and Georges-Henri Soutu (Oldenbourg, 1994).

5. Dillard, "The Uncertain Years," 339. 唯一的例外是，由于时间的限制，少数战时班级由于需要而提前"承认"了新学员的身份。

6. Stephan Leistenschneider, "Die Entwicklung der Auftragstaktik im deutschen Heer und ihre Bedeutung für das deutsche Führungsdenken," in *Führungsdenken in europäischen und nordamerikanischen Streitkräften im 19. und 20. Jahrhundert*, ed. Gerhard P. Groß (Hamburg: Mittler, 2001), 177. 作者发现了各种各样的名称，其中包括：*Auftragsverfahren, Freies Verfahren, Auftragskampf, Individualverfahren, Dispositionstaktik, Initiativverfahren*, 等等。

7. 同上，189。

8. Clemente, "Making of the Prussian Officer," 174.

9. 同上，140。克莱门特声称，德国军官候补生是无条件任命的，但没有证据证明这种说法，因为德国军官在各个层面都清楚地展现了学术能力。

10. Moncure, *Forging the King's Sword*, 235.

11. Clemente, "Making of the Prussian Officer," 172.

12. 根据《凡尔赛条约》，高级军官学校被解散，恩斯特·冯·所罗门因而未能完成学业，但成为自由军团的机枪组负责人，完全有能力在任何情况下使用他的武器。当时他17岁。

13. Bland, Ritenour, and Wunderlin, eds., "*We Cannot Delay*," 65.

第六章 教育、文化及其影响

Marshall's memorandum to the assistant chief of staff G-3, September 26, 1939.

14. Schmitz, *Militärische Jugenderziehung*, 54–55.

15. Mott, *Twenty Years*, 35.

16. Lori A. Stokam, "The Fourth Class System: 192 Years of Tradition Unhampered by Progress from Within" (research paper submitted to the faculty of the United States Military Academy, History Department, West Point, New York: 1994), 9.

17. Mott, *Twenty Years*, 25. 在莫特毕业二十一年后毕业的乔·劳顿·柯林斯（Joe Lawton Collins）声称，"我是少数享受西点生活的学员之一……"：Collins, *Lightning Joe*, 6。

18. Schmitz, *Militärische Jugenderziehung*, 141. 最初——从这个意义上很难翻译——的德文用词是 *abwechslungsreich*。

19. Clemente, "Making of the Prussian Officer," 168. 克莱门特走上了错误的轨道，再次犯了只评估课程时数而不考虑教学法的错误。请参见 Moncure, *Forging the King's Sword* 中关于军官学校的更详细、更平衡的章节。

20. Nye, "Era of Educational Reform," 200–201.

21. John A. Logan, *The Volunteer Soldier of America* (New York: Arno, 1979), 441–458. 洛根（Logan）是南北战争时期联邦军队中一位杰出的少将。他在观察西点军校的战友时指出，他们所受的教育无助于从事军事职业。他还指出，作为军官，西点人并不比其他渠道委任的军官表现得更好。

22. Nye, "Era of Educational Reform," 233. 1908 年 2 月 3 日，由

西点军校高级教师组成的课程修订总务委员会发表了一份评估报告，这份报告取消了修订课程计划的另一次尝试。Dillard, "The Uncertain Years," 290–291.

23. Unruh, *Ehe die Stunde schlug*, 147–148.

24. LaCamera, "Hazing: A Tradition too Deep to Abolish," 12.

25. Mott, *Twenty Years*, 44.

26. 参见曾在西点担任精神科医生的理查德·C. 尤仁（Richard C. U'Ren）的结论：U'Ren, Ivory Fortress。

27. Kenneth S. Davis, *Soldier of Democracy: A Biography of Dwight Eisenhower* (Garden City, New York: Doubleday, 1946), 131.

28. Sorley, "Leadership," 138.

29. Mullaney, *The Unforgiving Minute*, 347. 作者毕业于2000年，只是无数例子中的一个。

30. Clemente, "Making of the Prussian Officer," 174.

31. Nye, "Era of Educational Reform," 183.

32. *John A. Heintges interviewed by Jack A. Pellicci, transcript, 1974.* 海因茨本人就是西点军校的一员，因此他对其他前毕业生进行的如实评论具有特殊的分量。

33. *Charles L. Bolté interviewed by Arthur J. Zoebelein, undated.* 博尔特（Bolté）不是西点人，但是一位非常成功的军官。他晋升为上将，并于1953年成为驻欧洲美军总司令。

34. Nenninger, "Leavenworth and Its Critics."

35. Chynoweth, *Bellamy Park*, 85.

36. Schifferle, "Anticipating Armageddon," 79.

37. Cockrell, "Brown Shoes and Mortar Boards," 360; Schifferle, "Anticipating Armageddon," 61.

38. Williamson, *Patton's Principles*, 103.

39. Mullaney, *The Unforgiving Minute*, 23. "合作并毕业"的座右铭来自2000年从西点军校毕业的一名学员,但这似乎是一个具有历史传统的座右铭。

40. Kirkpatrick, "The very Model of a Modern Major General."

41. Clemente, "Making of the Prussian Officer," 262.

42. Oetting, *Auftragstaktik*, 253.

43. Dirk Richhardt, "Auswahl und Ausbildung junger Offiziere 1930–1945: Zur sozialen Genese des deutschen Offizierkorps" (Ph.D. dissertation, University of Marburg, 2002), 28.

44. Bland, Ritenour, and Wunderlin, eds., "We Cannot Delay," 112. 时任总参谋长的马歇尔在众议院拨款委员会的一次特别会议上做证称,国会有必要为1940财政年度追加拨款1.2亿美元,以实施更多的演习和实用训练。

45. 同上, 611。Marshall's speech to the American Legion, September 15, 1941, Milwaukee, Wisconsin.

46. U.S. War Department, ed. *German Military Forces*, ii. 斯蒂芬·E.安布罗斯(Stephen E. Ambrose)在这本经典著作的前言中发表了上述言论。

47. Leonard Mosley, *Marshall: Organizer of Victory* (London: Methuen, 1982).

48. *Letter from Walter Bedell Smith to Thomas T. Handy, February*

9, 1945, Thomas T. Handy Papers, Box 1, Folder Folder Smith, Walter Bedell, 1944–1945, B-1/F-7, George C. Marshall Library, Lexington, Virginia.

49. *George S. Patton Diary, September 17, 1943*, George S. Patton Library, West Point Library, Special Archives Collection, West Point, New York.

50. *Letter from John McAuley Palmer to George A. Lynch, May, 25, 1938*.

51. Chynoweth, *Bellamy Park*, 296.

52. Berlin, *U.S. Army World War II Corps Commanders*, 13–14. Memorandum to General Lesley McNair, December 1, 1942.

53. Ridgway, *Soldier*, 160. *Letter from Matthew B. Ridgway to Robert T. Stevens, Secretary of the Army*, Matthew B. Ridgway Papers, Box 17, United States Army Military History Institute, Carlisle, Pennsylvania; *Letter from Jacob L. Devers to H. F. Shugg, March 21, 1942*, Jacob L. Devers Papers, Box 2, Folder [Reel] 10, Dwight D. Eisenhower Library, Abilene, Kansas.

54. Kent Roberts Greenfield and Robert R. Palmer, *Origins of the Army Ground Forces General Headquarters, United States Army, 1940–1942* (Washington D. C.: Historical Section—Army Ground Forces, 1946), 26.

55. *Armistice Day Address to the American Legion by Paul M. Robinett, 1943, Mountain Grove, Missouri*, Paul M. Robinett Papers, Box 12, Folder Orders and Letters (bound), George. C. Marshall Library,

Lexington, Virginia.

56. Chynoweth, *Bellamy Park*, 186.

57. Dickson, *Algiers to Elbe: G-2 Journal*, 37. 然而，这些军官都是 30 或 40 刚出头的年纪。弗雷登道尔（Fredendall）当时 59 岁。他于 1905 年进入西点军校，但在数学和其他科目上两次不及格，并被学院退学。尽管如此，他还是参加了军官考试，并在 1907 年获得了委任。弗雷登道尔的名字成了在凯塞林山口失败的代名词。对许多人来说，他只是掩盖指挥结构中的巨大问题和不明确的战略目标的"替罪羊"。然而，不可否认的是，弗雷登道尔在一场运动战中浪费了大量的人力和资源，把指挥所建在了一座山上。

58. *Letter from Walter B. Smith to Lucian K. Truscott, December 15, 1943*.

59. *Dwight D. Eisenhower's official assessment of Thomas T. Handy for the years 1945/1946*, Thomas T. Handy Papers, Box 2, Folder Handy, Thomas T., B-2/F-36, George C. Marshall Library, Lexington, Virginia.

60. 汉迪由于签署轰炸广岛的命令和 1954 年担任驻欧洲美军总司令时赦免被囚禁在兰德斯伯格的许多国防军将领而在私人圈子里名声大噪。

61. Omar Nelson Bradley and Clay Blair, *A General's Life: An Autobiography* (New York: Simon and Schuster, 1983), 108–109.

62. Messerschmidt, "German Military Effectiveness between 1919 and 1939."

63. Martin van Creveld, *The Training of Officers: From Military*

Professionalism to Irrelevance (New York City: Free Press, 1990), 25.

64. Clemente, "Making of the Prussian Officer," 293.

65. Brown, *Social Attitudes*, 83.

66. 同上, 6–7。

67. Pogue, *Education of a General*, 114.

68. Citino, *The Path to Blitzkrieg*, 127.

69. Allsep, "New Forms for Dominance," 200.

70. 参见 Eisenhower, *Strictly Personal* 中的图片。Bland, Ritenour, and Wunderlin, eds., "We Cannot Delay".

71. Bland, Ritenour, and Wunderlin, eds., "*We Cannot Delay*," 452.

72. Clemente, "Making of the Prussian Officer," 276.

73. 民间资源保护队（CCC）是根据罗斯福新政法规制订的一项青年就业计划，自 1933 年持续至 1942 年。青年男子志愿者集中在农村各地由军官管理的营地中，准备在国家公园和森林中工作，并从事种植和收割。该计划的人力动员甚至使第一次世界大战的动员相形见绌。

74. Letter from Colonel Morrison C. Stayer to George C. Marshall, December 16, 1939, is found in Bland, Ritenour, and Wunderlin, eds., "*We Cannot Delay*," 130.

75. Chynoweth, *Bellamy Park*, 80.

76. Mott, *Twenty Years*, 355.

77. Citino, *The Path to Blitzkrieg*, 223–224; Oetting, Auftragstaktik, 182–183.

78. Michael W. Sherraden, "Military Participation in a Youth

Employment Program: The Civilian Conservation Corps," *Armed Forces & Society* 7, no. 2 (1981): 240. 关于军官们以及他们与民间资源保护队的平民以及国民警卫队之间的关系的问题，可见公开发行的马歇尔文件前三卷和 Pogue, *Education of a General*。

一本对民间资源保护队和帝国劳动队（*Reichsarbeitsdienst*）进行比较的著作：Kiran Klaus Patel, *Soldiers of Labor: Labor Service in Nazi Germany and New Deal America, 1933–1945* (Washington, D.C.: Cambridge University Press, 2005). 比较研究通常非常有趣，但这本书的题目却有些误导。题目只涉及了两个集体项目中最不具有可比性的部分，这也是作者在其他优秀作品中承认的 (pp. 153, 181)。鉴于直到1942年始终存在的较高逃兵率——即缺席任何一种军事训练的情况——和臭名昭著的松懈不堪，与实行严格的准军事训练并在此后融入德国军事体系的帝国劳动队形成鲜明对比的，是民间资源保护队在个人的军事或"军人"方面的微不足道。然而，民间资源保护队为军队提供了管理大批人员的机会。也可见 Charles William Johnson, "The Civilian Conservation Corps: The Role of the Army" (Ph.D. dissertation, University of Michigan, 1968). 约翰逊（Johnson）的研究描述了军队与该项目之间的内部斗争。不幸的是，它的评估并不十分具有批判性。此外，作者引用了国家档案馆的全部记录，从学术角度看这并不是一个适宜的做法，因为那些有争议的文件只有经过大量工作并且靠运气才能发现。

79. Johnson, "The Civilian Conservation Corps: The Role of the Army," 89.

80. *Memorandum from George C. Marshall to Chief of Staff,*

Sixth Corps Area, regarding officers' efficiency reports, May 31, 1934, George C. Marshall Papers, Box 1, Folder Illinois National Guard, Correspondence, 1 of 24, May 15–31, 1934, George C. Marshall Library, Lexington, Virginia. Here, the efficiency report of Cpt. Philip A. Helmbold, Commander CCC Company (training civilians), 8th Infantry, July 1, 1933 to Oct. 20, 1933.

81. 81. Brown, *Social Attitudes*, 323.

82. *Letter from Major Clarke K. Fales to George C. Marshall, Sept. 25, 1934*. 费尔斯（Fales）此时已经在国民警卫队"困"了五年了。

83. Pogue, *Education of a General*, 307–308.

84. 同上, 346。

85. Kirkpatrick, "Orthodox Soldiers," 109.

86. Wette, *The Wehrmacht*, 2–3, 23.

87. Diedrich, *Paulus: Das Trauma von Stalingrad*, 134.

88. Förster, "The Dynamics of *Volksgemeinschaft*," 180, 206.

89. 同上, 207。

90. Gerd R. Ueberschär, *Dienen und Verdienen: Hitlers Geschenke an seine Eliten*, 2nd ed. (Frankfurt a. M.: Fischer, 1999); Norman J. W. Goda, "Black Marks: Hitler's Bribery of His Senior Officers during World War II," *The Journal of Modern History* 72 (2000).

91. Geoffrey P. Megargee, "Selective Realities, Selective Memories" (paper presented at the Society for Military History Annual Conference, Quantico, Virginia, April 2000).

92. Förster, "The Dynamics of *Volksgemeinschaft*," 200.

93. *Spires, Image and Reality*, 2. 这种说法基本上可以在任何关于德国国防军的著作中找到。

94. Oetting, *Auftragstaktik*, 178.

95. Erfurth, *Die Geschichte des deutschen Generalstabes von 1918 bis 1945*, 151.

96. 这一点已经在德国战后最重要的军事期刊上匿名提出。当时，关于德国联邦国防军的将领应当是谁以及如何挑选的讨论正在进行。前总参谋部军官和负责军官选拔的精神病医生的激烈回答很快平息了反对的声音：Anonymous, "Rechter Mann am rechten Platz: Versuch eines Beitrages zum Problem der 'Stellenbesetzung,'" *Wehrwissenschaftliche Rundschau* 1, no. 8 (1951); Voss and Simoneit, "Die psychologische Eignungsuntersuchung in der deutschen Reichswehr und später der Wehrmacht."

Kurt Weckmann, "Führergehilfenausbildung," *Wehrwissenschaftliche Rundschau* 4, no. 6 (1954); Otto Wien, "Letter to the Editor as Answer to the Critique of Theodor Busse on his Article 'Probleme der künftigen Generalstabsausbildung,'" *Wehrkunde* V, no. 1 (1956); Theodor Busse, "Letter to the Editor as Critique to the Article 'Probleme der künftigen Generalstabsausbildung,' by Otto Wien in WEHRKUNDE IV/11," *Wehrkunde* 5, no. 1 (1956).

97. 可见下述优秀著作中的专题部分：Hürter, *Hitlers Heerführer: Die deutschen Oberbefehlshaber im Krieg gegen die Sowjetunion 1941/1942*。

98. Yingling, "A Failure in Generalship."

99. 这段话借自 John T. Kuehn, "The Goldwater-Nichols Fix: Joint Education is the Key to True Jointness," *Armed Forces Journal* 32 (April 2010)。

100. Miles, *Fallen Leaves*, 282. 这句谚语的德文版本译文几乎完全相同："没有任何报告——无论写得多好——能够代替亲自观察。" 转引自 Citino, *The Path to Blitzkrieg*, 58。

101. Bland and Ritenour Stevens, eds., *The Papers of George Catlett Marshall: "The Right Man for the Job"—December 7, 1941—May 31, 1943*, 62. Memorandum by George C. Marshall for Assistant Chief of Staff [Brig. Gen. John H. Hilldring], G-1, January 14, 1942, Washington, D.C.

102. Grotelueschen, *The AEF Way of War*, 364.

103. Michael R. Gordon and Bernard E. Trainor, *Cobra II: The Inside Story of the Invasion and Occupation of Iraq* (New York: Vintage, 2006), 431.

104. Zucchino, *Thunder Run*, 6.

105. 同上，38。

106. 同上，15。

107. Weigley, *Eisenhower's Lieutenants*, 594.

108. Gordon and Trainor, *Cobra II*, 450.

109. 同上，451。

110. 同上，453。

111. Zucchino, *Thunder Run*, 154.

112. Gordon and Trainor, Cobra II, 461.

113. Michael E. Fischer, "Mission-Type Orders in Joint Operations: The Empowerment of Air Leadership" (School of Advanced Air Power Studies, 1995).

114. Zucchino, *Thunder Run*, 241. 这段引文来自罗杰·沙克（Roger Shuck）少校，斯巴达人旅某营作战官。

115. Correlli Barnett, "The Education of Military Elites," *Journal of Contemporary History* 2, no. 3 (1967): 35. 巴尼特（Barnett）将其民主地称为"对传统理论不恰当的尊重，不愿将其个人职责偏离标准程序"，四十年前他就已经预见到了美国军官教育的诸多影响。

116. Grotelueschen, *The AEF Way of War*, 352.

117. Mullaney, *The Unforgiving Minute*, 189.

118. Gordon and Trainor, *Cobra II*, 354.

119. 同上。

120. Ridgway, *Soldier*, 206–207.

后　记[1]

　　这本书主要研究的是从 1901 年到第二次世界大战结束这段时期，但是，因为我曾经研究过美国陆军——特别是其军官团——的整个发展过程，因此难免涉及一些近期甚至当前的情况。

　　这本书很大程度上基于 2010 年我提交给犹他大学的博士学位论文。在初稿答辩过程中，我产生了一个想法：一本关于两支如此重要军队军官团的历史著作读起来应该像阅读足球友谊赛的报告一样，每支球队都能够得分，没有人会看起来太糟。但这不是我所理解的学术著作。当时的美国陆军军官教育看起来很糟，它也确实很糟。这种观点自然是我个人的，但事实已经非常清楚。这本书也许只能由外国人完成，因为美国陆军中有许多"不容批评的机构"。

　　曾有人暗示，因为我是德国人，所以我的观点偏向德国陆军。这一点真是大错特错，因为我终生都对美国陆军充满迷恋——无论过去还是现在。

　　我长大的那个小镇每年有两次——绝大多数德国居民都很不高兴但我却非常开心——会成为重要演习的演习场地。美国士兵——从历史上看，他们在所有驻扎德国的外军中表现最好——总是很乐意与活泼的德国儿童聊天，并常常感谢有人愿意倾听他们的问题，这些问题往往很多。其中一个就是德国人对他们在德国驻军的不满。这是一个悲哀的现实。德国人希望获得保护，但又不想有麻烦。

热情的德国儿童可以看到所有美国士兵允许操作的武器，从令人着迷的 1911 手枪到 M-60 坦克，再到贝尔眼镜蛇攻击直升机，这是一种亲身体验，因为我被允许触碰所有这些装备。士兵们对我有极大的信任，从来没有让我失望过。一位飞行员拦腰把我抱起来，放在贝尔眼镜蛇攻击直升机射击手的位置上，并把巨大的亮红色紧急弹射逃生手柄指给我看："记住不碰那里就行。"对我来说，把那些数不清的杠杆、开关、按钮——当然不包括那个亮红色手柄——玩上一小时就像在天堂一样。

当我坐在山顶一辆"灌木丛"防空坦克的迷彩网罩下的时候，我学会了玩换牌扑克，用火柴棍赌博。我一次又一次成为打赌的中心，因为士兵们那时已经非常了解我，相信我能凭记忆记住美国陆军的各种装备。嘲笑声响了起来："嘿，伙计，我跟你打两美元的赌，这个德国小家伙知道 M-60 主炮的炮口初速。"当我准确无误说出正确数据的时候往往会引发哄堂大笑，我笑得连耳朵都歪了，两美元就此换了主人。

晚上我会溜进照亮了浓密的漆黑森林的无数帐篷中的一个，用美国士兵们最想得到的丽榭啤酒跟他们交换一件当时德国十几岁的男孩认为最有价值的物品——战斗口粮。在我青年时代那个全球化前夜的世界里，美国花生酱、咖啡、巧克力很难得到，拥有几件 C 口粮的人甚至可以用它交换新奇的玩具。虽然我是个穷孩子，但我通常会把 C 口粮吃掉而不是用来交换，因为它们的味道棒极了。

后记

获得有价值物品的做法实际上是危险的，因为给士兵提供啤酒是被严格禁止的。我的一位朋友曾被军官抓到，他的啤酒被没收，还在营地里被同一个军官打了几巴掌。和我的朋友不同，对我而言，制服上的标识并不是什么神秘的东西，只不过是一种有目的的军衔等级，我知道军士们是安全的，但晚上最好走个大圈绕过军官——但也只有交换啤酒时我才需要这么做。

我与美国陆军的联系从来没有削弱，因为我对它进行着不断的研究，最初作为充满热情的业余人士，后来作为专业的历史学家。在德国的学术军事史中，关于美国陆军的内容很少出现。因此，我前往美国，访问战场和军事设施，许多士兵——过去、现在，各种军衔——都被看作我终身的朋友。

2005年，我非常荣幸地被选中参加西点军事历史夏季研讨班。我受到了盛情款待和大力协助，度过了一段美好、难忘的时光。我也有机会亲自考察美国陆军军官学院。毫无疑问，教学——至少在历史方面——是我这本书研究的那个时期无法比拟的。在西点的六周时间里，我没有见过一名糟糕的教员，反而看到了许多优秀，甚至是杰出教员。更重要的是，他们专心致志、充满动力。

但是，我也注意到了许多其他问题。其中之一，就是那里——用外交辞令表示的话——在领导能力训练方面，特别是在对待新学员方面，仍有巨大的改进空间。

我非常感谢西点历史系的教员，他们向我发出了邀请，让我度过了一段精彩的时光。如果只是因为心存感激就要"夸大其词"，那显然就不是我了。

西点始终是美国陆军"不容批评的机构"中的一个，它没有给他们带来任何益处。军官是武装部队最核心、最重要的组成部分,因此他们的选拔和教育中的每个传统、仪式和惯例都必须经常放到靶场上进行测试,如果不能促进(军官)实现卓越甚至成为负担,那就应当进行变革。校友们应当领导这种经常性的变革,而不是将西点拖回中世纪。美国陆军应当再次学习,优秀人才——而不是高技术设备——对每场战争都至关重要。[2]

西点是一个神奇的地方,需要继续发挥培养美国陆军军官的作用。在我看来,虽然学术教学看起来不错,但学员训练的其他方面需要再次审视。

我在将近二十年时间里一直担任不同体育项目的教员。我从未有过在锦标赛后通过粉饰学生犯下的错误给他们精神安抚的做法。我很关系他们每个人,但如果我拍着他们的背,告诉他们虽然没有成为第一或者竭尽全力但他们仍然很棒,这其实对他们毫无帮助。对我喜欢的对象——美国陆军——而言也是一样。如果我粉饰所看到的问题、戴着有色眼镜看问题,那我就不能偿还欠债。从本质上讲,历史是一门残酷的职业。

如今的基层美国士兵——如果这样的人确实存在——与我儿童时代相比并没有发生什么变化。他是美国能够拥有的最好的大使,绝大多数人都能怀着巨大的勇气为他所认为的正义事业行动、战斗。即使是在自己的领导者通过一项对他不公的止损政策的时候,他仍会坚持下去、完成使命。

他——也有她——值得经过选拔和教育的最好的军官领导。这种选拔必须比其他职业更加严格,因为军官应当成为优秀的倍增器。但军官也有可能成为无能之辈——后者往往要以生命作为代价。

后 记

从历史上看，美国陆军高级领导者常常会有一种夸大其词的宣传或是"粉饰"数据的倾向，而不是认真审视自己的内部体制。巨大的混乱、各种丑闻，或者是不断上升的伤亡数字常常带来必要的警示。我真诚地希望，这本书能够在下一场混乱发生前，为深刻反思做出一点微薄的贡献。

注 释

1. 我非常感谢爱德华·科夫曼和丹尼斯·肖沃尔特（Dennis Showalter）关于这篇后记的提议。这确实是个好主意。

2. 十年前有位专家已经指出了这一点，但他的观点始终无人所知：Murray. "Does Military Culture Matter?", 145–149。

致　谢

虽然我曾以优异成绩完成硕士学业并成功出版了一本著作，但在德国我却没有获得支持或者取得什么进展。可能各种原因都有，但最有可能的被拒原因是德国的学术体系——正如本研究即将指出的那样——与美国陆军一样，难以善待标新立异的学者，因此宁可将其拒之门外也不会人尽其才。

我对罗纳德·斯梅尔瑟（Ronald Smelser）心怀感激，他邀请我在美国完成了我的博士学位论文——本书就建立在这篇论文的基础之上。由于他的邀请，这本著作才得以完成。因此，是他为我提供了在这个我曾经付出大量心血的领域取得博士学位的途径。

爱德华·戴维斯（Edward Davies）为我提供了我曾翘首以盼但只有他最终给予我的邀请。他耐心倾听我的各种问题，甚至立刻挂掉电话以便和我交谈。也感谢本·科恩（Ben Cohen）在最后阶段的帮助和约翰·里德（John Reed）在军事历史方面和我进行的交流和谈话。

在"早期阶段",如果不是因为曾经每天都要前往"大学"——位于波茨坦(Potsdam)的军事历史研究中心,那么恐怕我是无法接受德国地方大学严格的等级结构的。在这里,我总是受到欢迎,从事学术的文职人员——特别是从事学术的军事人员,从中尉到该中心的指挥官——与我就军事历史的各个方面进行了探讨,即使我那时仍是一名本科生但仍对我平等相待、表示尊重。我的临时论文导师、军事历史研究中心总编阿尼姆·朗(Arnim Lang)按照我的愿望帮我出版了第一本著作,而从未怀疑我是否能够完成我的论文。他多年来的鼓励无比珍贵。

我非常感谢贝阿特丽策·赫霍伊泽(Beatrice Heuser)帮助我完成了推荐信的母版,从而使得各项工作得以正常进行。

感谢罗杰·西里洛(Roger Cirillo)在我抵达美国后帮助我开始了第一次学术研究之旅。他提供给我的建议、参考书和联系人都极为宝贵而且影响深远。

在我需要的时候,格哈德·温伯格(Gerhard Weinberg)和爱德华·科夫曼(Edward Coffman)总是毫不犹豫地为我提出最有价值的专业咨询意见,并且坚持不懈地为我撰写推荐信。后者是学术体制中令人头痛的诸多事项之一,除非收信者认识作者本人——而这非常少见,否则毫无用处。但上述二位总是对我和蔼可亲,从未让我心存愧疚。

悲伤的是,每当我完成一本著作时,总有一位曾为我提供大力支持的人不幸去世,未能等到这一天。在我第一本著作出版前,我的好友罗尔夫·维默尔(Rolf Wiemer)去世;而这次则是查尔斯·柯克帕特里克(Charles Kirkpatrick),一位美国陆军及其军官

致谢

团方面的专家。在他突然离世前，我曾与他有过频繁的邮件往来。查尔斯为我提供了许多宝贵的建议，并怀着极大的耐心回答了我的所有问题。他盼望看到我最终的研究成果，我对此深感荣耀。我由衷地希望自己能够按照时间框架集中精力写作，让每位帮助我的人都能够读到我的研究成果。

非常感谢瓦尔特·赫德森（Walter Hudson）为我提供担保，让我有机会在莱文沃斯堡（Fort Leavenworth）站稳脚跟。

感谢你们，罗伯特·布莱克（Robert Black）、达拉·汤普森（Dar-la Thompson）、伊丽莎白·梅里菲尔德（Elizabeth Merrifield）、保罗·巴伦（Paul Barron）、佩姬·斯特尔普卢格（Peggy Stelpflug）、艾伦·爱蒙（Alan Aimone）、艾里斯·汤普森（Iris Thompson）、奥利弗·桑德（Oliver Sander）、威尔逊·希夫纳（Wilson Heefner）、凯西·马德里克（Casey Madrick）、蒂诺·托洛内（Tino Tolonen）、刘易斯·索利（Lewis Sorley）、艾丽西亚·莫尔丁（Alicia Mauldin），以及林恩·比姆（Lynn Beahm）为我提供了本书所用的图片。

我还要对热核战争顾问委员会里我过去和现在的朋友和同事们以及本书的编辑表示诚挚的感谢。他们对我展现了高度的专业精神、礼貌友善的态度。他们的善待尤为珍贵，因为这些在其他地方都非常稀有。

我也非常感激我在蓝外套系统公司（Blue Coat Systems）工作时的老板克雷格·贝克（Craig Baker），他总是对我疯狂的工作计划表示理解，并用极大的耐心和灵活性让我在蓝外套开展自己的工作。他的支持对我和本书的完成非常重要，应当提名他成为我博士委员会的第六位荣誉委员。

我还要感谢我的好友珍尼特·瓦伦丁（Janet Valentine），她为我提供了许多机会，并且总是对她奇怪的德国同事表现出了真正的多元文化的理解。

基斯·平尼（Keith Pinney）、朱莉·斯科特（Julie Scott）以及跨文化俱乐部的工作人员是犹他大学国际学员的宝贵财富。因为有了他们，犹他的生活才可以忍受。我对在跨文化俱乐部中度过的时光深表感谢。

感谢我的好友迈克尔·"贝克曼"·塞内特拉（Michael "Bakerman" Sanetra），他在最黑暗的时候给我打来坚定的（支持）电话让我重拾笑颜。

谨以此书献给我的父母，恩斯特·穆特（Ernst Muth）和安娜玛丽（Annemarie），我已经有四年半没有见过他们了。

德国历史研究所使我能够在马里兰州大学园的国家第二档案馆、堪萨斯州艾比利尼的德怀特·D. 艾森豪威尔（Dwight D. Eisenhower）总统图书馆、密苏里州独立城的哈里·S. 杜鲁门（Harry S. Truman）总统图书馆和堪萨斯州莱文沃斯堡的合成兵种研究图书馆开展研究。

在国家第二档案馆，我得到了蒂莫西·嫩宁格（Timothy Nenninger）、罗宾·库克森（Robin Cookson）、拉里·麦克唐纳（Larry MacDonald）和莱斯·华芬（Les Waffen）的大力支持和帮助。

在艾森豪威尔图书馆，知识渊博、尽忠职守的戴维·海特（David Haight）成了我的"专属"档案管理员。他的帮助和职责之外的坚持甚至帮我打开了通往另一所图书馆的大门，那所图书馆的

致　谢

领导曾经固执地拒绝我查阅它的特别档案藏品，其荒谬的借口是我"是一个'平民'"。

美国陆军军官学院（United States Military Academy）历史系将我选为其年度军事历史暑期研讨会的研究员，这使我倍感荣耀。我获得的丰厚津贴使我得以在知识渊博的艾伦·爱蒙的协助下，利用西点图书馆的特别档案藏品开展研究。

我很感谢犹他大学历史系授予我伯顿奖学金，并在我毕业的最后一年使我获得了助教身份。在我急需的时候，奖学金的匿名捐赠者为我提供了额外的旅费和研究资助。我对他或她心存感激。

感谢美国陆军军事历史研究所授予我马修·B.李奇微研究基金，使我能够在其位于宾夕法尼亚州卡莱尔的研究所进行研究。里奇·贝克（Rich Baker）帮助我的研究取得成果。所以，马修·李奇微出现在这本书的封面上，虽然不是有意为之，但却恰如其分。

最珍贵的一笔经济支持来自乔治·C.马歇尔基金会，它为我提供了著名的乔治·马歇尔/巴鲁克奖学金。这使我能够研究大量资料，而不必遭遇经济上的困难。感谢保罗·巴伦（Paul Barron）在我停留期间给予的支持，感谢乔治·C.马歇尔基金会前主席韦斯利·泰勒（Wesley Taylor），他在关键的时候给了我重要的支持。

在努力研究的过程中，我努力地列出每一个帮助过我的人的名字。但由于这个项目拖延了很长时间，而且经常要在各地之间不断旅行，因此有可能我丢失了部分笔记。那些希望出现在这里或再版时出现在脚注中的人可以给我发送电子邮件，邮箱是 jmuth@gmx.net。

德国国防军与美国陆军军衔对照表

德国国防军	美国陆军
陆军元帅,原为荣誉军衔而非陆军正规军衔,"二战"期间被希特勒确定为集团军群司令的军衔	陆军元帅,美国陆军未使用此衔
大将,集团军或集团军群司令	五星上将,集团军群或战区司令
上将,集团军司令	四星上将,集团军司令
中将,师长或军长	中将,三星,军长
少将,师长	少将,二星,师长
德国陆军中无对应军衔	准将,一星,旅长,但通常任副师长。德国陆军中无对应军衔。事实上,在历史文献中经常错误地将"准将"翻译为德军的"少将"。
上校,团长或军参谋军官	上校,团长
中校,营长	中校,营长
少校,师参谋军官,也可任营长	少校,团和师参谋军官
上尉,连长	上尉,连长
中尉,排长或连长	中尉,排长
少尉	少尉,排长

德国国防军	美国陆军
"挂剑"军校学员,正式称呼为"佩剑-少尉","挂剑"并非军衔的一部分,而是出自优秀军校学员的独特制服,该衔在团中的级别仅次于军士长,军官候补生,被视为未来军官	少尉(Ensign),美国陆军未使用此衔
优秀军校学员,荣誉军衔,通常授予通过少尉考试,但尚未获得正式任命的学员或候补军官,军官候补生,该衔级别高于军士,被视为未来军官	少尉(Ensign),美国陆军未使用此衔
候补军官,美国陆军中无对应军衔,军官候补生,低级下士,被视为未来军官	美国陆军未使用此衔